KB220188

기독교 신앙에 대한 질의응답 50

세계복음화문제연구소
(The World Evangelization Research Center)는
한국 교회가 세계 복음화를 위하여
한 모퉁이를 담당해야 한다는 사명으로 사역하고 있습니다.

이 도서에 실린 모든 내용은
세계복음화문제연구소의 **도서출판 세 복**이 출판권자이므로,
학문적 논문의 인용을 제외하고는
본 연구소의 동의 없이 복제할 수 없습니다.

기독교 신앙에 대한 질의응답 50

지 은 이   홍 성 철
발 행 인   홍 성 철
초판 1쇄   2017년 07월 10일

발 행 처   **도서출판 세 복**
주   소   경기도 파주시 문발로 123
전   화   070-4069-5562
홈페이지   http://www.saebok.net
E-mail   werchelper@hanmail.net
등록번호   제1~1800호 (1994년 10월 29일)

총 판 처   솔라피데유통
전   화   031-992-8691
팩   스   031-955-4433

ISBN 978-89-6334-030-2 03230
값 15,000원

국립중앙도서관 출판예정도서목록(CIP)

기독교 신앙에 대한 질의응답 50 = 50 Christian questions
and answers / 지은이: 홍성철. -- 파주 : 세복, 2017
    p. ;   cm

ISBN 978-89-6334-030-2 03230 : ₩15000

기독교 신앙 생활[基督敎信仰生活]

234.8-KDC6
248.4-DDC23   CIP2017014955

기독교 신앙에 대한
질의응답
50

홍성철 John Sungchul Hong

촛불집회에 참여해야 하는가?
교회의 갈등을 어떻게 해결하는가?
마지막 때의 징조는 무엇인가?

50 Christian Questions and Answers

John Sungchul Hong

Published in Korea
Copyright@ 2017 Saebok Publishing House
All rights reserved.
Seoul, KOREA

홍성철(John Sungchul Hong) 목사의 저서

국어
- 『고난 중에도 기뻐하라』 (빌립보서 강해)
- 『눈물로 빚어 낸 기쁨』 (룻기 강해)
- 『복음을 전하세 복음전도의 성경적 근거』
- 『불타는 전도자 존 웨슬리』
- 『성령으로 난 사람』 (요한복음 3장 1–16절 강해)
- 『십자가의 도』
- 『우리에게 일용할 양식을 주소서』 (주기도문 강해)
- 『유대인의 절기와 예수 그리스도』
- 『이렇게 예수 그리스도의 제자가 되자』
- 『절하며 경배하세』
- 『주님의 지상명령 성경적 의미와 적용』
- 『하나님의 사람들』 (마태복음 1장 1절 강해)
- 『현대인을 위한 복음전도의 성경적 모델』
- 『성령의 시대로! 오순절★복음★교제』 (사도행전 2장 강해)
- 『전도학 개론』
- 『기독교의 8가지 핵심진리』
- 『진흙 속에서 피어난 백합화』 (룻기 강해)
- 『회개하라! 천국이 가까이 왔느니라』
- 『다니엘의 역설적인 인생』
- 『더 북』

영어
- *Born of the Spirit* (Emeth Press)
- *John Wesley the Evangelist* (Emeth Press)
- *The Great Commission: Its Biblical Meaning and Application* (Evening Star Enterprise, Inc.)
- *The Genealogy of Jesus Christ: Evangelistic Sermon on the Covenant from Matthew 1:1* (Emeth Press)
- *The Jewish Festivals and Jesus Christ* (Emeth Press)

편저
- 『나는 어떻게 예수님을 만났는가?』
- 『회심 거듭남의 의미와 적용』
- 『복음주의 실천신학개론』
- 『전도학』
- 『선교세계』
- 『불교권의 선교신학과 방법』
- *How I Met Jesus*

번역서
- 『주님의 전도계획』 외 30권의 기독교 서적

Contents

성경 ⋯⋯⋯⋯⋯⋯⋯⋯⋯⋯⋯⋯⋯⋯⋯⋯ 249

추천사

    종교개혁 500주년을 맞아 루터의 개혁정신을 다시 회복하고 교회를 갱신하고자 하는 운동이 일어나고 있음을 봅니다. 이런 시점에 홍성철 박사님께서 그동안 심혈을 기울여 기획하고 저술하신 귀한 저서가 나오게 됨을 먼저 축하드립니다. 부족한 제자가 스승님의 저서를 추천하는 글을 올린다는 것은 무례한 일이자 감당할 일이 아닌 줄 압니다. 하지만 몇 번의 사양에도 불구하고 홍 박사님께서 소장 직을 맡고 계신 세계복음화문제연구소의 이사장 신분을 가졌기에 꼭 추천의 글을 써야 한다고 해서 감히 이 글을 올려 드립니다. 또 한 가지 부득이한 사연은 이번 저서의 출판은 평택성결교회 창립 백주년 기념행사의 일환으로 홍 박사님의 저서를 출간하는 일에 우리 교회가 동참하기로 결정하였기 때문입니다. 그리고 재정적인 후원은 평택성결교회 손창근 장로·정영미 권사 부부께서 흔쾌히 참여함으로 본서가 나오게 되었음을 밝힙니다. 다시 한번 귀한 결정에 감사를 드립니다.

저는 40년 가까이 목회를 해오면서 한 가지 터득한 사실은 미래 목회에 늘 관심을 가져야 한다는 사실이었습니다. 제 4차 산업혁명시대로 진입한 현재와 미래는 어떤 방향으로 나아갈 것인지 많은 관심을 갖게 됩니다. 특히 인공지능과 로봇 그리고 생명공학에 대한 급속한 발전으로 인해 이 세계는 엄청난 변화를 가져오게 될 것입니다. 이미 그 전조 현상들이 사방에서 터져 나오고 있습니다.

최근 들어 스위스 다보스에서 매년 열린 다보스포럼에서 세계 각국의 지도자와 경제전문 학자들의 핵심적 담론은 윤리적인 문제라고 합니다. 이 놀라운 문명의 발전과 이로 인한 기기의 발전이 과연 인류사회를 유익하게 하는 일에 전적으로 사용될지 여부에 관해 윤리적 규정이 필요하다는 것입니다. 이것이 전제되지 않은 채 문명의 발달로 치닫게 된다면 그것은 결국 인류사회에 해악을 가져올 뿐만 아니라 종말을 자초하는 일이 될 것이기 때문입니다.

이런 시대를 바라보며 그리스도인은 철저한 기독교신앙에 대한 변증 능력을 갖추어야 할 것입니다. 이를 위한 첫 발걸음이 기독교 신앙에 대한 갖가지 예상되는 의문에 대한 성경적인 답을 찾는 일일 것입니다. 본서는 이러한 일을 기획하고 저술이 되었습니다. 현대인들이 궁금해 하는 것에 대한 신학적인 대답과 또한 현대 그리스도인이 자신 있게 답변해야 할 성경적 지식을 제공하는 일을 본서가 감당하려는 것입니다.

어떤 의미에서는 이러한 질문에 대한 지식이나 정보가 담긴 전문 서적이 그 동안 우리에겐 턱없이 부족했습니다. 이에 기독교인의 신앙을 지키고 온갖 쏟아지는 질문에 복음적이며 신앙적인 답을 찾고자 한다면 이 책에서 놀라운 발견을 하게 되리라고 믿습니다. 기독교신앙과 교리에 무지한 불신자에게도 이 책이 필요할 것이며, 기독교신앙에 갓 입문한 초신자들에게도 이 책은 큰 유익을 줄 것입니다. 더 나아가 전도에 열정을 가지고 현장에 나아갔다가 불신자로부터 기독교신앙에 대해 정리된 답변을 요구받을 때에도 본서는 유용한 교재가 되리라고 생각합니다.

홍성철 박사님은 그동안 수많은 저서들을 내셨습니다. 세계적인 전도학 학자로서 학문적인 전문 신학서 뿐만 아니라 우리의 신앙을 위한 귀한 길잡이로서 성경강해서와 신앙생활을 위한 지침서를 내셨으며, 세계적인 신학자와 신앙인의 저서를 번역하는 일도 참으로 많이 하셨습니다. 이런 경험을 바탕으로 금번에 출간하는 본서는 또 하나의 역작이 되리라고 봅니다. 미래사회를 예측하고 미래신앙인들을 위한 기본적이면서 예리한 질문에 미리 고민하고 답을 찾아 우리 앞에 열거하신 것입니다.

스승님의 본서 저작을 위해 그동안 수고하신 일에 감사를 드리며 다시금 축하드리는 심정으로 이 글을 올려 드립니다. 이 저서를 읽는 모든 분들에게 스가랴와 같은 학자의 눈이 열리고, 에스겔과 같은 이상을 보게 되기를 기원합니다.

정 재 우 목사
평택성결교회 담임목사
세계복음화문제연구소 이사장

필자는 청년시절에 예수 그리스도를 처음 들었고 그리고 만났다. 그 이후 많은 질문과 싸우면서 조금씩 성장했다. 세월이 지나면서 필자와 비슷한 질문들을 가지고 있는 청년들을 많이 만나게 되었고, 그리고 그들의 질문에 대하여 성경과 경험을 바탕으로 풀어주려고 노력하였다. 평신도 때에는 군종사병을 훈련시키면서 (1회에 50명씩 4박 5일, 총 3,000명을 훈련시킴), 그들의 갈등과 문제를 풀어주려고 많은 질의응답의 시간을 가졌다.

그리고 여러 교회의 수련회와 부흥회에서 많은 성도들의 질문을 받고 또 응답하였다. 서울신학대학교에서 교책과목인『기독교의 이해』를 가르쳤는데, 매시간 학생들의 질문을 받았다. 그 반응은 폭발적으로 좋았는데, 그 이유는 간단했다! 상아탑의 이론만을 가르치는 것이 아니라, 그들의 삶의 현장에서 갖는 질문들을 다루어주었기 때문이다. 질문의 내용과 범위는 참으로 실제적이면서도 광범했다. 그 시간은 학생들에게 뿐 아니라 필자에게도 도움이 되었다.

왜 응답하는 교수에게 도움이 되었단 말인가? 먼저는 현재의 젊은이들의 고민을 알 수 있는 계기가 되었기 때문이다. 그들을 위하여 보다 구체적으로 기도할 수 있게 되었고, 그들을 보다 더 인간적으로 이해할 수 있는 계기가 된 것은 말할 필요도 없었다. 그뿐 아니라, 젊은이들을 위하여 무엇을 강조해서 가르쳐야 되고, 또 무엇을 설교해야 될지를 구체적으로 알게 된 것은 필자에게 말할 수 없는 큰 축복이었다.

그 질의응답이 필자에게 도움이 된 두 번째는 그 젊은이들이 속해 있는 교회의 내부를 속속들이 알게 된 계기가 되었기 때문이다. 물론 질문은 무기명으로 올렸기 때문에 학생들은 마음 놓고 그들의 교회의 문제를 털어놓을 수 있었다. 교회마다 다르지만 어떤 교회는 영적으로 위험수준에 있었고, 또 어떤 교회는 도덕적으로나 재정적으로 심각한 상태에 처해있다는 사실을 알게 되었다. 그 사실을 바탕으로 교회와 목회자를 도울 수 있는 저서들을 집필 할 수 있었던 것도 큰 축복이다.

그 질의응답이 필자에게 도움이 된 세 번째는 그 젊은이들이 속해 있는 가정과 사회의 실상을 많이 보게 되었다는 것이다. 많은 젊은이들이 가정에서 행복을 찾지 못하기에 정신적으로 방황하고 있었다. 그뿐 아니라, 그들은 사회에서도 방향을 잡지 못하고 바람에 날리는 낙엽처럼 바람 부는 대로 이리저리 날리는 삶을 영위하고 있었다. 그들을 가르치는 교수에게, 그리고 그들의 지적 세계와 미래의 방향을 제시해야 하는 선배에게 큰 도움이 되었다.

그 질의응답이 필자에게 도움이 된 네 번째는 그 젊은이들 중 많은 학생들이 영적으로 방황하고 있었다는 사실을 알게 된 것이었다. 많은 젊은이들이 구원의 확신이 없어서 답답해했고, 또 주님과 영적 교제를 누리지 못하는 고갈을 표시했다. 그런 현상은 거기에서 끝나지 않고 그들의 도덕적인 삶에도 부정적인 영향을 미쳤다. 더군다나 서로를 사랑하라는 주님의 대명을 지킬 수 없는 연약한 인간으로 전락시키고 있었다.

필자는 지금도 많은 그리스도인들이 많은 질문과 갈등에 휩싸여 있는 것을 인지하고 있다. 그들을 향한 도움의 손길을 내밀고 싶은 간절한 마음 때문에『기독교 신앙에 대한 질의응답 50』이라는 제목의 저술이었다. 50여 년 동안 성경과 씨름하면서, 그리고 성경대로 살려고 발버둥 치면서, 조금씩 쌓아온 경험과 지식을 바탕으로 이 저서를 집필하게 되었다. 그런데 집필하면서 발견한 놀라운 사실들이 있었다.

첫째는 기독교 신앙에 대한 질문은 끝없이 많다는 것이다. 그 질문을 다 다룬다는 것은 불가능한 것이었다. 그런 이유 때문에 질문의 수에 제한을 둘 수밖에 없었다는 것이다. 필자는 추리고 또 추려서 50개의 질문을 던졌고, 그리고 그들에 대하여 대답을 내놓으려고 애썼다. 그런데 어떤 질문을 택한다손 치더라도 한 권의 책이 필요한 사실을 고백한다. 그런 이유 때문에 어떤 해답도 모든 독자를 흡족하게 하지 못할 줄 안다.

둘째는 필자가 질문들을 다 다룰 수 있는 역량의 한계를 깊이 느꼈다는 것이다. 그럼에도 불구하고 집필을 마칠 수 있게 한 강력한 동기는 어떤 그리스도인들에게는 필자의 해답도 작은 빛이 될 수 있다는 소망이었다. 만일 어떤 응답이 의문과 어둠에 싸여있던 어떤 그리스도인에게 눈을 열어주는 작은 열쇠의 역할을 할 수 있다면, 그만큼 보람된 일은 없을 것이라는 믿음 때문에 이 집필을 마치게 되었다.

그런데 많은 지인知人들이 필자를 돕기 위하여 많은 질문들을 보내주었다. 그리고 어떤 사람은 이 저서에 대하여 여러 가지 좋은 제안도 해주었다. 또 어떤 분은 질의응답을 읽고 그들의 피드백feedback을 보내주었다. 필자의 한계를 너무나 잘 아신 주님이 베풀어주신 은총의 손길들이었다. 일일이 그들의 이름을 열거하지는 않겠지만, 그분들 한 분 한 분에게 이 지면을 통하여 고마움의 마음을 표하고 싶다.

이 저서가 세상에 태어나는데 중요한 산파역할을 자청해주신 정재우 목사님에게 깊은 감사의 마음을 표현하지 않을 수 없다. 정목사님은 평택성결교회의 담임목사이시며, 성결교단의 교회진흥원 이사장이라는 중책을 맡고 계실 뿐 아니라, 현재 세계복음화문제 연구소의 이사장이시다. 근 50년간 필자의 든든한 버팀목이 되어준 목사님은 이 저서의 출판비를 마련하기 위하여 기도와 수고를 마다하지 않으셨다. 진심으로 고마울 뿐이다.

마지막으로 필자를 구원하신 예수 그리스도에게, 많은 질문과 갈등을 하나씩 해결해주시기 위하여 인도하심과 가르치심을 쉬지 않고 주시는 성령에게, 그리고 무엇을 하든지--질문을 던지든지 질문에 대한 응답을 하든지--하나님의 영광만을 위하여 하게 하신 하나님에게, 영광을 돌리기를 원한다. 그 이유도 간단하다! 성삼위 하나님만이 구원에서 구원에 이르게 하시고, 믿음에서 믿음에 이르게 하시는 분이기 때문이다.

주후 2017년 7월
홍 성 철

기독교 신앙에 대한 질의응답 50

구원

1. 전도와 선교는 어떻게 다른가?

전도는 잃어버린 영혼을 찾아서 구원하는 사역이고, 선교는 그처럼 중대한
사역을 하기 위하여 연루된 일체의 사역을 가리킨다. 전도를 위하여 훈련
도 받아야 되고, 전도하기 위하여 죄인들이 있는 곳으로 찾아가야 한다. 찾
아가기 위해서는 물질도 필요하고, 여행도 필요하며, 그들의 언어도 배우
고, 그들의 문화에도 익숙해야 한다. 필요하다면 그들의 필요, 그 필요가 물
이든 빵이든 그 필요를 채워주어야 한다. 이런 모든 것이 선교이다.

하나님을 떠난 인간이 허무한 인생을 살아가는 모습을 하나님
은 애처로워서 그대로 방치해둘 수 없으셨다. 하나님은 인간의 구
원을 계획하셨고, 그리고 그 계획을 이루시기 위하여 당신의 아들
예수 그리스도를 이 세상으로 보내셨다. 그렇게 보냄을 받아서 세
상에 오신 예수 그리스도도 죄인 구원이라는 하나님의 뜻을 한 시
도 잊지 않으셨다. 그렇지 않았다면 이렇게 선포하지 않으셨을 것
이다, "인자가 온 것은 잃어버린 자를 찾아 구원하려 함이니라"
(눅 19:10).

그런데 죄인의 구원은 그렇게 간단하지 않았는데, 하나님의 거

룩한 속성屬性 때문이었다. 다시 말해서, 거룩하신 하나님은 죄인들에게 그들의 죄 값을 지불하지 않으면 안 된다는 것이었다. 그렇다면 죄의 값은 무엇이었는가? 그것은 다름 아닌 죽음이었다. 왜냐하면 하나님은 처음부터 죄의 대가는 죽음이라고 누누이 말씀하셨기 때문이다. "범죄하는 그 영혼은 죽으리라!"(겔 18:4); "죄의 삯은 사망이요"(롬 6:23).

결국, 죄인들이 그들의 죄 값으로 죽고 심판을 받든지, 아니면 누가 그들의 죄 값을 대신 치루든지 둘 중 하나가 이루어져야 했다. 물론 예수 그리스도는 죄인들을 대신하여 죽기를 선택하셨다. 그 결과 그분은 십자가에서 죽으셨던 것이다. 그분의 죽음으로 죄인들이 죄를 용서받을 수 있다는 것을 어떻게 알 수 있는가? 그것을 증명하기 위하여 그분은 죽은 지 삼일 만에 다시 살아나셨다. 이제 죄인들이 구원받을 수 있는 문이 활짝 열렸던 것이다.

그렇다! 전도는 죄인들이 죄를 용서받아 하나님의 자녀가 되게 하는 것이다. 그런데 그들의 죄가 용서받기 위해서는 그들을 위하여 십자가에 죽으셨다가 부활하신 예수 그리스도를 받아들여야만 한다. 그렇지 않으면 그들의 죄가 용서받지 못하기 때문이다. 그런 이유 때문에 그분의 대속적 죽음과 부활의 메시지는 죄인들에게 복된 소식, 곧 복음인 것이다. 바울 사도도 복음을 정의하면서 그분의 죽음과 부활을 포함시켰던 것이다 (고린 15:1-4).

그런데 예수 그리스도가 죄인들의 구원을 위하여 십자가에서 죽으시기까지 많은 일들이 있었다. 그분은 동정녀 마리아에게서 태어나셨다. 그리고 공생애를 시작하시자 제자들을 선택하시고, 가난한 자들을 돌보시고, 병자들을 고치시며, 귀신을 쫓아내시고, 죽은 자를 살려내시는 등 그분의 사역은 일일이 다 열거할 수 없을 정도로 많다. 그뿐 아니라, 그분의 가르침은 얼마나 많은가? 산상수훈을 비롯해서, 7가지 천국의 비유 등 수많은 가르침이 있었다.

이런 일체의 사역을 한 마디로 선교라고 한다. 그러니까 전도는 죄인을 그리스도 앞으로 인도하기 위하여 복음을 전하는 것이나, 선교는 그 전도를 성공적으로 이루기 위하여 연루된 모든 것을 말한다. 다시 말해서, 선교의 최종 목표는 영혼구원, 곧 전도이다. 그러나 그 전도가 잘 이루어지기 위하여 참으로 많은 것들이 수반되어야 한다. 여행, 숙식, 만남, 구제, 가르침, 학교건축, 교회건축 등 많은 선교사역의 열매로 전도가 가능하게 된다.

필자는 오래 전에 태국의 선교사로 사역한 때가 있었다. 그곳에서 사역하는 동안 하나님의 은혜로 제법 많은 태국 사람들이 그들의 죄를 회개하고 예수 그리스도를 그들의 구세주로 영접하였다. 두말할 필요도 없이 그들의 회심을 위하여 필자는 태국에 갔는데, 이것은 한 마디로 전도였다. 그러나 태국 사람들을 회심시키기까지 얼마나 많은 것들이 연루되었는지 모른다. 한국의 많은 성도들이 기도와 편지로 격려했고, 또 물질로 후원했다.

그리고 필자와 가족은 비행기를 타고 태국으로 갔으며, 집도 얻고, 자동차도 구하고, 자녀들을 외국인 학교에도 보내고, 태국어도 배우며, 태국의 시장에 가서 먹거리도 사고, 많은 사람들을 만나서 대화도 하고 식사도 했다. 이런 일체의 삶과 사역의 궁극적인 목적은 전도였다. 그러나 그 전도를 가능하게 한 모든 행위는 선교였다. 그런 까닭에 선교의 내용은 거의 끝이 없을 지경으로 많다. 반면, 전도는 오로지 영혼구원이다.

예수님도 선교와 전도를 내포하는 간단하면서도 분명한 말씀을 제자들에게 주신 적이 있으셨다, "또 이르시되 너희는 온 천하에 다니며 만민에게 복음을 전파하라" (막 16:15). 물론 이 명령은 제자들에게 주신 지상명령이었는데, 그 명령에는 선교와 전도의 내용이 들어있었던 것이다. "너희는 온 천하에 다니며"는 선교를 의미한다. 그 이유가 분명하지 않은가? "온 천하에 다니기" 위하여 돈도 필요하고, 잘 곳과 먹을 양식도 필요하다.

어떤 때는 불신자들로부터 매를 맞거나 투옥당할 수도 있다. 어떤 때는 동물의 위협도 느꼈을 것이며, 굶주림에 시달리기도 했을 것이다. 오직 잃어버린 영혼들을 그들의 구세주이신 예수 그리스도에게 인도하려는 마음의 표현이 겪을 수 있는 것들이다. 그런 모든 행위가 선교이다. 그렇다! "온 천하에 다니며"는 참으로 많은 것들을 뜻할 수 있으며, 그런 까닭에 그 명령은 선교의 명령이었던 것이다.

그런데 "온 천하"가 함축하는 선교의 명령이 또 있다. "온 천하"

는 두말할 필요도 없이 본국과 외국을 망라한 것이다. 혹자는 국내 선교도 끝내지 못하고 국외 선교는 타당하지 않다고 주장하는데, 그런 것은 "온 천하"를 이해하면 풀릴 수 있는 오해이다. 그리스도인들은 "온 천하에 다니라"는 주님의 선교명령을 받고 있다. 그들은 국내에 있는 불신자도 찾아가야 하고, 동시에 외국에 있는 불신자도 찾아가야 한다.

그런데 주님은 이처럼 선교의 명령으로 지상명령을 끝내지 않으셨다. 비록 제자들이 온갖 만난萬難을 무릅쓰고 "온 천하를 다녀도" 죄인들을 구원으로 인도하지 못한다면 그들은 실패자에 지나지 않을 것이다. 그런 이유 때문에 주님은 이 지상명령에 전도를 포함시키셨던 것이다. "만민에게 복음을 전파하라." 이 명령은 두말할 필요도 없이 전도의 명령이다. 그리고 이 명령은 선교의 하이라이트이며, 지상명령의 핵심이었다.

여기에서 짚고 넘어가야 할 것이 있다. 전도에는 반드시 복음이 포함되어야 한다. 예수님이 왜 죽으셨고 또 왜 부활하셨는지 죄인들이 이해할 수 있도록 전해주어야 한다. 그들이 그 메시지를 받아들이든 받아들이지 않든, 그것은 그들의 몫이다. 그러나 전도하는 그리스도인의 몫은 그들이 왜 예수 그리스도를 믿어야 하는지, 다시 말해서, 그들이 죽음과 심판을 피할 수 없는 죄인이나 예수 그리스도의 죽음과 부활 때문에 구원받을 수 있다는 것을 전하는 것이다.

길거리나 지하철에서 "예수 천당," "불신 지옥"이라고 외쳐대는 것은 결코 전도가 아니다. 왜냐하면 그런 말에는 복음이 들어있지 않기 때문이다. 뿐만 아니라, 불신자가 왜 믿어야 되는지 이해할 수 있도록 설명하지 않기 때문이다. 그런 행위는 "전도"가 아니라, 참 전도를 방해하는 행위에 지나지 않는다. 그들의 무식한 열심히 얼마나 많은 사람들로 하여금 기독교로부터 등을 돌리게 하는지 모른다.

2. 복음을 듣지 못하고 죽은 자들도 심판을 받는가?

하나님의 심판은 공정하다. 만일 공정하지 않다면 하나님은 더 이상 하나님이 아니시다. 그런데 하나님의 심판이 공정한 이유는 사람들이 받은 계시에 비례하여 심판하시기 때문이다. 어떤 사람들은 자연과 양심의 계시밖에 받지 못했다면 그 계시에 의하여 심판을 받는다. 어떤 사람들은 그 계시 이외에 하나님의 말씀도 듣고 또 예수 그리스도에 대해서도 들었다면 그들이 받을 심판은 말할 수 없이 엄중하다. 왜냐하면 그들에게 많은 계시가 주어졌기 때문이다.

이 질문은 전도할 때 가장 많이 듣는다. 이 질문에 대한 대답으로 우선, 영원히 변치 않는 하나님의 말씀을 두 군데 인용해보자. 첫째는 요한복음 14장 6절이다. "예수께서 이르시되 내가 곧 길이요 진리요 생명이니 나로 말미암지 않고는 아버지께로 올 자가 없느니라." 둘째는 사도행전 4장 12절이다. "다른 이로써는 구원을 받을 수 없나니, 천하 사람 중에 구원을 받을 만한 다른 이름을 우리에게 주신 일이 없음이라."

예수님이 직접 하신 말씀과 성령에 충만한 베드로 사도의 말에 의하면, 어떤 사람이라도 십자가에서 죽으셨다가 다시 사신 예수 그리스도를 믿어야만 죄를 용서받고 심판을 받지 않는다. 그렇다면 복음을 들을 기회가 없이 죽은 사람들은 억울하지 않는가? 하나님은 공평하지 않으신가? 우리 선조 중 훌륭하게 살면서 많은 업적을 쌓은 사람들이 얼마나 많은가? 하나님이 공평하시다면 그런 사람들은 심판을 면해야 되지 않겠는가?

이런 반론들은 참으로 타당하게 들린다. 그러나 조금만 주의 깊게 하나님의 뜻을 안다면 그런 질문은 해결될 것이다. 하나님은 모든 사람에게 심판의 정당성을 알려주신 바 있었다. 그 방법을 계시 revelation라고 한다. 그 계시에는 객관적인 것과 주관적인 것이 있는데, 객관적인 계시는 자연이고, 주관적인 계시는 양심이다. 이 두 계시는 모든 사람에게 주어졌기에 일반계시 general revelation라고도 불린다.

먼저, 자연을 보자. 가장 알기 쉬운 실례는 봄, 여름, 가을 및 겨울일 것이다. 봄이 오면 새로운 생명이 여기저기에서 나타나며, 여름이 되면 그 생명이 풍성해진다. 그리고 가을이 오면 그 생명은 열매를 맺으나, 겨울이 되면 그 생명은 다시 죽은 것처럼 된다. 이처럼 단순한 자연현상을 통하여 생각하는 사람들은 그 생명 뒤에 있는 어떤 절대자를 인식한다. 그뿐 아니라, 만물은 결국 죽음에 이른다는 엄연한 사실도 보게 된다.

인생도 마찬가지이다! 생명이 태어나는 봄이 있는가 하면, 그 생명이 무럭무럭 자라며 풍성해지는 여름이 있다. 그리고 한 인생을 살아가면서 열매를 맺는 가을을 맞이하나, 얼마 지나지 않아서 인생을 마무리하는 겨울, 곧 죽음을 맞이하게 된다. 다시 말해서, 자연이 주는 메시지를 통하여 사람은 그 인생을 결산해야 된다는 사실을 알 수 있다. 결국, 자연은 사람에게 간접적이긴 하나 인생의 주관자이신 하나님을 인지認知할 수 있게 한다.

그것을 확인하는 성경을 보자, "창세로부터 그의 보이지 아니하는 것들 곧 그의 영원하신 능력과 신성이 그가 만드신 만물에 분명히 보여 알려졌나니, 그러므로 그들이 핑계하지 못할지니라"(롬 1:21). 이 말씀을 풀어보면, 자연을 통하여 사람들은 희미하게나마 절대자의 능력――자연을 창조하신 능력――도 알 수 있고, 그분의 신성神性――절대자의 성품/특성/인격――도 알 수 있다는 것이다. 그런 이유 때문에 그분의 정당한 심판에 대하여 핑계할 수 없다는 것이다.

그 다음, 양심을 보자. 모든 사람에게는 양심이 주어졌다. 그리고 그 양심에 따라 사람들은 자신들의 잘잘못을 분변하며 또 판단한다. 어떤 잘못을 저질렀을 때 그 사람은 양심의 가책을 느낀다. 그 양심의 가책은 둘 중 하나를 택하게 한다: 하나는 잘못을 뉘우치고 바르게 살려고 결심한다. 또 하나는 양심의 소리를 무시하고 갖가지 이유를 대면서 자신을 정당화한다. 양심의 가책을 이렇게 뭉개버리는 사람들은 양심이 갈수록 무디어진다.

이처럼 양심의 소리는 한편 자신의 잘못을 지적하나, 또 한편 자신을 옹호한다. 하나님의 말씀도 이렇게 묘사한다, "이런 이들은 그 양심이 증거가 되어 그 생각들이 서로 혹은 고발하며 혹은 변명하여, 그 마음에 새긴 율법의 행위를 나타내느니라"(롬 2:15). 이런 양심의 소리 때문에 사람들은 그들의 한계와 부족을 받아들이지 않을 수 없다. 다른 말로 하면, 만일 어떤 사람이 일생 동안 100% 양심에 따라 살았다면 그는 결코 심판을 받지 않을 것이다.

그러나 불행하게도 언제나 양심에 따라서 사는 사람은 한 사람도 없다. 그러나 어떤 사람이 양심대로 살았다면 이런 소망이 있다, "선을 행하는 각 사람에게는 영광과 존귀와 평강이 있으리니 먼저는 유대인에게요 그리고 헬라인에게라"(롬 2:10). 이 말씀의 뜻을 풀어보면 더욱 분명해진다: "양심에 따라 일생 동안 선만을 행했다면 그는 심판을 거치지 않고 영광과 존귀와 평강의 자리에 들어갈 수 있다." 물론 그런 자리는 하나님과 함께 하는 곳을 가리킨다.

그러나 그들에게도 예수 그리스도의 복음이 전해졌다면 얼마나 좋았겠는가? 그런데 여기에서 한 가지 짚고 넘어가야 할 중요한 사실이 있다. 그것은 복음을 듣는 모든 사람들이 그 복음을 받아들이지 않는다는 것이다. 따라서 그들이 받을 심판은 더욱 막중할 것이다. 그 이유는 너무나 분명하다! 그들에게는 자연과 양심이라는 계시가 있고, 또 예수 그리스도와 하나님의 말씀이라는 계시――이 계시는 특별 계시special revelation라고 불림――도 있기 때문이다.

그들은 당연히 자연의 가르침과 양심의 소리에 따라 심판을 받지만, 동시에 하나님의 말씀과 복음을 거부한 결정에 대해서도 심판을 받는다. 그러니까 이런 사람들이 받을 심판은 더욱 가혹하고 처절할 수밖에 없다. 그런 이유 때문에 하나님의 말씀에 의하면, 어떤 심판은 보다 심각하나 어떤 심판은 상대적으로 가볍다고 가르친다. 그리고 그런 가르침은 당연한데, 그 이유는 심판자이신 하나님이 공정한 분이시기 때문이다.

이런 심판의 경중輕重을 알아보기 위하여 하나님의 말씀을 다시 인용해보자. "예수께서 권능을 가장 많이 행하신 고을들이 회개하지 아니하므로 그 때에 책망하시되, '화 있을진저 고라신아, 화 있을진저 벳새다야! 너희에게 행한 모든 권능을 두로와 시돈에서 행하였더라면 그들이 벌써 베옷을 입고 재에 앉아 회개하였으리라. 내가 너희에게 이르노니 심판 날에 두로와 시돈이 너희보다 견디기 쉬우리라'"(마 11:20-22). 이 말씀은 예수님이 전도하시며 능력을 보여주신 후 직접 하신 말씀으로 심판에 대한 중요한 진리를 포함하고 있다.

고라신과 벳새다라는 고을에서 예수님이 많은 능력으로 복음을 전하셨건만 그 고을 사람들이 복음을 거부하였다. 예수님은 그들이 받을 심판이 두로와 시돈보다 더 엄중하리라고 선포하셨다. 비록 두로와 시돈은 이방의 도시들이었지만, 그들이 받을 심판은 "너희보다 견디기 쉬우리라"고 하셨다. 다른 말로 하면, 유대의 고라신과 벳새다가 받을 심판이 더 심각하다는 말씀이었다. 이런 예수님의 말씀에서 심판의 경중이 있다는 사실을 분명히 알려주셨다.

예수님은 심판의 경중에 대하여 계속해서 가르치셨는데, 이번에는 소돔을 언급하셨다. 소돔은 성적으로 말할 수 없이 타락한 곳이었고, 마침내 하나님의 심판을 받아 멸망을 당한 곳이었다. 그런데 소돔보다도 더욱 무서운 심판을 받을 곳이 있다는데, 그곳이 바로 가버나움이었다. 어떻게 소돔과 고모라보다 가버나움이 더 엄중한 심판을 받는단 말인가? 소돔의 백성들이 그처럼 성적으로 타락해서 심판을 받았는데 말이다 (창 19). 그 이유도 분명하다! 가버나움은 자연과 양심의 계시 이외에 복음의 계시를 받았기 때문이었다.

예수님의 말씀을 직접 인용해보자, "가버나움아 네가 하늘에까지 높아지겠느냐 음부에까지 낮아지리라. 네게 행한 모든 권능을 소돔에서 행하였더라면 그 성이 오늘까지 있었으리라. 내가 너희에게 이르노니 심판 날에 소돔 땅이 너보다 견디기 쉬우리라 하시니라"(마 11:23-24). 그렇다! 심판 날에 소돔이 가버나움보다 견디기 쉬울 것이다. 그러니까 하나님의 계시에 더 많이 노출된 사람의 책임이 그만큼 크며, 심판도 그만큼 과중過重하다는 것이다.

결론적으로, 하나님의 심판은 가장 공평하다. 하나님은 죄인들을 심판하실 때 그들이 어떤 계시에 노출되어 있는지를 따지신다. 하나님은 그들의 빈부, 계급, 신분, 종족, 언어는 전혀 고려하지 않으신다. 그런 것들은 금수저, 은수저, 흙수저일 뿐이다. 그들이 어떤 부모 밑에서 태어났으며, 또 어떤 업적을 남겼는지 하나님은 묻지 않으신다. 오로지 하나님이 허락하신 계시에 대하여 어떻게 반응했느냐를 따지신다. 하나님의 계시에 따른 인간의 책임이다.

결국, 하나님의 심판은 시대와 장소를 초월한 모든 사람에게 이루어진다. 그 기준은 그들에게 보여준 계시이다. 그런 엄연한 심판의 사실을 아는 그리스도인들은 그들의 부모, 형제자매, 친척들, 친구들, 이웃에게 예수 그리스도의 복음을 전해야 한다. 왜냐하면 그들도 언젠가는 하나님의 공의로운 심판을 받을 것이기 때문이다. 그들을 위하여 기도하면서, 기회가 주어지는 대로 하나님의 사랑을 전해야 할 것이다.

3. 왜 구원에 대하여 *의심*이 때때로 생기는가?

거듭난 그리스도인이 구원에 대해 하는 의심은 사탄이 준다. 사탄은 그리스도인이 확신과 기쁨으로 생활하면서 불신자들에게 복음전하는 것을 원하지 않기 때문에 의심을 불어넣어준다. 또 의심이 생기는 이유는 뜻하지 않게 죄를 범할 때이다. 그 죄 때문에 괴로워하면서 구원에 대한 의심을 갖게 된다. 그러나 역설적으로 죄의식은 구원받은 증거 중 하나이다. 왜냐하면 구원받기 전에는 그런 죄의식이 없었기 때문이다. 기쁨을 잃었을 때도 의심이 생길 수 있다.

구원을 진정으로 경험한 사람이라도 그의 구원을 한 번도 의심해보지 않은 그리스도인은 없을 것이다. 도대체 이런 의심은 어디에서 오는가? 그 근원은 무엇인가? 이 질문에 대하여 영적으로 접근하면 두 가지 근원을 제시할 수 있는데, 하나는 하나님이고, 또 하나는 사탄이다. 사탄이 그리스도인에게 구원을 의심하게 하는 것은 이해하기 쉽다. 그러나, 구원의 확신을 주셔야 할 하나님이 정반대로 구원에 대하여 의심을 일으키신다니 이해하기 어렵다.

구원과 연관시켜 볼 때 두 종류의 교인이 있다. 하나는 분명히 구원을 받았는데도 때때로 의심하게 되는 진정한 그리스도인이고,

또 하나는 확신이 있다고 자부하나 실제로는 구원받지 못한 명목상의 그리스도인이다. 구원의 확신이 있는 그리스도인에게 의심을 불어넣는 작자는 물론 사탄이다. 사탄은 그리스도인이 구원의 확신 때문에 기쁨을 누리며 또 다른 사람들에게 복음을 전하는 것을 원하지 않는다. 그런 기쁨과 전도를 못하도록 의심을 불어넣는다.

반면, 명목상의 그리스도인에게 의심을 불어넣어주는 분은 하나님이시다. 하나님은 모든 사람들--명목상의 그리스도인과 불신자--이 구원받기를 원하신다. 그런 하나님의 마음을 베드로 사도는 이렇게 표현했다. "오직 주께서는 너희를 대하여 오래 참으사, 아무도 멸망하지 아니하고 다 회개하기에 이르기를 원하시느니라"(벧후 3:9b). 이런 하나님의 마음이 가장 잘 표출된 사건이 바로 그분의 아들 예수 그리스도의 대속적 죽음이다.

그러니까 명목상의 그리스도인이 구원에 대하여 의심이 생긴다는 것은 하나님의 크나큰 은총이다. 그 은총의 의심을 통하여 하나님과 관계를 맺지 못한 허울뿐인 자신의 신앙을 점검하게 된다. 바울 사도도 이렇게 말했다. "너희는 믿음 안에 있는 가 너희 자신을 시험하고 너희 자신을 확증하라"(고후 13:5a). 이렇게 자신의 신앙에 대하여 깊이 점검하고, 그리고 인격적으로 회개하고 또 인격적인 믿음으로 그리스도를 영접하면 그도 구원을 받게 된다.

그런데 진짜 구원받은 그리스도인에게 왜 의심이 생기는가? 처음에 가졌던 기쁨이 사라졌기 때문은 아닌가? 물론 그리스도인에게 구원의 기쁨은 중요하다. 그러나 항상 기쁨을 누린다는 것은 거의 불가능하다. 실제로 예수님을 영접할 때 생기는 기쁨 때문에 구원의 확신이 생겼다면 그것은 오히려 위험한 신호일 수 있다. 왜냐하면 기쁨은 구원의 확신을 주는 도구가 아니기 때문이다. 주님도 씨 뿌리는 비유에서 기쁨을 의지한 잘못된 구원에 대하여 설명해 주셨다.

"돌밭에 뿌려졌다는 것은 말씀을 듣고 즉시 *기쁨*으로 받되, 그 속에 뿌리가 없어 잠시 견디다가 말씀으로 말미암아 환난이나 박해가 일어날 때에는 곧 넘어지는 자요"(마 13:20-21). 그렇다! 이처럼 기쁨 때문에 구원의 확신이 있다고 생각하는 사람들은 언젠가는 그 기쁨을 느끼지 못할 것이며, 따라서 구원의 확신도 흔들릴 것이다. 그렇다면 그리스도인은 무엇을 의지해야 하는가? 그가 의지해야 하는 것은 주관적인 기쁨이 아니라, 객관적인 하나님의 말씀이다.

하나님의 말씀에 의하면, 예수님은 구속의 사역을 완수하셨다. "성경대로 그리스도께서 우리 죄를 위하여 죽으시고, 장사 지낸 바 되셨다가 성경대로 사흘 만에 다시 살아나사"(고전 15:3-4). 이런 메시지를 듣고 믿었다면, 그는 구원받은 것이다. 그렇게 믿는 순간 그의 마음속에 성령이 들어오신 것이다. 바울의 말을 들어보자, "그 안에서 너희도 진리의 말씀 곧 너희의 구원의 복음을 듣고 그 안에서 또한 믿어 약속의 성령으로 인치심을 받았으니"(엡 1:13).

"약속의 성령으로 인치심을 받았다"는 약속은 성령이 마음에 들어오셔서, 하나님의 자녀가 되었다는 사실에 도장을 찍으셔서 확증하셨다는 뜻이다. 그때부터 그렇게 성령의 인치심을 받은 그리스도인은 하나님의 소유가 되었기에 하나님이 책임지고 보호하시고, 돌보시고, 인도하신다는 약속도 포함되어 있다. 또 이런 약속도 있다, "영접하는 자 곧 그 이름을 믿는 자들에게는 하나님의 자녀가 되는 권세를 주셨으니"(요 1:12).

결국, 하나님의 약속의 말씀인 객관적인 사실fact을 믿음faith으로 받아들였다면, 그는 하나님의 자녀가 된 것이다. 기쁨feeling과 상관 없이 그는 구원을 받은 것이다. 물론 기쁨이 있으면 더욱 좋겠지만, 그 기쁨은 하루에도 몇 번씩 있다가 없어지고, 또 없어졌다가 다시 생기는 변화무쌍한 감정이다. 구원의 확신은 이런 주관적인 기쁨 때문이 아니라, 영원히 변치 않는 객관적인 하나님의 말씀 때문에 생기는 것이다.

구원받은 그리스도인에게는 말씀뿐만 아니라, 성령의 증언도 있다. 왜냐하면 성령이 들어오셔서 인을 치셨기 때문이다. 바울의 말을 들어보자, "성령이 친히 우리의 영과 더불어 우리가 하나님의 자녀인 것을 증언하시나니"(롬 8:16). 이런 성령의 증언은 그리스도인에게 주어진 하나님의 약속에 대한 믿음도 포함된다. 또한 하나님과 성도들을 사랑하게 된 것도 성령의 증언이며, 어느 날 주님이 그를 데리러 오신다는 소망도 성령의 증언이다.

정말로 구원받은 그리스도인이 구원에 대하여 의심이 생기는 이유가 또 있다. 그것은 그가 원하지 않는 죄를 범할 때이다. 구원받은 사람이 이런 죄를 범할 수 있는가? 혹시 구원받지 않은 것은 아닌가? 이런 의심은 구원받은 그리스도인에게 당연히 찾아오는 것이다. 그런데 놀랍게도 죄를 졌을 때 이런 의심이 생기는 것은 역설적으로 그가 확실히 구원받았다는 증거이기도 하다. 어떻게 원하지 않은 죄를 졌는데, 그것이 구원받았다는 증거인가?

그 이유는 이렇다! 그가 구원받기 전에는 죄의식에 그리 예민하지 않았다. 혹시 막연한 수치감은 있었는지 모르지만, 근본적으로 죄의식은 없었다. 많은 경우 그의 죄를 가볍게 넘기거나, 아니면 죄에 대하여 여러 가지 변명으로 덮으려고 했다. 그런데 구원받은 후부터 죄에 대한 자세가 바뀌기 시작했다. 죄를 지면 괴로워하면서 죄의식에 시달린다. 그 이유는 크게 두 가지이다. 첫째는 하나님의 말씀을 통하여 그에게 죄에 대한 새로운 기준이 생겼기 때문이다.

둘째는 그의 마음속에 들어오신 성령님 때문이다. 성령님은 그가 죄를 범할 때 서글퍼하신다. 바울 사도의 말을 들어보자, "하나님의 성령을 근심하게 하지 말라…!"(엡 4:30a). 그러니까 그리스도인이 죄를 지을 때 위로는 하나님이 아시고, 아래로는 성령님이 슬퍼하시니, 괴롭지 않을 수가 없다. 그런 괴로움을 죄의식이라고 한다. 그가 죄를 범할 때, 이런 죄의식이 생기면, 그는 확실히 구원받은 사람이다. 물론 그 죄의 문제를 빨리 해결해야 하지만 말이다.

4. 구원을 잃을 수 있는가?

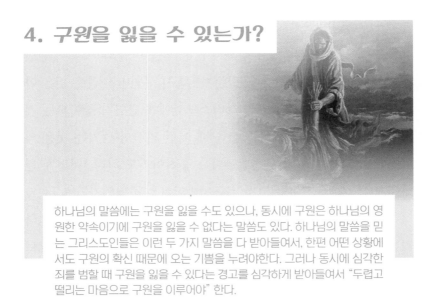

하나님의 말씀에는 구원을 잃을 수도 있으나, 동시에 구원은 하나님의 영원한 약속이기에 구원을 잃을 수 없다는 말씀도 있다. 하나님의 말씀을 믿는 그리스도인들은 이런 두 가지 말씀을 다 받아들여서, 한편 어떤 상황에서도 구원의 확신 때문에 오는 기쁨을 누려야 한다. 그러나 동시에 심각한 죄를 범할 때 구원을 잃을 수 있다는 경고를 심각하게 받아들여서 "두렵고 떨리는 마음으로 구원을 이루어야" 한다.

구원받은 그리스도인도 그가 구원받았는지, 구원받았다면 그 구원을 잃어버리지는 않았는지 걱정스러울 때가 있다. 특히 그가 분명한 하나님의 명령에 불순종하거나, 죄를 범할 때 그런 걱정에 사로잡힐 수 있다. 그렇게 걱정하는 그리스도인은 그의 걱정을 뒷받침해주는 하나님의 말씀도 기억한다. "만일 그들이 우리 주 되신 구주 예수 그리스도를 앎으로 세상의 더러움을 피한 후에, 다시 그 중에 얽매이고 지면 그 나중 형편이 처음보다 더 심하리라"(벧후 2:20).

이 말씀에서 "예수 그리스도를 앎으로"는 그분과 인격적인 관계를 맺었다는 뜻이다. 다시 말해서, 그분을 그의 구주로 믿고 영접한 결과 그의 삶의 방식도 바뀌었다는 것이다. 그런데 다시 예전보다 더 나쁜 상태로 돌아갔다는 말이다. 그런 사람은 아예 믿지 않은 것이 더 좋을 뻔 했다고까지 베드로는 말했다. "의의 도를 안 후에 받은 거룩한 명령을 저버리는 것보다 알지 못하는 것이 도리어 그들에게 나으니라"(벧후 2:21).

그런 그리스도인은 다른 말씀도 기억하는데, 히브리서 6장의 말씀이다. "한 번 빛을 받고 하늘의 은사를 맛보고 성령에 참여한 바 되고 하나님의 선한 말씀과 내세의 능력을 맛보고도, 타락한 자들은 다시 새롭게 하여 회개하게 할 수 없나니, 이는 그들이 하나님의 아들을 다시 십자가에 못 박아 드러내 놓고 욕되게 함이라"(히 6:4-6). 이런 말씀을 알면서도 구원에 대하여 걱정을 전혀 갖지 않기란 불가능하지 않은가?

이런 그리스도인은 걱정은 하지만, 그렇다고 애통해하며 구원을 회복시켜달라고 울부짖지 않는 이유도 있다. 그것도 역시 하나님의 말씀 때문이다. 그는 이런 말씀의 약속도 기억한다. "내가 그들에게 영생을 주노니 영원히 멸망하지 아니할 것이요, 또 그들을 내 손에서 빼앗을 자가 없느니라. 그들을 주신 내 아버지는 만물보다 크시매 아무도 아버지 손에서 빼앗을 수 없느니라"(요 10:28-29). 얼마나 분명하고도 확실한 예수님의 약속인가?

그렇다! 그리스도인은 마땅히 모든 성경의 내용을 하나님의 말씀으로 받아들여야 한다. 그런데 그 하나님의 말씀에 의하면, 한 번 구원받으면 누구도 그 구원을 앗아갈 자가 있을 수 없지만, 동시에 구원받은 후에도 타락하면 결코 돌이킬 수 없다는 것이다. 그렇다면 그리스도인은 그런 약속의 말씀과 경고의 말씀 가운데 끼어버린 것이 아닌가? 그리스도인은 그가 믿고 싶은 대로 두 가지 말씀 가운데 하나만 택하면 안 될까?

먼저, 한 번 구원받으면 그 구원은 영원하다는 말씀을 그리스도인의 삶에 적용해보자. 그는 그의 구세주이신 예수 그리스도가 주신 약속 때문에 어떤 경우에도 흔들리지 않는 장점이 있다. 비록 그가 실수로 죄를 범하거나 불순종해도 영원히 변치 않는 약속 때문에 구원에 대해서는 조금도 흔들리지 않는다. 그는 그런 확신을 근거로 그의 신앙상태가 어떠하든지 상관없이 불신자들에게 복음을 전할 수 있다. 얼마나 큰 장점인가?

그런데 그렇게 믿는 그리스도인에게는 보이지 않는 함정도 있다. 비록 그가 하나님의 말씀대로 살지 못할 뿐 아니라 분명한 하나님의 명령을 거역한다손 치더라도, 그의 신앙생활에는 흔들림이 없다. 그렇게 하기를 반복하다보면 그의 죄의식은 갈수록 무디어진다. 급기야는 하나님의 법과 상관없는 삶을 영위하는 데까지 갈 수도 있다. 실제로 기독교 역사에서 이처럼 하나님의 법을 무시하며 사는 그리스도인들이 많이 있었다.

이런 행태를 어려운 말로 율법폐기론antinominianism이라고 한다.

물론 이렇게 주장하는 사람들은 예수 그리스도가 십자가에서 죽으심으로 모든 율법의 요구가 끝났다고 주장한다. 믿고 구원받으면 된다는 주장이다. 실제로 이렇게 믿는 그리스도인들이 많은 사회에서는 범죄와 혼돈이 넘쳐났다. 그 대표적인 사회가 18세기 영국이었다. 국민 대부분이 기독교인이었지만, 예배와 신앙생활은 그들의 삶을 지배하지 못했다. 도덕적으로 피폐하기 짝이 없었다.

흔들리지 않는 구원의 확신은 잘못하면 방종한 기독교인들을 양산할 수 있다. 현금의 한국 교회를 보면 쉽게 이해할 수 있다. 많은 기독교 지도자들이 타락하며, 교회는 분열하며, 기독교인들이 온갖 죄와 연루되어 있다. 지도자들은 교회의 헌금을 가지고 정치판에 뛰어들어서 교계를 흐리게 한다. 그러나 더욱 소름끼치게 하는 것은 그런 그리스도인들이 구원의 확신을 근거로 조금도 가책을 느끼지 않는다는 사실이다.

그 다음, 구원을 받았지만 그 구원을 잃을 수도 있다는 말씀을 적용해보자. 그런 말씀을 믿는 그리스도인은 조금만 빗나가도 구원을 잃을까보아 노심초사한다. 그는 항상 기도하려 하며, 하나님의 말씀에 순종하려 하며, 교회생활에 충성을 다하려고 한다. 그럼에도 불구하고 불완전한 자신을 돌아보며 그렇게 어렵게 얻은 구원을 모든 수단을 다해 잃지 않으려고 한다. 그에게는 신앙생활의 진정한 행복이 없다.

그렇게 신앙을 유지하여 구원을 지키려는 그리스도인에게도 장점은 있다. 그것은 주님의 말씀대로 구원을 반드시 이루려는 마음의 결단이다. 바울 사도의 권면처럼 구원을 이루려고 한다, "그러므로 나의 사랑하는 자들아, 너희가 나 있을 때뿐 아니라 더욱 지금 나 없을 때에도 항상 복종하여 두렵고 떨림으로 너희 구원을 이루라"(빌 2:12). 이렇게 구원을 이루려고 애를 쓰는 그리스도인은 쉽사리 죄를 짓지 않으며, 죄를 지면 곧장 회개한다.

결론적으로 말하면, 그리스도인은 위의 두 가지 말씀을 똑같이 삶에 적용해야 한다. 한편 주님이 주신 구원의 확신에서 흔들리지 말며, 또 한편 그렇게 주신 구원을 잃지 않도록 하나님의 말씀에 순종하며 살아야 한다. 바울의 권면대로, "두렵고 떨림으로 구원을 이루어야" 한다. 그렇게 할 때 그는 현재의 삶에서도 떳떳하고 거룩한 삶을 영위하며, 또 내세에서도 하나님이 계신 곳으로 가서 영원한 삶을 누리게 될 것이다.

그런데 구원받았다는 그리스도인이 죄 가운데서 죽었다면, 하나님 곁으로 갔겠는가? 만일 그가 진정으로 거듭났다면, 그는 죄 가운데서 계속 머물러있지 못할 것이다. 왜냐하면 그의 삶에 내주하시는 성령이 그를 괴롭혀서 그로 하여금 회개하고 돌아오게 하시기 때문이다. 그러나 그리스도인이라 하는 사람이 계속해서 죄 가운데 행하면, 그가 받았다는 구원이 성령에 의한 참 구원이 아닐 가능성이 높다. 두말할 필요도 없이 그는 주님 곁으로 가지 못했을 것이다.

5. 어린아이가 죽으면
천국에 갈 수 있는가?

인격적인 회개와 믿음을 통하여 구원받은 사람들만이 천국에 가지만, 어린아이는 인격적인 결단을 할 수 있을 만큼 인격적으로 성숙하지 못했다. 그런 까닭에 어린아이들은 예수 그리스도가 온 세상의 죄를 위하여 십자가에서 죽으신 대속적 죽음 때문에 천국으로 인도되는 것이다. 그 범주에 속한 또 다른 사람들은 정신적으로 지체된 사람들이다. 그들도 인격적으로 결단할 수 있을 만큼 성숙하지 못했기 때문에 그리스도의 희생을 의지해서 천국에 간다.

천국의 주인은 하나님이시다. 그런 사실 때문에 천국에 이끌려 간 사도 요한이 제일 먼저 뵌 분도 역시 하나님이시다. 하나님은 보좌에 앉으셨고, 뭇 천사들과 24장로가 그 보좌 주변에 자리하고 있었다. 그리고 그들은 하나님을 경배하면서 이렇게 그분에게 영광을 돌렸다: "우리 주 하나님이여! 영광과 존귀와 권능을 받으시는 것이 합당하오니, 주께서 만물을 지으신지라. 만물이 주의 뜻대로 있었고 또 지으심을 받았나이다!" (계 4:11).

사도 요한은 계속해서 천국의 비밀을 묘사하였다. 하나님이 좌정_{坐定}하신 천국은 아름답고 찬란하기 그지없었다. 그뿐 아니라, 그

구원 **43**

곳에는 이 세상에서 사람들을 괴롭혔던 나쁜 것들은 더 이상 존재하지 않았다. 사람들이 시달리면서도 어떻게 손을 써볼 수 없게 한 것들, 곧 사망, 고통, 아픔, 통곡, 이별, 어둠, 저주는 그 그림자도 찾아볼 수 없었다 (계 21:4, 22:3, 5). 천국에는 그 대신 경배와 찬양만이 넘쳐나고 있었다.

도대체 이런 천국에 누가 갈 수 있단 말인가? 하나님을 인격적으로 만난 사람들만이 천국에 들어갈 수 있으며, 마침내 천국에서 그 하나님을 직접 뵐 수 있는 것이다. 그렇다면 하나님을 인격적으로 만난다는 것은 구체적으로 무엇을 뜻하는가? 하나님은 인간을 인격적으로 창조하셨는데, 그 인격에는 지식과 감정과 의지가 포함되어 있었다. 그 결과 인간은 그에게 주어진 지/정/의를 구사^{驅使}할 수 있는 존귀한 존재가 되었던 것이다.

그러니까 하나님을 인격적으로 만난다는 것은 그에게 주어진 지/정/의를 통하여 하나님을 만나야 된다는 뜻이다. 지적으로 그의 잘못을 인정하고, 정적으로 그 잘못에 대하여 슬퍼하며, 의지적으로 그 잘못에서 돌이켜야 한다. 이런 인격적 회개를 거쳐서 그는 또 인격적으로 믿어야 한다. 다시 말해서, 예수님의 대속적 죽음을 지적으로 알고, 정적으로 감사하면서, 그분을 의지적으로 그의 구세주로 영접해야 한다. 그렇게 할 때 그는 인격적으로 하나님을 만난다.

그런데 어린아이는 이처럼 인격적으로 예수 그리스도를 통하여 하나님에게 나올 수 있는 능력이 아직 개발되지 않았다. 어린아이는 인격적인 회개와 믿음을 구사할 수 있을 만큼 성장하지 못했기 때문에 인격적으로 하나님을 만날 수 없다. 그렇다면 어린아이가 죽으면 천국에 갈 수 없단 말인가? 그렇지 않다! 어린아이는 확실히 천국에 간다. 그렇다면 인격적으로 하나님을 만날 수 없는 어린아이가 어떻게 천국에 갈 수 있단 말인가?

여기에서 예수 그리스도의 구속적 사역이 미치는 범주가 중요하다. 그분은 모든 인간의 구속을 위하여 십자가에서 죽으셨다가 다시 살아나셨다. 다시 사도 요한의 증언을 들어보자, "그는 우리 죄를 위한 화목 제물이니 우리만 위할 뿐 아니요 온 세상의 죄를 위하심이라"(요일 2:2). 그분은 인간의 죄 값으로 화목 제물이 되어 십자가에서 죽으셨는데, "온 세상의 죄를 위함"이었다. "온 세상의 죄"는 과거와 현재와 미래에 존재하는 모든 사람의 죄를 가리킨다.

그뿐 아니라, 인격적으로 성숙한 사람들은 물론 인격적으로 성숙하지 못한 사람들도 "온 세상"에 포함되어 있다. 두말할 필요도 없이 어린아이들도 "온 세상"에 포함되었다. 그렇다! 예수 그리스도가 십자가에서 "다 이루었다"고 외치면서 돌아가셨는데, 그 뜻은 "온 세상"의 죄 값을 다 치루셨다는 것이다 (요 19:30). 성숙한 사람들의 죄 값은 물론이고 어린아이의 죄 값도 다 지불하셨다는 것이다.

그런데 성장한 사람들은 그처럼 십자가에서 피를 흘리고 죽으신 예수 그리스도를 인격적으로 받아들여야 한다. 만일 그들이 인격적인 회개와 믿음으로 받아들인다면 그들의 죄는 용서되고 하나님의 자녀가 된다. 반면, 그들이 받아들이지 않는다면, 그들의 인격적 거부에 대하여 책임을 지고 심판을 받는다. 그들은 천국에 들어갈 수 있는 자격을 상실한 것이며, 따라서 하나님이 계시지 않는 지옥으로 떨어진다.

그러나 어린아이는 인격적인 결단을 할 수 없기 때문에 어린아이가 책임을 질 수 있는 게 전혀 없다. 그런 이유 때문에 어린아이는 예수 그리스도의 대속적 죽음 때문에 천국에 들어간다. 그리고 그곳에서 이별과 죽음이라는 아픔을 겪지 않고 영원히 하나님을 경배하며 찬양할 것이다. 다윗도 이런 사실을 아는 듯, 그의 어린 아들이 죽었을 때 이렇게 말했다, "…나는 그에게로 가려니와 그는 내게로 돌아오지 아니하리라…"(삼하 12:23).

다윗은 부활과 영생의 소망을 확실히 가진 신앙인이었다. 그렇지 않았다면 어떻게 부활과 영생에 대하여 확신에 찬 찬양을 올렸겠는가? "이러므로 나의 마음이 기쁘고 나의 영도 즐거워하며 내 육체도 안전히 살리니, 이는 주께서 내 영혼을 스올에 버리지 아니하시며 주의 거룩한 자를 멸망시키지 않으실 것임이니이다. 주께서 생명의 길을 내게 보이시리니 주의 앞에는 충만한 기쁨이 있고 주의 오른쪽에는 영원한 즐거움이 있나이다"(시 16:9-11).

어린아이의 범주에 들어가는 사람들이 또 있는데, 정신지체아로 태어난 자들이다. 그들도 역시 하나님이 예수 그리스도를 통하여 하신 구속적 사역으로 천국에 들어간다. 그러나 치매환자의 경우는 다르다. 비록 현재에는 인격적으로 회개하고 믿을 수 없지만, 그들이 치매에 걸리기 전에는 인격적으로 하나님을 만날 수 있었다. 만일 치매에 걸리기 전에 하나님을 그렇게 만났다면 천국에 가지만, 인격적으로 만난 경험이 없다면 갈 수 없다.

6. 어떻게 믿지 않는 *남편*을 믿게 하는가?

믿지 않는 남편을 둔 그리스도인 아내의 고통과 기도는 아무도 모를 것이다. 그런데 놀랍게도 남편이 믿음을 거부하는 가장 중요한 요인은 남편의 구원을 그처럼 갈구하는 아내라는 사실이다. 믿음을 가진 아내는 남편이 믿지 않더라도, 그 남편을 하나님처럼 여기고 존경하며 대해야 한다. 마치 사라가 남편 아브라함을 주님이라고 불렀고 또 순종한 것처럼 말이다. 남편의 믿음은 아내의 말과 행위에 달려있는 것이다.

아내는 신앙을 가진 그리스도인인데 남편은 믿지 않는다면, 당연히 남편은 전도의 대상이 된다. 그런데 의문이 생기는데, 그것은 "어떻게 믿지 않는 남자를 남편으로 택하게 되었는가?"이다. 두 가지 통로를 통해서 믿지 않는 남자를 남편으로 택하게 되었을 것이다. 한 가지 통로는 처음부터 그 남자가 예수 그리스도를 그의 구세주로 받아들이지 않은 사실을 알면서도 택한 경우이다. 물론 내심으로는 남편을 주님에게로 인도하면 된다는 마음일 것이다.

믿지 않는 남편과 살게 된 또 한 가지 통로는 다음과 같다: 남편과 아내가 결혼했을 때는 둘 다 믿음을 갖지 않은 불신자였다. 그러다가 아내가 예수 그리스도를 믿고 변화된 삶을 살기 시작한 경우이다. 갑자기 부부는 신앙적으로 다른 길을 가기 시작한 것이다. 구원의 기쁨을 맛본 아내는 남편도 자기처럼 예수 그리스도를 받아들이고, 기쁨을 함께 나누고 싶어 하는 것은 당연하다. 그래야 부부는 손을 잡고 교회도 같이 갈 수 있으니 말이다.

그러나 갑자기 신앙을 갖게 된 아내 때문에 남편은 배반감을 느낄 수 있다. 주말에는 함께 여행하면서 즐거운 시간도 가졌었고, 친구들과 어울려서 삼겹살을 곁들이면서 술도 마셨었다. 그런데 그런 즐거움은 사라졌다. 오히려 남편도 아내를 따라 교회를 가야 한다는 무언의 압박을 받게 되다니! 이런 것처럼 배반감을 주는 것도 그리 많지 않을 것이다. 물론 남편은 아내의 회심을 인정하거나 묵인할 수도 있는데, 그러면 계속해서 같이 살면 된다 (고전 7:12-13).

자연히 가정의 분위기가 바뀌기 시작한다. 외설 잡지나 영화는 사라지고, 그 대신 건전한 잡지나 책이 등장한다. 그리고 자녀들도 엄마의 영향을 받아서 언행이 조금씩 변화될 뿐 아니라, 교회에 출석할 수도 있다. 이렇게 변화되는 과정을 바울은 묘사했다, "믿지 아니하는 남편이 아내로 말미암아 거룩하게 되고 믿지 아니하는 아내가 남편으로 말미암아 거룩하게 되나니, 그렇지 아니하면 너희 자녀도 깨끗하지 못하니라. 그러나 이제 거룩하니라"(고전 7:14).

이 말씀에서 "믿지 아니하는 남편이 아내로 말미암아 거룩하게 된다"는 것은 아내 때문에 남편이 신앙을 갖고 거룩하게 되었다는 뜻이 아니다. 그런 이상적인 결과는 그렇게 쉽게 오지 않는다. 그것은 아내의 영향을 받은 남편의 삶의 방식이 조금씩 바뀌고 있다는 뜻이다. 예를 들면, 집에서 아내로 인하여 담배를 피우지 않는다든지, 외설 영화를 보지 않는다든지 하는 변화를 가리킨다. 이런 것을 어려운 말로 사회적 성화social sanctification라고 한다.

반면, 어떤 남편은 너무나 큰 배반감 때문에 아내에게 기독교 신앙을 포기하든지 아니면 이혼하자고 할 수도 있다. 초대교회에는 이런 경우가 제법 많았다. 그렇게 난처한 입장에 처한 아내를 위하여 바울 사도는 이런 충고를 했다: "혹 믿지 아니하는 자가 갈리거든 갈리게 하라. 형제나 자매나 이런 일에 구애될 것이 없느니라"(고전 7:15). 물론, 아내는 가능하면 이혼하지 말아야 하나, 더 이상 어쩔 수 없을 때는 이혼할 수밖에 없다.

그러나 남편이 아내를 진정으로 사랑해서 결혼했다면, 아내의 회심도 사랑으로 인정해주는 것이 자연스러운 현상일 것이다. 한편 아내는 주님을 의지하면서 여러 가지 어려움을 감내基耐할 각오를 가져야한다. 왜냐하면 그 아내 때문에 남편도 예수를 믿게 될 수 있기 때문이다. 바울의 말을 더 인용해보자, "아내 된 자여 네가 남편을 구원할는지 어찌 알 수 있으며, 남편 된 자여 네가 네 아내를 구원할는지 어찌 알 수 있으리요"(고전 7:16).

그러면 믿지 않는 남편을 어떻게 믿게 할 수 있는가? 두말할 필요도 없이 남편의 구원을 위하여 간절히 기도해야 한다. 눈물을 뿌리면서 기도해야 한다. 하나님은 눈물의 기도와 수고를 응답하셔서 결실을 맺게 하신다고 약속하셨기 때문이다. "눈물을 흘리며 씨를 뿌리는 자는 기쁨으로 거두리로다. 울며 씨를 뿌리러 나가는 자는 반드시 기쁨으로 그 곡식 단을 가지고 돌아오리로다"(시 126:5-6). 얼마나 확실한 약속의 말씀인가!

그런데 이상하게도 많은 아내가 남편의 믿음을 위하여 그처럼 오랫동안 그리고 간절히 기도했건만 응답을 받지 못하는데, 그 이유는 도대체 무엇인가? 물론 남편의 마음이 여전히 준비되지 못했기 때문일 수 있다. 그에게도 얼마나 많은 표현할 수 없는 생각과 고뇌가 있는지 아내는 모를 수 있다. 지금까지 자랑스럽게 여겨왔던 인생관을 송두리 채 버리고 새로운 것을 받아들이는 것이 쉽게 여겨지는 남자는 거의 없을 것이다.

그런데 놀랍게도 남편의 결단을 주저하게 하는 다른 요인이 있는데, 그것은 바로 아내라는 사실이다. 아내가 신앙을 증언하는 내용은 그럴듯한데, 그 아내의 삶은 전혀 증언과 다른 이유를 남편은 이해할 수 없는 것이다. 하나님의 자녀가 되었다는 아내의 말투와 행위 중에는 받아들이기 어려운 것이 없잖아 있기 때문이다. 가사에는 등한히 하면서 교회 일에는 전적으로 매달리는 모습! 자녀들의 양육과 교육보다는 교회의 일을 더 중요하게 여기는 것 같은 모습!

교회 식구들을 만나는 데는 그렇게 열정적인데 반하여, 친척들이나 친구들과의 만남은 대수롭게 여기지 않는 모습! 무엇보다도 남편을 대하는 자세는 남편으로 하여금 기독교에 대하여 회의감을 품게 할 때가 한두 번이 아니다. 새벽기도회에 간답시고, 남편의 출근과 자녀들의 등교를 돌보지 않는 아내! 부흥회에 참여하느라고, 남편과 자녀들과의 애정 어린 대화를 외면해버린 아내! 가정의 필요보다는 교회헌금을 더 중요시하는 것 같은 아내!

교회에 출석할 때는 정성을 들여 단장을 하는데, 남편을 맞이할 때는 전혀 그렇지 않은 자세! 믿기 전에는 남편을 하나님처럼 받들었는데, 이제 남편은 하나님보다 훨씬 못한 존재로 대하는 아내의 변질된 자세! 이전에는 애정표현도 짙게 그리고 깊게 했는데, 이제는 그런 표현은커녕 남편의 요구도 반기지 않는 것 같은 자세! 한 발 더 나아가서, 남편의 친구들도 별로 탐탁하게 여기지 않을뿐더러, 오히려 귀찮아하는 것과 같은 자세!

한 마디로, 남편으로 하여금 예수 그리스도를 믿지 못하게 하는 것은 바로 아내이다. 가까이서 느끼고 보는 남편은 도저히 아내의 신앙을 받아들일 수 없는 것이다. 아내의 기도가 응답되지 못하는 이유가 분명해졌다. 그러면 어떻게 하면 기도의 응답을 받아서 남편을 믿게 할 수 있는가? 우선, 남편을 하나님처럼 대해야 한다. 물론 그가 하나님은 아니다! 그는 인간이요 죄인에 지나지 않는다. 그러나 그는 남편이다!

남편을 하나님처럼 생각하면서 하나님에게 하듯 남편을 존경한다면, 그리고 남편을 섬긴다면, 조만간 남편도 믿게 될 것이다. 베드로 사도의 진심어린 충고를 들어보자, "아내들아, 이와 같이 자기 남편에게 순종하라. 이는 혹 말씀을 순종하지 않는 자라도 말로 말미암지 않고 그 아내의 행실로 말미암아 구원을 받게 하려 함이니, 너희의 두려워하며 정결한 행실을 봄이라" (벧전 3:1–2). 그렇다! 말만 아니라 행실이 따라야 된다는 것이다.

아브라함의 아내 사라가 남편을 주님처럼 대했다고 베드로는 힘주어서 말했다 (벧전 3:6). 그렇다! 남편이 믿든 믿지 아니하든 상관없이, 그는 아내의 주님이라는 것이다. 믿는 아내는 남편이 믿으면 그렇게 대하겠다고 하는 것은 하나님 말씀의 가르침이 아니다. 남편을 진정으로 존경하며, 섬기며, 필요할 때는 애정표현도 과감히 하는 등, 남편을 존귀하게 여길 때, 남편은 그를 그토록 사랑하는 아내가 원하는 것, 곧 신앙을 갖게 될 것이다.

7. 명목상의 그리스도인은 누구인가?

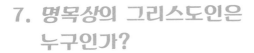

명목상의 그리스도인은 스스로 기독교인이라고 하면서도 그들의 생각이나 삶의 방식은 기독교와 상관없는 사람들을 가리킨다. 그들은 거듭난 경험이 없이 허울만 기독교인이다. 그런 명목상의 그리스도인들이 많으면 그들의 부정적인 영향도 대단하다. 무엇보다도 그런 사람들 때문에 복음이 불신자에게 전파되지 않는다. 왜냐하면 불신자들은 가짜와 진짜 그리스도인들을 구분하지 못하기에, 그들의 비도덕적인 삶 때문에 기독교에 대하여 실망하기 때문이다.

명목상^{名目上}이란 말은 겉으로 내세우는 이름을 가리키는데, 실제나 진짜와는 구분이 된다. 그래서 명목상이란 말이 사용되면 알맹이는 없고 이름이나 형식만 남아있다는 뜻이다. 이 단어를 그리스도인에게 붙이면, "명목상의 그리스도인"이 되는데, 그것은 이름만 그리스도인이라는 뜻이다. 본인이 예수 그리스도를 믿는 그리스도인이라고 공언할 수도 있고, 다른 사람들이 그를 그리스도인으로 인정할 수도 있다. 그러나 실제로는 그리스도인이 아니라는 뜻이다.

그리스도인이란 말은 영어로는 *Christian*인데, 그 말을 풀어보면 *Christ in me*라고 할 수 있다. 다시 말해서, "내 안에 그리스도"를 모시고 있는 사람이 그리스도인이라는 뜻이다. 그렇다면 그리스도는 어떤 사람의 마음속에 들어가셔서 그 사람을 그리스도인으로 만드시는지 알아보아야 할 것이다. 우선, 그리스도는 오로지 죄인을 위하여 이 세상에 오셨다. 그러니까 죄인만이 그리스도인이 될 수 있다는 말이다.

그러면 그리스도는 모든 죄인의 마음속에 조건 없이 들어가시는가? 그에 대한 응답은 그렇기도 하고, 그렇지 않기도 하다. 그리스도는 모든 죄인을 사랑하시기에 그들을 위하여 십자가에서 대신 죽으셨다. 그런 대속의 죽음 때문에 그분은 모든 죄인의 마음속에 조건 없이 들어가기를 원하신다. 그러나 죄인들도 의지적으로 마음의 문을 활짝 열고 그분을 그들의 구세주로 받아들여야 한다. 그리할 때 그리스도는 그들의 마음속에 들어가신다.

그렇게 그리스도를 그들의 구세주로 영접한 사람들은 진짜 그리스도인이 된 것이다. 그들이 진짜 그리스도인이 됐을 때 생기는 현상이 있는데, 무엇보다도 그들이 그리스도를 통하여 하나님과 인격적 관계를 맺게 되었다는 것이다. 하나님은 그들의 영적 아버지가 되시고, 그들은 하나님의 자녀가 된 것이다 (요 1:12). 자녀가 된 그들은 하나님 아버지의 뜻대로 살기를 원하게 되기에, 자연스럽게 하나님의 뜻을 찾으려고 하나님의 말씀을 읽기 시작한다.

그러나 명목상의 그리스도인은 그렇지 않다. 그들은 하나님의 말씀을 읽지도 않고, 또 하나님의 뜻을 찾으려고도 하지 않는다. 그들 중에는 주일마다 예배를 드리는 사람도 있는데, 그것도 역시 형식적이다. 또 어떤 사람들은 부활절이나 성탄절 같은 특별한 절기에 교회를 가면서도 스스로 그리스도인이라고 자처한다. 또 어떤 사람들은 이 교회 저 교회를 찾아다니면서 예배를 드리기도 한다. 이런 명목상의 그리스도인의 특징은 무엇인가?

그런 명목상 그리스도인의 가장 두드러진 특징은 하나님의 뜻과 관계없이 생각하고, 말하고, 그리고 행동하는 것이다. 그들이 중요한 문제에 부딪쳐서 중대한 결정을 할 때도 하나님과 상관없이 결정을 한다. 그들은 하나님의 뜻도 찾지 않고, 기도를 통하여 하나님의 응답을 기다리지도 않는다. 그들은 그들의 상식과 사고를 동원하여 생각하고, 말하고, 그리고 행동한다. 거기에다 중요한 결정을 그들 스스로 한다.

이런 명목상의 그리스도인이 끼치는 부정적인 영향은 생각보다도 크다. 첫 번째, 그들은 그런 자녀들을 양산하게 된다. 그들의 자녀들도 자연스럽게 부모를 따라 교회를 다니면서, 그리스도인이라고 자처하는데 소위 모태교인들이다. 성경에는 모태교인이란 표현이 없는데, 왜냐하면 그들은 엄밀한 의미에서 교인이 아니기 때문이다. 교회는 거듭난 사람들의 모임이다. 그러므로 이런 명목상의 그리스도인은 진정한 의미에서 교회의 일부가 아니다.

명목상의 그리스도인이 끼치는 두 번째 부정적인 영향은 불신자에 관한 것이다. 불신자들은 진짜 거듭난 그리스도인과 명목상의 그리스도인을 구분할 수 있는 능력이 없다. 그러므로 그들은 명목상의 그리스도인도 "그리스도인"의 범주에 집어넣는다. 그들은 명목상의 그리스도인이 하나님과 전혀 관계없이 말하고 행동하며 또 결정하는 것을 보면서 기독교에 대하여 서서히 그러나 확실하게 부정적인 인상을 갖게 된다.

명목상의 그리스도인은 결국 기독교의 전파를 방해하는 중대한 요인이 된다. 불신자들이 불평하며 거짓말을 할 때 명목상의 그리스도인도 불평하며 거짓말을 한다. 불신자들이 노름하며 술을 마실 때, 명목상의 그리스도인도 그렇게 한다. 불신자들은 그들로부터 다른 점을 전혀 찾지 못한다. 구태여 다른 것이 있다면, 명목상의 그리스도인이 주일에 교회에 가는 것이다. 불신자들은 기독교는 물론 교회에 대해서도 부정적인 생각을 가질 수밖에 없다.

세 번째 부정적인 영향은 본인 자신들에게 대한 것이다. 그들은 스스로 속으며 사는 사람들이다. 그들은 구원의 확신도 없을 뿐 아니라, 진정한 그리스도인이 갖는 기쁨과 확신, 변화된 삶과 미래에 대한 소망도 있을 수 없다. 거듭난 그리스도인들이 갖는 하나님과의 깊은 교제도 모르고, 다른 그리스도인들과 나누는 교제의 즐거움도 이해할 수 없다. 그들은 정직한 삶이 주는 자부심과 능력도 알 길이 없다.

그렇다면 거듭난 그리스도인은 명목상의 그리스도인에게 어떻게 해야 하는가? 두말할 필요도 없이 그들에게 거듭남의 확신을 경험할 수 있도록 최선을 다해야 한다. 그렇게 하기 위하여 가장 중요한 것은 그들과 다른 삶을 보여줄 수 있어야 한다. 여기에서 "다른" 삶이란 깨끗한 삶, 거룩한 삶, 능력 있는 삶을 뜻한다. 명목상의 그리스도인이 왜 기쁨도 없고 인생의 목적도 없는지 비교할 수 있게 해야 한다.

그뿐 아니라, 기회가 주어지면 그리스도를 통하여 하나님을 인격적으로 만나지 않으면 안 된다는 사실을 설명해 줄 수 있어야 한다. 그들은 십중팔구 복음에 대하여 자상하게 들어본 적이 없었을 것이다. 지금까지 교회예배에 출석하고, 종종 헌금하고 또 봉사하는 것이 그리스도인이라는 오해를 가졌는지도 모른다. 그들이 이해할 수 있도록 복음을 차근차근 설명해주면, 대부분의 경우 그들도 마음의 문을 활짝 열고 그리스도를 그들의 구세주로 영접할 것이다.

지금 한국교회는 위기에 봉착하고 있다. 사회로부터 질타의 대상이 된지 오래며, 그리스도인들조차도 교회와 기독교에 대하여 기대를 갖지 않는다. 이런 위기를 극복하기 위하여 명목상의 그리스도인들을 거듭난 그리스도인들로 바꾸어야 한다. 너무나 많은 명목상의 그리스도인들 때문에 전도의 문이 굳게 닫힌 현재의 상황을 타개할 수 있는 중요한 방안 가운데 하나가 바로 명목상의 그리스도인들을 진짜 그리스도인으로 만드는 것이다.

기독교 신앙에 대한 질의응답 50

가정

8. 어떻게 *데이트*를 하나?

그리스도인의 데이트에도 몇 가지 원리가 있다. 첫째, 데이트의 대상을 한 사람으로 국한시키지 말라. 둘째, 처음부터 일대일로 데이트하지 말라. 셋째, 너무 일찍부터 데이트에 전념하지 말라. 그 기간에 한 번밖에 없는 인생을 잘 준비해야 한다. 넷째, 서로의 관계가 깊어질수록 상대방에 대하여 많은 것을 알아보자. 다섯째, 데이트 기간 중 육체의 접촉을 피하라. 결혼을 통하여 한 몸이 될 때를 기다리는 그리스도인들을 하나님은 귀하게 여기실 것이다.

데이트는 여러 가지 수준의 만남을 함축하고 있다. 단순히 남녀가 만난다는 뜻일 수도 있고, 만나서 같이 대화도 하고 시간을 함께 보낸다는 뜻일 수도 있다. 이런 데이트는 식사도 하고, 영화도 보는 등 함께 즐거운 시간을 갖는 만남이다. 그런가하면 결혼을 전제로 만나는 상당히 깊이 들어간 데이트도 있다. 이런 데이트에서는 둘이서 만나 시간을 함께 보내며 즐기기만 하지 않는다. 그들은 인생을 함께 논의하며 설계도 할 수 있기 때문이다.

어떤 종류의 데이트를 하든 그 데이트가 성공적으로 진행되면 갈수록 깊어지게 마련이다. 그리고 궁극적으로 결혼을 약속하는 최종단계까지 갈 수 있는 것이다. 그런 이유 때문에 데이트는 어떤 종류이든 참으로 중요하다. 특히 그리스도인에게 데이트가 더할 나위 없이 중요한데, 그 데이트를 통하여 결혼대상자에 대한 하나님의 뜻을 찾을 수 있기 때문이다. 그러니까 그리스도인은 데이트를 통하여 하나님이 허락하신 인생의 반려자를 만날 수도 있게 된다.

이처럼 중요한 데이트에는 몇 가지 원리가 있다. 첫째 원리는 데이트의 대상자를 한 사람으로 국한시키지 말라는 것이다. 그리스도인은 잘못하면 "신앙"이라는 이유 때문에 한 번에 한 사람만 만나야 된다는 편견을 가질 수 있다. 그런 사고에서 벗어나지 못하면, 하나님이 예비해두신 결혼대상자를 만나지 못할 수도 있다. 그리고 여러 사람을 사귀면서 "나'에게 보다 더 적합한 배우자를 선택할 수 있는 기회를 가질 수 있다.

데이트의 둘째 원리는 처음부터 일대일로 데이트를 시작하지 말라는 것이다. 그리스도인들의 장점 가운데 하나는 이성(異性)을 만날 수 있는 기회가 많다는 사실이다. 그들은 교회에서도 만날 수 있으며, 기타 기독교 모임에서도 상대방을 만날 수 있다. 비록 어떤 특정한 사람이 마음에 든다고 처음부터 개인적으로 데이트하지 말고, 그룹으로 만나면 좋을 것이다. 그룹 활동 중에서 자연스럽게 상대방을 알게 되기 때문이다. 그 후 일대일로 만나도 늦지 않다.

데이트의 셋째 원리는 너무 일찍부터 상대방을 찾으려 하지 말라는 것이다. 인생에는 준비의 기간이 있다. 인생을 설계하면서 너무 일찍 데이트에 빠지면, 그 설계에 따라 준비하는데 최선을 다하지 못할 수 있다. 인생의 설계를 착실히 한 그리스도인들에게는 보다 더 자격을 구비한 사람들과 데이트할 수 있는 기회가 얼마든지 생기게 마련이다. "내"가 준비한 만큼 안목도 깊어지고, 그리고 그 안목에 걸맞게 상대방을 찾을 수 있게 된다.

얼마나 잠재력이 많은 젊은이들이 너무 일찍부터 달콤한 데이트에 빠져서 인생을 착실하게 준비하는 일에 소홀히 하는지 모른다. 한 번밖에 없는 인생인데, 그렇게 귀중한 시간과 마음을 데이트에 빼앗긴 사람들은 십중팔구 보다 가치 있는 인생을 보낼 수 있는 기회를 놓치고 만다. 그런 이유 때문에 "내"가 보다 더 성숙할 때까지, 그리고 보다 더 준비될 때까지, 데이트를 기다리는 인내와 지혜가 필요한 것이다.

데이트의 넷째 원리는 가능한 상대방의 많은 것을 알아보라는 것이다. 왜냐하면 성공적인 데이트는 결혼으로 이어질 수 있기 때문이다. 특히 마음에 결혼대상자로 여기면, 상대방의 장단점을 가능한대로 많이 알아야 한다. 그 결과 결혼을 접을 수도 있고, 반대로 결혼할 수도 있다. 결혼 쪽으로 마음이 기울어진다며, 상대방의 장점을 밀어주고 단점은 "내"가 덮어줄 수 있는지 저울질해보아야 한다. 만일 덮어줄 수 없는 단점이 있다면 결혼을 재고해야 한다.

여하튼, 결혼을 결정했다면 인생을 같이 설계해야 한다. 인생의 목적도 나누고, 그 목적을 구체적으로 어떻게 이루어나갈지에 대해서도 나누어야 한다. 서로의 경제관도 나누면서 조율할 필요가 있다. 그뿐 아니라, 자녀문제, 양가의 식구문제, 직장문제, 집의 위치문제 등 수많은 것들을 차곡차곡 대화로 풀어가야 한다. 그런 대화를 통하여 상대방의 다른 견해를 경청해야 한다. 그리고 "나"의 의견도 개진하면서 서로를 깊이 알아가야 한다.

데이트의 다섯째 원리는 데이트하는 동안 육체적 접촉을 피해야 한다는 것이다. 그리스도인들의 몸은 성령의 전이다 (고전 6:19). 그들은 그렇게 귀한 몸으로 만들어주신 주님의 영광을 위하여 그 몸을 사용할 수 있어야 한다. 바울 사도의 말을 빌려보자, "값으로 산 것이 되었으니 그런즉 너희 몸으로 하나님께 영광을 돌리라"(고전 6:20). 그렇다! 그들의 몸을 성령의 전으로 만들기 위하여 예수 그리스도는 대속의 죽음까지 맛보지 않으셨던가!

젊은이들은 깊은 데이트에 들어가면서 상대방을 소유하고 싶은 불같은 욕정이 있게 마련이다. 실제로 그런 욕정이 생기지 않는다면, 상대방을 진정으로 사랑하지 않기 때문인지도 모른다. 그래도 그 사랑 때문에 욕정을 절제해야 한다. 그것이 진정한 사랑이요, 용기 있는 사랑이다. 비록 그들이 결혼을 약속했다손 치더라도 아직 한 몸이 되지 않았기 때문이다. 그들은 서로를 존중하면서 결혼을 통하여 한 몸이 되는 기쁨과 행복을 기다릴 수 있어야 한다.

결혼은 법적으로 한 가정을 이루는 중요한 절차이다. 하나님이 허락하신 그런 절차를 통하여 한 몸이 된다면, 그 부부는 서로를 그만큼 더 깊이 사랑하고 존경하게 될 것이다. 결혼예식을 기다릴 수 없다면, 그들은 그만큼 인내에 한계를 드러낸 사람들이다. 그렇다면 그들의 결혼생활에서 부딪칠 수많은 문제들을 어떻게 극복해 나갈 수 있겠는가? 그러나 서로를 사랑하기에 서로의 순결을 지켜 주기로 작정한 그리스도인은 참으로 훌륭한 신앙인격자인 것이다.

바울 사도의 증언을 들어보자, "내가 하나님의 열심으로 너희를 위하여 열심을 내노니, 내가 너희를 정결한 처녀로 한 남편인 그리스도께 드리려고 중매함이로다"(고후 11:2). 물론 이 말씀은 그리스도인들과 그리스도의 혼인을 말한 것이나, 여기에서 중요한 원리를 찾을 수 있다. 그리스도와 혼인할 신부는 "정결한 처녀"가 되어야 한다는 말이다. 물론 그분이 죄인들을 용서하셨기에 영적으로 정결한 처녀가 된 것도 사실이다.

그런데 바울은 다른 성경에서 그리스도를 남편으로, 그리고 교회를 아내로 비유해서 설명하기도 했다 (엡 5:23, 25). 결국, 결혼예식을 준비하는 신부는 "정결한 처녀"가 되어야 한다는 말씀이다. 그뿐 아니라, 바울은 디모데에게 이런 충고도 했다, "젊은 여자에게는 온전히 깨끗함으로 자매에게 하듯 하라"(딤전 5:2). 이 말씀의 원리, 곧 "온전히 깨끗함으로 자매에게 하듯 하라"는 원리는 디모데에게뿐 아니라, 약혼한 남자에게도 해당되는 것이다.

바울 사도가 제시한 이런 원리는 구약성경에도 있다. 물론 구약성경의 표현은 무시무시한 율법에 근거한 것이나, 그래도 그 원리는 변하지 않는 진리이다. 신명기 22장은 순결을 지키지 못한 사실을 숨긴 채 결혼한 여인을 진단하고 심판한 내용을 기록하고 있다. 남편에게 아내의 순결에 대하여 의심이 생긴 결과 조사해보았더니 그것이 사실이었다면, 그 아내를 끌어내어 동네 사람들이 돌로 쳐죽이라고 하였다 (신 22:13-21).

하나님의 율법에 의하면, 여자가 순결을 지키는 것이 그만큼 중요하다는 사실을 가르친 대목이다. 물론 현재에는 그런 여자를 돌로 쳐죽이지 않는다. 그러나 하나님이 인간에게 전하시는 원리는 예나 지금이나 같은데, 곧 순결을 지키라는 것이다. 순결은 오로지 혼인예식을 통하여 부부가 된 남편과 아내에게 바치라는 것이다. 그리할 때 그들은 진정으로 한 몸이 되는 것이며, 하나님의 뜻 안에서 결합된 것이다. 그 부부를 통하여 하나님도 큰 영광을 받으실 것이다.

9. 배우자를 어떻게 선택할 것인가?

올바른 배우자를 위하여 기도해야 한다. 그리고 그 배우자는 거듭난 신앙인이어야 한다. 영적으로 하나가 되기 위한 필수 조건이다. 가능하면 인생의 목적도 같아야 하고, 두 사람이 다 건강하면 이상적이다. 혹시 치료가 불가능한 유전병이라도 있는지 확인할 필요가 있다. 만일 교육 수준도 비슷하면 상당히 풍성한 인생을 누릴 수 있을 것이다. 그리고 결혼을 약속했을 경우 양가의 부모와 형제들에 대하여 어떤 태도를 가져야 되는지도 합의할 수 있어야 한다.

그리스도인의 인생에서 가장 중요한 선택은 십중팔구 배우자일 것이다. 결혼이라는 항구를 출발하여 배우자와 쪽배를 타고 인생의 항로를 떠나는 것과 같기 때문이다. 그 배에 물이 넘실거리며 들어올 수도 있는데, 그때 둘이 힘을 합해 물을 퍼내지 않으면 그 배는 조만간 물에 잠기고 말 것이다. 그 배는 바람에 흔들릴 수도 있으며, 그 흔들림이 심할 때는 배가 뒤집힐 수도 있다. 그러나 두 사람이 한 마음 한 뜻이 된다면, 마침내 목적지에 안착할 수도 있다.

이처럼 중요한 배우자의 선택을 어떻게 하면 두 사람은 목적지까지 안착할 수 있는가? 무엇보다도, 올바른 배우자를 만나게 해달라는 간절한 기도를 하나님에게 올려야 한다. "나" 자신에 대해서도 잘 모르는 사람이 "나"에게 가장 적합한 사람을 "나" 스스로 찾는 것은 거의 불가능하기 때문이다. 성(sex)도 다르고 배경도 다르기 때문이다. 그런 이유로 "나"에게 짝을 이룰 수 있는 알맞은 배우자를 만나게 해달라는 기도를 절실히 해야 한다.

다음으로 중요한 것은 배우자가 "나"와 같은 그리스도인이어야 한다. 단순히 교회만 다니는 명목상의 교인이 아니라, 확실히 거듭난 그리스도인이어야 한다. 그렇지 않으면 어떻게 영적으로 한 마음이 될 수 있겠는가? 같은 성령으로 엮어질 때만이 두 사람은 한 마음을 이룰 수 있기 때문이다. 하나님의 말씀도 그렇게 엮어진 사람들만이 하나가 되기 위하여 함께 노력할 수 있다고 한다, "평안의 매는 줄로 성령이 하나 되게 하신 것을 힘써 지키라"(엡 4:3).

한 발 더 나아가서, 하나님은 당신의 말씀을 통하여 믿지 않는 배우자를 택하면 안 된다고 강력하게 명령하신다. "너희는 믿지 않는 자와 멍에를 함께 메지 말라!"(고후 6:14a). 이런 소극적인 명령은 얼른 보기에 가혹하게 들릴지 모르나, 실제로는 깊은 사랑의 표현이다. 왜냐하면 신앙이 없는 배우자를 짝으로 만난 사람은 영적으로 하나가 될 수도 없을 뿐 아니라, 또 함께 멍에를 메고 밭을 간다는 것이 결코 순탄하지 않다는 사실을 하나님은 아시기 때문이다.

배우자를 선택할 때 세 번째로 중요한 것은 인생의 목적이 같아야 한다. 예를 들면, 한 사람은 아프리카의 선교사가 되기를 원하는데 한 사람은 절대로 고국을 떠날 수 없다면, 두 사람은 한 마음 한 몸이 될 수 없다. 신앙적으로는 하나님의 영광을 위해서 사는 것이 궁극적인 목적이어야 하나, 구체적으로도 함께 할 수 있는 목적을 공유해야 한다. 대화하면서 서로의 목적을 확인하고 또 서로 밀어줄 수 있어야 한다.

네 번째로 중요한 것은 한 몸을 이루기 위하여 두 사람은 건강해야 한다. 두 사람은 결혼을 약속하기 전에 어떤 유전병이라도 있는지, 자녀를 가질 수 없는 한계를 가지고 있는지, 아니면 치유할 수 없을 정도로 허약한 체질인지 알아보아야 한다. 하나님의 특별한 인도하심이 있을 경우를 제외하고는 반드시 체크해야 한다. 그것도 서로 솔직히 나눌 수 있어야 되며, 또 건강진단서도 교환할 수 있어야 한다.

다섯 번째로 중요한 것은 가능하면 교육수준도 비슷하면 더욱 좋다. 왜냐하면 길고도 먼 인생의 항로를 가면서 서로 의미 있는 대화를 할 수 있어야 하기 때문이다. 그러나 생각과 표현의 차이가 너무 많이 나면, 인생의 대화에 많은 한계를 느끼게 된다. 의미 있는 대화가 인생을 풍요롭게 하지만, 대화에 한계가 있다면 충만한 삶을 포기하는 것이다. 그들은 시시때때로 외로움을 느낄 것이다. 그들을 엄습해오는 고갈의 느낌을 피할 수 없을 것이다.

여섯 번째로 중요한 것은 양가의 부모와 형제와 연루된 문제이다. 그들이 결혼하는 순간부터 배우자의 부모와 형제는 곧 "나"의 부모와 형제가 된다. 서로의 부모를 공경하고, 또 형제를 사랑해야 한다. 결혼은 결코 두 사람만의 결합이 아니기 때문이다. 배우자의 친척과 친구를 "나"의 친척과 친구로 삼아야 한다. 이처럼 확대되는 가족의 문제도 결혼 전부터 진솔하게 나누어야 한다. 하나도 숨김없이 빛 가운데서 나누어야 한다.

첫 인간 아담이 그의 짝을 찾았을 때 그의 기쁨을 이렇게 표현했다, "이는 내 뼈 중의 뼈요 살 중의 살이라"(창 2:23). 이런 묘사처럼 두 사람이 한 몸을 이루었다는 사실을 잘 표현하기란 쉽지 않을 것이다. 그런데 그들이 구체적으로 한 몸을 이루게 하기 위하여 하나님은 이런 명령을 주셨는데, 그 명령은 아담이 아내를 아름답게 맞아들인 직후였다, "이러므로 남자가 부모를 떠나 그의 아내와 합하여 둘이 한 몸을 이룰지로다"(창 2:24).

"부모를 떠나야" 진정으로 한 몸이 될 수 있다는 명령이다. 그러나 경우에 따라서는 부모와 함께 살지 않으면 안 될 때도 없잖아 있다. 그럴 때는 기쁨으로 부모를 모셔야 된다. 그런데 조건이 있다! 경제권과 결정권을 부모에게 드리면 안 된다는 조건이다. 부모를 모신다는 것은 가정의 통치권을 드린다는 뜻이 아니다. 부모를 깊이 공경해야 하나, 가정의 대소사는 부부가 결정해야 한다. 그렇게 하기 위하여 경제권도 그들이 가지고 있어야 한다.

결혼의 항로는 결코 순탄하지 않은 험난한 것이다. 그러나 위에서 열거한 몇 가지 원리들만이라도 서로 상의하고 또 합의한다면,

그들은 항해를 무난히 마칠 것이다. 왜냐하면 그들은 어떤 경우에도 터놓고 대화할 수 있기 때문이다. 그뿐 아니라, 그들이 위기에 부닥칠 때, 그들을 조건 없이 돕기를 원하시는 하나님에게 기도할 수 있기 때문이다. 가정이라는 쪽배의 운전대를 하나님에게 맡긴 부부를 하나님은 끝까지 책임지고 인도하실 것이다.

10. 불신자와 결혼해도 되는가?

하나님의 말씀은 불신자와 결혼할 수 없다. 그럼에도 불구하고 불신자와 결혼하기를 원한다면 서두르지 말고 전도하라. 시간이 좀 걸릴 수 있겠지만, 그래도 참고 기다리면서 불신자가 신앙을 가질 때까지 기다리라. 만일 기다릴 수 없어서 결혼한다면, 고통과 눈물을 감수해야 할 것이다. 그러나 하나님을 계속 의지한다면, 하나님은 결코 당신의 자녀를 버리지 않으실 것이다. 얼마나 세월이 지나야 할지 모르지만, 마침내 불신자도 믿게 될 것이다.

　이런 질문을 하는 그리스도인은 대부분 여성이다. 그 이유도 분명한데, 교회에는 남자보다 여자가 많기 때문이다. 그뿐 아니라, 일반적으로 지적으로나 경제적으로 뛰어난 여자들이 많기 때문이다. 물론 여자들 못지않게 훌륭한 남자들도 많다. 그러나 수적으로 볼 때 아무래도 여자들이 훨씬 많은 것이 현실이다. 교회라는 좁은 테두리 안에서 배우자를 찾기도 어려운데, 더군다나 여성의 수가 남성보다 많으니 배우자를 찾기가 녹녹치 않은 것도 사실이다.

　그런데 신앙적으로도 뛰어나며 인간적으로도 훌륭한 여자에게 믿지 않는 남자가 끌리는 것은 너무나 당연하다. 처음에는 신앙의 문제를 대수롭게 여기지 않다가 점차 좋아지면서 결혼을 해도 좋은지 갈등하기 시작한다. 그러나 그 갈등도 시간이 지날수록 희석되면서 결혼하기로 작정한다. 결혼 후 남편에게 복음을 전해서 예수님을 믿게 한다는 각오까지 가지면서 말이다. 결혼도 하고 전도도 할 수 있는 절호의 찬스라고 여기면서 말이다.

이런 인생의 기로에 있는 젊은이들은 성경의 원리를 먼저 알아야 할 필요가 있다. 바울 사도의 충고를 직접 들어보자: "너희는 믿지 않는 자와 멍에를 함께 메지 말라; 의와 불법이 어찌 함께 하며 빛과 어둠이 어찌 사귀며, 그리스도와 벨리알이 어찌 조화되며 믿는 자와 믿지 않는 자가 어찌 상관하며, 하나님의 성전과 우상이 어찌 일치가 되리요"(고후 6:14-16a). 이 충고가 전달하는 메시지는 분명하다, "멍에를 함께 메지 말라!"

멍에는 달구지나 쟁기를 끌 때에 말이나 소의 목에 가로 얹는, 둥그렇게 구부러진 막대를 가리킨다. 그런데 한 마리로는 부족하기 때문에 두 마리를 한 멍에에 메울 때도 있다. 그렇게 되면 두 마리는 거의 동심동체(同心同體)가 되어, 한 몸인 것처럼 보조를 같이해야 한다. 만일 한 마리는 왼편으로 가려하나 또 한 마리는 오른편으로 가려한다고 가정해보자. 힘은 몇 배나 드는데 성취한 것은 거의 없을 것이다.

결혼하여 부부가 되는 것도 마찬가지이다. 부부가 한 멍에를 메고 한 방향으로 나아가도 한 인생을 살아가기란 녹녹치 않은데, 더군다나 방향이 다르다면 얼마나 고통스럽겠는가? 물론 처음에는 사랑으로 모든 차이를 극복할 수 있겠다고 확신했지만, 그렇게 간단하지 않은 것이다. 둘 다 같은 신앙을 갖거나, 아니면 둘 다 신앙을 갖지 않아도 결혼생활이 쉽지 않다는 것은 세상이 다 안다. 그렇게 많은 부부가 이혼하는 것이 그런 사실을 증명한다.

만일 신앙이 있는 여자가 불신자와 결혼을 했다면, 다음과 같은 몇 가지 현상이 일어날 것이다. 첫째는 여자가 점진적으로 신앙을 잃게 될 것이다. 그녀는 남편 따라 주일을 끼고 여행도 하며, 가족모임과 친구모임에 참여하면서 점차적으로 교회로부터 멀어진다. 그러다가 마침내 예배에 전혀 참여하지 않아도 갈등을 갖지 않게 된다. 둘째 현상은 주일에 아내는 교회에 가고 남편은 집에 있든지 아니면 다른 곳으로 갈 것이다.

셋째 현상은 남편이 아내를 따라 교회에 출석하는 것이다. 그러나 처음 출석한 교회의 예배의식이 전혀 생소할 것이다. 더군다나 성경적인 설교는 지금까지 들어보지 못한 전혀 다른 세상의 이야기일 것이다. 그럼에도 착한 남편은 아내를 사랑하기에 묵묵히 아내를 따라 예배에 참석한다. 많은 경우 예배 중 졸기도 하지만 말이다. 넷째 현상은 남편이 아내에게 교회에 가지 못하도록 박해를 하거나 방해를 하는 경우이다.

만일 아내가 끈질기게 신앙생활을 고수하면, 대부분의 경우 궁극적으로 남편도 신앙을 갖게 된다. 그런데 남편이 그렇게 신앙을 갖고 변화되기까지는 많은 시간과 기도를 필요로 한다. 아내가 신앙이 깊다면 남모르게 눈물도 많이 흘릴 것이다. 심한 경우 그 아내는 남편으로부터 폭력을 당할 수도 있다. 그럼에도 불구하고 신앙을 지킨다면 마침내 남편도 예수 그리스도를 그의 구세주로 믿고 영접할 것이다. 얼마나 놀라운 결실인가!

그러나 그처럼 오랜 세월을 신앙적으로 동심동체가 되지 못한 많은 갈등을 겪지 않으면 안 되는 아픔을 피할 수 없다. 더군다나 그동안 마음 놓고 교회생활도 못하고, 교육과 훈련도 제대로 받지 못한 결과 신앙적으로 성숙하지 못한 책임은 본인만 져야하는 아픔이다. 그동안 제대로 훈련을 받았더라면 지금쯤은 제법 성숙한 기독교 지도자가 되어 있을 터인데 말이다. 이런 결과도 본인의 선택에 따른 것이다.

만일 여자와 남자가 같은 신앙을 가졌기 때문에 목사의 은혜로운 주례와 그리스도인들의 기도와 하나님의 축복을 받으면서 결혼한다면, 그 이상 좋을 것은 없다. 그들은 진정으로 한 마음과 한 몸이 되어 같이 기도도 하고, 같이 예배에도 참여하면, 같이 다른 사람들을 섬기는 행복을 마음껏 누릴 것이다. 뿐만 아니라, 자녀들을 그리스도 안에서 양육하여 하나님의 인도하심을 받는 존귀한 사람들로 성장하게 할 수 있다.

은혜와 긍휼의 하나님은 신앙인이 불신자와 결혼한다고 그녀를 절대로 버리지 않으신다. 오히려 측은히 여기시면서 그녀를 도와

주기를 원하신다. 그녀가 눈물로 기도할 때 그 기도에 귀를 기울이신다. 어떤 때는 그 기도가 응답되기까지 많은 세월이 지날 수 있지만 말이다. 사랑의 하나님은 그처럼 애처로운 결혼생활을 하는 당신의 딸의 손목을 결코 놓지 않으신다. 그리고 마침내 세월과 눈물로 얼룩진 그 딸의 남편을 변화시키신다.

가장 좋은 방법은 신앙이 없는 남자와 사귐을 가질 때, 그 남자가 신앙을 갖기 전에는 결혼하지 않겠다는 각오이다. 그렇게 기다리는 동안 육체적으로 가까이 하지 않으면서 그녀의 뜻을 남자에게 전달하는 것이다. 그 기간에 좋은 기독교 서적을 소개할 수도 있고, 좋은 교회를 소개할 수도 있다. 무엇보다도 그리스도인다운 사고와 언행을 보여준다면, 그리고 사랑하기 때문에 기다린다는 마음을 보여준다면, 그도 예수 그리스도를 받아들일 것이다.

남자가 그렇게 받아들인 즉시 결혼하지 말고, 당분가 인내하면서 그가 신앙적으로 성장하기를 기다려야 한다. 왜냐하면 신앙적으로 성장하지 않은 영적 어린아이는 가정을 신앙적으로 이끌 수 없기 때문이다. 그러나 그가 성장하는 모습을 지켜보면서 여자는 기뻐해야 한다. 그리고 마침내 두 성숙한 신앙인이 그리스도 안에서 결합한다면, 그녀에게는 더할 나위 없는 행복이 안겨질 것이다. 높은 산에 오를수록 경치가 좋은 것처럼, 그만큼 행복도 깊고 넓을 것이다.

11. 부부 사이의 갈등을 어떻게 극복할 수 있는가?

부부의 갈등은 필연적으로 찾아오는 필요악이다. 그 갈등을 극복하는 첫 번째 비결은 부부가 하나님의 말씀을 가장 중요한 인생의 원리로 삼아야 한다. 그 말씀에 의하면, 분을 내어도 잠자리에 들어가기 전에 풀어야 한다는 것이다. 기분이 안 좋다고 각방으로 가지 말고, 대화한 후에 잠자리에 들어야 한다. 부부가 된 첫 날부터 잠자리에 들기 전에 같이 성경을 읽고 기도하기로 작정한다면, 많은 갈등을 쉽게 풀 수 있을 것이다.

인생의 항로에서 약혼하고, 결혼준비와 결혼예식을 거쳐서 신혼여행을 다녀오는 시기가 가장 기쁘고 행복한 때이다. 그들은 문자 그대로 동심일체, 곧 한 마음과 한 몸을 이룬 것이다. 그때부터는 집을 구하고, 가구를 마련하고, 텔레비전 프로그램을 시청하는 등 거의 모든 일에서 혼자 결정하지 않고 둘이 결정해야 하는 즐거움을 누린다. 그런데 결혼 전에 혼자 결정할 때만큼 단순하고 쉽지 않을 수 있다. 왜냐하면 두 사람은 지금까지 다르게 살았기 때문이다.

왜 그렇게 서로 다른 인격체라는 사실을 새삼스럽게 느끼기 시작했는가? 여러 가지 이유가 있겠지만, 가장 근본적인 이유는 사랑과 관심 때문이다. 두 사람이 사랑으로 엮어져서 같이 살면서, 서로에 대하여 알기 시작한다. 그리고 서로의 다른 점도 서서히 그러나 확실히 알아가게 된다. 그런 다름은 갈등의 단초도 될 수 있다. 서로를 사랑하기에 그리고 서로에 대하여 관심이 있기에 서로의 허물을 보기 시작하는 것이다.

그러니까 사랑의 열매는 적극적으로는 행복이지만, 소극적으로는 갈등이다. 누가 관심도 없는 낯선 사람 때문에 갈등을 갖겠는가? 누가 사랑하지도 않는 고등학교 동창 때문에 갈등을 갖겠는가? 그러나 결혼으로 맺어진 부부는 다르다! 그들은 서로 사랑하며, 사랑하기 때문에 서로에 대한 모든 것을 알고 싶어 하고, 또 모든 것을 갖고 싶어 한다. 그런 과정에서 다름이 드러나며, 그 다름은 갈등으로 발전될 수 있다. 그런데 갈등은 커질 수도 있고 극복될 수도 있다.

어떻게 갈등을 극복할 수 있는가? 한 마디로, 사랑 때문이다! 이 시점에서 기독교의 사랑에 대하여 알아보자. 기독교의 사랑은 "의지적 결단"이다. 물론 감정이 따를 때도 있지만, 감정은 근본적으로 기독교의 사랑이 아니다. 그렇지 않으면 바울 사도는 사랑을 "오래 참음"이라고 하지 않았을 것이다. 그의 설명이다, "[사랑은] 모든 것을 참으며, 모든 것을 믿으며, 모든 것을 바라며, 모든 것을 견디느니라" (고전 13:7). 의지적으로 "참고 견디는 것"이 사랑이다.

그런데 참고 견디라는 분부를 하나님의 말씀에서 찾을 수 있기에, 결국 부부의 갈등도 그 하나님의 말씀에서 찾아야 할 것이다. 그리스도인 부부라면 당연히 하나님의 말씀을 그들의 사고와 언행과 결정에 절대적인 기준으로 삼아야 한다. 그 이유도 분명하다! 그들의 말씀에 제시된 몇 가지 원칙만이라도 지키면, 많은 갈등을 예방할 수 있기 때문이다. 뿐만 아니라, 갈등도 그 말씀을 통하여 극복할 수 있기 때문이다.

우선, 부부가 배우자에 대하여 어떤 자세를 취해야 할지 알아보자. 바울 사도는 부부관계를 그리스도와 교회의 관계에 비유했다. 다시 말하면, 남편은 그리스도로, 그리고 아내는 교회로 각각 비유했다. 교회는 두말할 필요도 없이 그의 머리인 그리스도에게 조건 없이 순종해야 한다. 반면, 그리스도는 교회를 너무나 사랑한 나머지 교회를 위하여 목숨을 내놓으셨다. 그리스도가 교회를 위하여 먼저 목숨을 걸고 사랑하신 것처럼, 남편도 아내를 사랑하라는 것이다.

아내는 남편에게 왜 순종해야 하는가? 바울 사도의 대답을 들어보자, "아내들이여, 자기 남편에게 복종하기를 주께 하듯 하라!" (엡 5:22). 이런 명령이 당연한 것은 남편은 머리이고 아내는 몸이기 때문이다: "이는 남편이 아내의 머리됨이 그리스도께서 교회의 머리됨과 같음이니, 그가 바로 몸의 구주시니라"(엡 5:23). 머리가 몸에게 어떤 것을 제안하면, 몸은 즉시 반응을 보인다. 예를 들면, 머리가 몸에게 "말하라!"라고 명령하면 즉시 순종해야 한다.

그렇다고 머리인 남편은 몸인 아내에게 쓸데없는 것을 명령하겠는가? 물론 그렇지 않다! 그는 사랑 때문에 모든 것을 희생하면서 아내의 행복을 추구한다. 그런 이유 때문에 바울 사도는 남편에게 이렇게 말했다, "남편들아, 아내 사랑하기를 그리스도께서 교회를 사랑하시고 그 교회를 위하여 자신을 주심 같이 하라!" (엡 5:25). 결국, 남편은 아내를 위하여 자신의 고집과 주장을 접을 수 있어야 한다. 그리고 아내는 그렇게 접근하는 남편을 존경하고 따라야 한다.

이처럼 하나님의 말씀을 절대적인 삶의 기준으로 삼는 부부는 갈등을 극복하기 위하여 다음과 같은 결정을 할 수 있다. "다름 때문에 일어난 분노를 그날 풀자!" 바울 사도의 충고이다, "분을 내어도 죄를 짓지 말며, 해가 지도록 분을 품지 말라" (엡 4:26). 그렇다! 그들도 인간이기에 분낼 수 있지만, 그분 때문에 죄를 짓지 말아야 한다. 다시 말해서, 부부간의 사이를 멀게 해서는 안 된다. 그렇게 하기 위하여 그날 잠자리에 들어가기 전에 분을 풀어야 한다.

어떻게 잠자리에 들기 전에 분을 풀 수 있는가? 가장 좋은 방법은 그리스도인 부부가 함께 성경을 한 장 읽고 기도하는 것이다. 그리스도인은 결혼 첫날부터 함께 성경 읽고 기도하기로 약속해야 한다. 성경도 몇 절씩 돌아가면서 읽고 기도도 차례로 한다면, 그들은 자연스럽게 신앙적인 대화의 장을 마련한 셈이다. 그때 분도 대화로, 그리고 기도로 풀 수 있다. 부부가 하루를 마치기 전에 이런 시간을 갖기로 약속한다면 갈등을 쉽게 극복할 수 있을 것이다.

이렇게 대화와 기도를 마친 부부는 거리낌 없이 함께 잠자리에 들어갈 수 있을 것이다. 그러나 분을 풀지 못한 부부는 잘못하면 다른 방으로 갈 수 있는데, 그것은 갈등을 극복하기는커녕 갈등을 부추기는 행위이다. 하나님의 말씀도 기도하기 위해서가 아니라면 각방을 사용하지 말라고 명령한다. "서로 분방하지 말라! 다만 기도할 틈을 얻기 위하여 합의 상 얼마 동안은 하되 다시 합하라"(고전 7:5). 어떻게 한 몸이 각방을 쓸 수 있단 말인가?

"한 몸"이라는 표현은 어느 한쪽이 각방을 쓸 수 없다는 뜻도 포함된다. 바울 사도는 이런 문제에 대하여 분명하게 권면한다. "남편은 그 아내에 대한 의무를 다하고, 아내도 그 남편에게 그렇게 할지라. 아내는 자기 몸을 주장하지 못하고 오직 그 남편이 하며, 남편도 그와 같이 자기 몸을 주장하지 못하고 오직 그 아내가 하느니라"(고전 7:3-4). 이런 말씀을 따르려면 한 몸이 된 부부가 서로를 사랑해야 가능하다.

부부란 젊었을 때는 애인이고, 중년에는 친구이며, 노년에는 서로 의지하는 버팀목이다. 그런 아름다운 인생의 항로를 가면서 갈등을 극복할 수 있는 방법이 또 있다. 가능하다면 함께 여가를 즐길 수 있는 취미생활을 개발하는 것이다. 부부가 서로 다른 취미활동을 하는 것은 많은 갈등을 유발할 수 있는 잠재력을 지닌다. 그러나 부부가 함께 걷거나, 운동하거나, 여행하거나, 도서관엘 가거나 하면서 오순도순 대화를 나눌 수 있다면 갈등은 쉽게 극복될 것이다.

12. 그리스도인이 *이혼과 재혼을* 할 수 있는가?

불행하지만 그리스도인도 이혼의 아픔을 겪을 수 있다. 하나님이 제시한 이혼의 조건은 배우자가 음행의 죄를 범했을 때이다. 음행은 하나님과의 약속을 깬 행위이며, 배우자의 신뢰를 무너뜨린 행위이기 때문이다. 물론 성경에서는 이 음행이 유일한 이혼조건이지만, 음행 못지않게 배우자의 신뢰를 깨뜨리고 아프게 하는 경우에는 이혼할 수 있다. 그리고 하나님의 뜻 가운데서 재혼하면 행복한 여생을 보낼 수 있는 것이다.

예수 그리스도를 믿지 않은 사람들은 결혼을 지속하기가 쉽지 않은가보다. 그렇지 않다면 그렇게 많은 부부가 이혼으로 끝날 리가 없지 않는가? 그 이유는 그들에게 부부 간의 갈등을 극복하기 위한 절대적인 가이드라인이 없기 때문이다. 그들이 의지할 수 있는 것은 감정과 사회적인 통념이며, 그런 것들은 이혼을 부추긴다. 반면, 그리스도인에게는 삶의 방향을 제시하는 가이드라인이 있는데, 곧 영원히 변치 않는 진리 곧 하나님의 말씀이다.

그렇다면 그리스도인 부부는 절대로 이혼할 수 없는가? 물론 이혼을 반대하는 것이 성경의 원리이다. 한 번은 바리새인들이 예수님을 시험하기 위하여 이혼의 문제를 들고 나왔다. 그들이 살던 시대에는 이혼이 비교적 자주 일어나는 추세였었다. 만일 예수님이 이혼을 허락하시면, 세상의 물결에 휩싸이는 모습이 된다. 그분은 더 이상 세상의 빛이 되실 수 없을 것이다. 반대로 이혼을 허락하지 않으시면 그는 그 당시의 추세를 거스리는 모습이 될 수밖에 없었다.

바리새인들의 질문을 들어보자, "바리새인들이 예수께 나아와 그를 시험하여 이르되, '사람이 어떤 이유가 있으면 그 아내를 버리는 것이 옳으니이까?'"(마 19:3). 예수님을 궁지에 몰아넣으려는 간계를 아시고 그분은 성경의 원리를 명명백백하게 제시하셨다, "사람을 지으신 이가 본래 그들을 남자와 여자로 지으시고 말씀하시기를, '그러므로 사람이 그 부모를 떠나서 아내에게 합하여 그 둘이 한 몸이 될지니라' 하신 것을 읽지 못하였느냐?"(마 19:4-5).

예수님이 인용하신 이 말씀은 하나님이 아담과 하와를 짝지어 주시면서 하신 말씀이었다. "한 몸"이 되라는 이 원리는 하나님이 최초의 부부에게 주신 최초의 명령이었다. 바리새인들의 질문에 대한 해답으로 이 말씀을 인용하신 후, 예수님은 다시 그 말씀에 대하여 이렇게 덧붙여서 설명하셨다, "그런즉 이제 둘이 아니요 한 몸이니, 그러므로 하나님이 짝지어 주신 것을 사람이 나누지 못할지니라"(마 19:4-6).

이처럼 분명한 주님의 설명을 반박하면서 바리새인들은 모세의 말을 인용하였다. "그러면 어찌하여 모세는 이혼 증서를 주어서 버리라 명하였나이까?" (마 19:7). 바리새인들이 인용한 말씀은 신명기 24장 1절이었다. "사람이 아내를 맞이하여 데려온 후에 그에게 수치 되는 일이 있음을 발견하고 그를 기뻐하지 아니하면, 이혼 증서를 써서 그의 손에 주고 그를 자기 집에서 내보낼 것이요." 본래 하나님의 뜻은 한 몸을 나누지 못하지만, 예외가 있다는 것이다.

그 예외는 "수치 되는 일"이 발견되었을 때이다. 그렇다면 모세가 "수치 되는 일"이라고 한 것은 구체적으로 무엇을 가리키는가를 알아야 한다. 왜냐하면 그것이 바로 이혼의 이유가 되기 때문이다. 그 "수치 되는 일"이 무엇인지 다시 예수님의 설명을 들어보자, "내가 너희에게 말하노니 누구든지 음행한 이유 외에 아내를 버리고 다른 데 장가드는 자는 간음함이니라" (마 19:9). 그렇다! 이혼사유는 음행, 곧 다른 남자와 잠자리를 같이 한 행위이다.

그리스도인의 몸은 성령이 내주하시는 성령의 전이기도 하다 (고전 6:19). 그런데 한 몸을 이룬 남편 이외의 다른 남자에게 그렇게 귀한 몸을 허락한 것은 자신을 모독했을 뿐 아니라, 남편의 인격을 짓밟는 행위이다. 남편이 받는 상처는 치유되기 어려울 지경까지 된다. 그의 신뢰를 깨뜨린 아내의 행위는 더 이상 신뢰와 사랑 받기 어려운 지경까지 된 것이다. 이때 남편이 괴로워해야 할 고통과 아내가 감내해야 할 수치심은 이루 말할 수 없을 것이다.

물론 아내가 잘못을 고백하고 또 남편이 용서하면, 그 부부는 다시 재생의 길을 갈 수 있다. 그러나 그런 고백과 용서가 일어나지 않을 경우 이혼이 성립된다. 두말할 필요도 없이 반대의 경우도 마찬가지이다. 남편이 다른 여자와 잠자리를 같이 했다면, 그것도 똑같이 이혼의 사유가 된다. 이런 원리를 확대하면 이혼의 사유를 더 찾아볼 수 있다. 음행 못지않게 배우자의 인격을 말살시키고 신뢰를 깨는 행위를 저지르면 이혼할 수 있다는 말이다.

예를 몇 가지 들어보자: 끊임없이 학대하는 경우, 노름으로 가산을 잃고도 돌이키지 않는 경우, 심해진 알코올 중독으로 구제불능의 상태에 빠진 경우, 가정을 돌보지 않고 집을 오래 동안 떠난 경우. 물론 그 외에도 여러 경우가 있을 수 있다. 그러니까 이혼의 사유가 되는 것은 배우자의 인격을 무참히 짓밟고 신뢰를 깨는 행위이다. 그런 행위는 간음 죄 못지않게 배우자를 무시하고, 아프게 하고, 인격을 짓이기는 행위이기 때문이다.

이런 행위는 배우자를 아프게 하지만, 동시에 하나님의 마음을 아프게 한다. 왜냐하면 하나님이 짝지어주신 배우자를 존경과 사랑과 관심으로 대하기는커녕, 비인격적으로 취급했기 때문이다. 한 발 더 나아가서, 하나님이 분명히 알려주신 그분의 뜻을 정면으로 거부했기 때문이다. 하나님은 그런 사람들을 징계하셔서 그들의 예배와 헌물도 받지 않으실 뿐 아니라, 그런 사람들을 성전에서 끊어버리시겠다고 하셨다 (말 2:12-13).

하나님이 그렇게 엄히 징계하실 수밖에 없는 이유를 이렇게 말쓸하셨다, "…이는 너와 네가 어려서 맞이한 아내 사이에 여호와께서 증인이 되시기 때문이라. 그는 네 짝이요 너와 서약한 아내로되 네가 그에게 거짓을 행하였도다" (말 2:14). 그렇다! 어린 여자와 결혼하여 함께 자식도 낳고 또 함께 가정을 일구었는데, 그런 조강지처糟糠之妻를 배반하다니 있을 수 없는 짓거리이다. 하나님이 증인이시기에 그런 작자들에게 반드시 심판하시겠다는 경고이다.

그런데 이처럼 인격을 짓밟는 행위에도 불구하고 이혼하지 않겠다고 결심할 수 있다. 결혼예식에서 하나님과 사람들 앞에서 발표한 서원을 지키겠다는 갸륵한 마음 때문일 수도 있고, 자녀들의 문제 때문일 수도 있고, 경제적인 문제일 수도 있다. 여하튼, 그 사람의 결정을 하나님은 귀하게 여기시면서 그를 특별하게 대하실 것이다. 그가 외로울 때 그의 마음을 어루만져주시면서 위로하실 것이다. 그리고 그 어려운 길을 갈 수 있는 힘도 주실 것이다.

그렇다면 결국 이혼한 그리스도인은 재혼할 수 있는가? 물론 할 수 있다! 이혼증서를 정식으로 받은 후 그가 남자이든 여자이든 재혼할 수 있다. 모세의 말을 더 인용해보자, "그 여자는 그의 집에서 나가서 다른 사람의 아내가 되려니와" (신 24:2). 바울 사도도 이런 모세의 율법에 함축된 하나님의 사랑을 이해했음이 틀림없는데, 그가 이렇게 말했기 때문이다. "만일 절제할 수 없거든 결혼하라. 정욕이 불타는 것보다 결혼하는 것이 나으니라" (고전 7:9).

재혼에 관한 바울 사도의 충언忠言을 더 들어보자, "네가 아내에게 매였느냐? 놓이기를 구하지 말며 아내에게서 놓였느냐? 아내를 구하지 말라. 그러나 장가가도 죄 짓는 것이 아니요 처녀가 시집가도 죄 짓는 것이 아니로되…"(고전 7:27–28). 그렇다! 바울 사도는 그냥 지내라고 충고하지만, 그렇다고 재혼을 반대한 것도 아니다. 다시 하나님의 뜻 가운데서 거듭난 그리스도인을 만나 재혼한다면 여생이 행복할 수 있을 것이다.

13. 어떻게 *자녀*를 키워야 하는가?

하나님이 부부에게 허락하신 가장 큰 축복은 자녀의 탄생일 것이다. 왜냐하면 자녀는 하나님의 형상대로 지음을 받은 존귀한 존재이기 때문이다. 부모는 자녀를 하나님으로부터 위임받은 청지기이기에, 자녀를 신앙적으로 키워야 한다. 그뿐 아니라, 부모는 자녀의 무궁무진한 잠재력이 개발되도록 최선을 다해 도와야 한다. 그렇게 하기 위하여 가정은 언제나 부부 중심으로 이루어져야 한다. 자녀가 가정의 중심이 되는 순간부터 자녀를 옳게 키울 수 없게 된다.

선남선녀善男善女가 결합하여 한 몸이 된 사실을 하나님은 축복하신다. 왜냐하면 그 가정이 하나님의 사랑을 드러내는 통로가 되기 때문이다. 특히 현대에서처럼 많은 가정이 갈등과 이혼으로 결말 지어지는 때에, 모델이 될 수 있는 가정이 너무나 귀하기 때문이다. 하나님은 그 가정을 한 걸음씩 인도하시면서 여러 가지로 축복하신다. 여러 가지 축복 가운데 가장 큰 축복이라고 할 수 있는 것은 역시 자녀의 탄생이다.

왜 자녀가 그처럼 큰 축복인가? 그 이유가 몇 가지 있는데, 첫 번째는 자녀가 하나님의 선물이기 때문이다. 창조주 하나님이 개입하지 않으신다면, 어떤 인간도 자녀를 생산할 수 없다는 것은 누구나 다 아는 사실이다. 하나님은 새롭게 가정을 일군 부부를 인도하셔서 잉태와 출산이라는 축복을 안겨주시는 것이다. 하나님의 말씀은 그 사실을 다음과 같이 표현했다, "보라 자식들은 여호와의 기업이요, 태의 열매는 그의 상급이로다"(시 127:3).

자녀가 하나님의 축복인 두 번째 이유는 하나님의 형상으로 창조되었기 때문이다. 자녀는 단순히 이 세상에 태어났다가 한 인생살고 죽는 그런 존재가 아니다. 한 인생을 의미 있게 살아보려고 발버둥 치다가 끝나는 그런 허무한 존재가 아니다. 자녀가 하나님의 형상으로 지음을 받았다는 것은 그도 하나님처럼 지/정/의를 가진 인격자라는 뜻이다. 그가 인격자라는 말은 그에게 무한히 계발(啓發)될 수 있는 잠재력을 가진 존재라는 말이기도 하다.

아인슈타인Einstein 같은 발명가도 그의 잠재력 중 일생동안 겨우 2%만을 계발하여 사용했다는 말이 있다. 그렇다면 새로운 생명이 태어났을 때, 그것도 하나님의 형상으로 태어났을 때, 그의 생애를 통하여 잠재력이 얼마든지 계발될 수 있다는 말이다. 그 결과는 누구도 예측할 수 없는 폭발력을 가질 것이다. 그는 많은 사람에게 유익을 안겨주는 존귀한 존재가 될 수 있는 것이며, 따라서 하나님도 큰 영광을 받으실 수 있는 것이다.

이처럼 엄청난 잠재력을 가진 자녀를 부부에게 주신 것은 더할 나위없는 축복이다. 그러나 그 축복은 동시에 이제 막 부모가 된 부부에게 큰 도전과 책임도 수반된다. 왜냐하면 그들이 자녀를 어떻게 키우느냐가 관건이기 때문이다. 그렇다! 부모는 하나님의 도구로 자녀를 생산했을 뿐 아니라, 그 하나님을 대리해서 자녀의 계발을 책임지는 청지기이다. 이 말을 달리 표현하면, 자녀의 주인은 하나님이고, 부모는 양육을 위임받은 청지기이다.

그런 관계 때문에 부모는 자녀를 하나님으로부터 맡아서 기를 때 주의할 점들이 있다. 첫째는 그 자녀가 하나님을 인격적으로 만날 수 있도록 해야 한다. 어떻게 하면 그 자녀가 쉽게 하나님을 만날 수 있는가? 가장 중요한 것은 역시 부모의 모습이다. 자녀가 자라면서 무의식적으로 그리고 의식적으로 보고 배우는 거의 모든 것은 부모의 모습으로부터이다. 부모가 매일 성경을 읽고 암송하는 모습과 매일 기도하는 모습은 절대적인 영향력을 갖는다.

그뿐 아니라, 부모의 교회생활 모습과 다른 사람들을 사랑하는 모습은 자녀의 인격형성에 매우 중요한 요인이 된다. 부모가 다른 그리스도인들을 사랑하며, 또 믿지 않는 사람들의 필요를 채워주면서 복음을 전하는 모습은 자녀로 하여금 사람들을 위하여 살아가게 하는 모형이 될 것이다. 특히, 부모는 자녀가 옳게 계발되도록 열심히 기도해야 하며, 또 자녀를 옳게 기를 수 있는 도구가 되게 해 달라고 스스로를 위해서도 기도해야 한다.

한 가지 짚고 넘어가야 할 중요한 성경의 원리가 있는데, 그것은 자녀가 태어나면 마치 그 자녀가 가정의 주인공이 된 것으로 착각하지 말아야 한다는 사실이다. 자녀는 가정의 주인공이 절대로 아니다! 왜냐하면 가정이 이루어질 때, 자녀 때문에 이루어진 것이 아니라 부부가 결합해서 이루어졌기 때문이다. 자녀가 생기기 전에 이미 가정은 완전했다. 자녀는 하나님이 부수적^{附隨的}인 축복으로 주신 선물이다. 물론 자녀도 가정의 중요한 일원이지만 말이다.

하나님은 이런 원리를 처음부터 분명히 말씀하신 바 있다, "이러므로 남자가 부모를 떠나 그의 아내와 합하여 둘이 한 몸을 이룰지로다"(창 2:24). 이 말씀에서 "한 몸"은 부부로 이루어진 가정을 뜻한다. 그런데 이 가정에는 자녀에 관한 언급은 전혀 없다. 이 말씀에서 가정의 주인공은 부부가 되어 자녀를 생산한 부모이지, 결코 자녀가 아니라는 사실을 찾을 수 있다. 부모와 자녀 간의 관계를 설정할 때 이런 사실은 너무나 중요하다.

남편은 아내를 사랑하며, 그 반응으로 아내는 남편을 존경한다. 그리고 그렇게 사랑을 듬뿍 받은 아내는 자연스럽게 자녀에게 그런 사랑을 듬뿍 나누어줄 수 있다. 그리고 자녀는 그런 부모의 사랑을 받고 성장하면서 잠재력을 드러내기 시작한다. 그런데, 어떤 가정에서는 마치 자녀가 그 가정의 주인공인양 대우한다. 자녀를 주인공으로 대하는 부모는 더 이상 가정의 주인공이 아니기 때문에 그들만의 시간을 갖지도 못하고, 또 원하지도 않는다.

부부는 언제나 사랑의 대화가 필요하다. 그런 필요를 채우기 위하여 자녀를 일찍 재워야 한다. 그 결과 일석이조^{一石二鳥}의 유익이 있다. 자녀가 잠을 많이 자기 때문에 건강하게 그리고 명석한 두뇌를 가진 사람으로 성장될 수 있다. 그 자녀가 초저녁에 잠자리에 들어가면, 저녁 시간은 온전히 부부의 것이 된다. 그들은 서로 대화하면서 사랑과 관심을 나눌 수 있을 뿐 아니라, 그들이 하루를 지내면서 받은 스트레스도 풀 수 있는 것이다.

부모가 잠자리에 들어갈 때까지 어린아이를 데리고 있는 것은 부모의 시간과 정력도 빼앗기는 것이고, 또한 어린아이의 성장을 방해하는 거의 폭행 수준의 행동이다. 핸드폰과 인터넷의 시대인 현재처럼 자녀의 충분한 잠과 부부의 대화를 절실히 요구되는 때도 없을 것이다. 대화가 끊겨진 부부, 그리고 자녀가 전부인양 모든 정력을 자녀에게 바치는 엄마——이런 현상은 건강하지도 않을 뿐 아니라, 자녀의 건강한 성장에도 방해가 될 것이다.

자녀가 가정의 주인공인양 어떤 부모는 그가 원하는 것을 무조건 들어준다. 이것은 자녀를 완전히 통제하는 억압적인 부모가 잘못된 것처럼 잘못된 것이다. 자녀에게 옳고 그름을 분변할 수 있는 능력을 키워주기 위해서라도 거절할 때도 있어야 하고, 또 들어주어야 할 때도 있어야 한다. 거절을 모르고 자란 자녀는 그의 느낌대로 인생을 살아가려 하고, 억압을 받으면서 자란 자녀는 부정적이며 반항적인 인생을 살아가려고 할 것이다.

부모는 자녀의 계발을 위탁받은 청지기라고 언급했다. 그런데 어떤 청지기는 그 위치를 이용하여 부모가 원하는 대로 자녀를 키우려고 한다. 그렇게 마음먹은 순간부터 자녀는 부모의 욕구대로 움직이는 로봇으로 전락한다. 그런 부모를 둔 자녀는 얼마나 불행한가! 아니다! 자녀가 성장하면서 그의 잠재력을 눈여겨보며, 그 분야를 개발할 수 있도록 도와야 한다. 애플컴퓨터 회사를 동료와 공동으로 설립한 스티브 잡스Steve Jobs의 이야기는 너무나 유명하다.

그는 대학에 입학한지 6개월만에 자퇴하였는데, 그의 부모는 그의 결정을 적극적으로 밀어주었다. 그는 늘 관심 가졌던 컴퓨터에 깊이 빠졌고, 그 결과 세계의 향방을 바꿀 업적을 내놓았다. 그의 두뇌와 손에서 탄생된 것이 바로 아이폰iphone과 아이패드ipad였다. 그의 공로로 애플은 세계적인 기업이 되었다. 그보다 더 중요한 사실은 스티브 잡스의 잠재력이 마음껏 계발되었다는 사실이다. 그 결과 얼마나 많은 사람들에게 도움이 되었는지 아무도 모른다.

이렇게 잠재력이 계발되기 위하여 부모의 역할은 절대적이다. 그 역할 중 중요한 것은 자녀와의 대화이다. 부모는 자녀와 끊임없이 이야기를 주고받아야 한다. 사랑이 깃든 대화는 자녀의 안목을 열어줄 뿐 아니라, 두뇌의 회전도 빠르게 만들어준다. 부모가 아무리 피곤해도 그리고 할 일이 많아도, 시간을 의도적으로 할애하여 자녀와 대화를 나누어야 한다. 하나님의 형상을 따라 지음을 받은 자녀를 하나님의 영광과 사람들의 유익을 위하여 계발시키기 위해서이다.

기독교 신앙에 대한 질의응답 50

교회

14. 한 교회에 정착해야 하는가?

교회는 조직체이기 이전에 유기체이다. 다시 말해서, 많은 지체들이 모여서 한 몸, 곧 교회를 이룬 유기체라는 말이다. 그러니까 지체들은 몸이고 몸은 지체들이다. 그런데 어떤 지체가 너무 잘난 나머지 그 몸을 떠났다면, 그 지체는 살아있는 것 같으나 죽은 자이다. 몸을 떠난 지체가 정상적인 구실을 한다는 것은 절대로 불가능하기 때문이다. 그러므로 지체인 교인들은 한 몸에 붙어서 서로를 보완하고, 서로를 돌보아야 한다.

오늘도 많은 그리스도인들은 이 교회 저 교회를 기웃거리면서 신앙적으로 방황하고 있다. 그들이 한 교회에 정착하지 못하는 이유도 다양하다. 어떤 그리스도인들은 먼저 다니던 교회에서 실망과 좌절을 맛보았기 때문이다. 어떤 그리스도인들은 목사로부터 상처를 받았기 때문이다. 그런가 하면, 어떤 그리스도인들은 한 교회에 얽매이지 않고 신앙생활 하는 것이 편하기 때문이다. 뿐만 아니라, 다양한 설교를 들을 수 있는 이점이 있다는 것이다.

이런 그리스도인들은 대부분 교회의 본질을 잘못 이해하고 있는 것 같다. 도대체 교회는 무엇이며, 왜 일정한 교회에 출석하는 것이 중요한가? 그 이유들을 살펴보자. 우선, 교회는 본질적으로 건물이나 예배가 아니라 예수 그리스도를 통하여 거듭난 사람들이다. 그들이 "물과 성령"으로 거듭나는 순간, 그들의 마음속에 성령이 들어가신다 (엡 1:13). 만일 성령이 그렇게 내주(內住)하지 않으셨다면, 그들은 진정한 의미에서 그리스도인이 아니다.

그들이 그렇게 거듭나서 성령이 내주하신다면, 필연적으로 다른 그리스도인들과 성령으로 엮어진 "몸"의 일부가 된 것이다. 성도들은 그 몸의 일부로서 지체라고 불린다. 바울 사도는 성령으로 일구어진 "몸"을 다음과 같이 묘사한다. "우리가 유대인이나 헬라인이나 종이나 자유인이나 다 한 성령으로 세례를 받아 한 몸이 되었고 또 다 한 성령을 마시게 하셨느니라" (고전 12:13). 이 말씀을 좀 더 간단하게 풀면 다음과 같다: 첫째, 그리스도인들이 어느 민족의 사람이든——"유대인이나 헬라인"——혈통에 상관없이 한 몸을 이루었다는 것이다.

둘째, 사회적 신분의 귀천——"종이나 자유인"——에 상관없이 한 몸을 이루었다. 셋째, 이처럼 민족과 신분을 초월하여 한 몸을 이루게 하신 분은 그들을 하나로 묶어주신 성령의 역사라는 것이다. 그 말을 달리 표현하면, 성령으로 거듭난 그리스도인들이 몸에 붙은 지체가 되었다는 것이다. 그런데, 바울 사도가 표현했듯, 이 "몸"은 바로 교회이다! 그의 말을 직접 인용해보자, *"교회는 그의 몸이니"* (엡 1:23a).

두말할 필요도 없이 몸은 많은 지체로 이루어진다. 온전한 몸이 되기 위해서는 눈도 있어야 하고, 코, 입, 손, 발, 오장육부, 머리카락 등이 있어야 한다. 그런 이유 때문에 바울은 이렇게 말했다, "몸은 하나인데 많은 지체가 있고 몸의 지체가 많으나 한 몸임과 같이 그리스도도 그러하니라"(고전 12:12). 이 말씀이 가르치는 중요한 진리가 있는데, 그것은 모든 지체가 제 자리에 있으면서 각자의 역할에 충실해야 몸이 건강하다는 사실이다.

그러니까 교회인 몸은 당회, 제직회, 남여전도회, 청년회 등으로 구성된 조직체organization이기 전에, 그리스도인들이 서로를 절대적으로 필요로 하는 유기체有機體--organism이다. 그 유기체를 이루고 있는 지체들이 모이기 위하여 건물도 필요하고, 또 조직도 필요하게 된 것이다. 그런데 이 교회 저 교회를 찾아다니는 사람들은 교회를 조직체로만 보기 때문이다. 그것은 전적으로 잘못된 이해이다. 성경이 말하는 교회는 조직체이기 전에 유기체이다!

그리스도인들은 몸인 교회의 지체로서 서로를 필요로 한다. 만일 눈이 너무 잘난 나머지 몸에서 떨어져 나오면, 그 눈은 더 이상 눈이 아니다. 그 눈은 기능은 눈일지 몰라도 실제로는 죽은 것과 마찬가지이다. 바울 사도의 말을 더 빌려보자, "눈이 손더러 내가 너를 쓸 데가 없다 하거나 또한 머리가 발더러 내가 너를 쓸 데가 없다 하지 못하리라"(고전 12:21). 이것은 몸인 교회에 남아있는 그리스도인들에게 주어진 말이다.

그리스도인들은 지체로서 교회 안에서 서로를 돌아볼 거룩한 책임과 특권이 있다. 사도 바울은 성도들이 서로를 돌볼 책임에 관해 다음과 같이 언급한다. "몸 가운데서 분쟁이 없고 오직 여러 지체가 서로 같이 돌보게 하셨느니라"(고전12:25). 서로를 돌보고 돌봄을 받는 것은 한 지역교회 공동체에 소속되었을 때에만 가능한 일이다. 지역교회에 속하지 않고 신앙생활 하는 그리스도인들은 이유야 어찌됐건 서로를 돌아보는 사명을 의도적으로 거부하는 것이다.

결론적으로 말하면, 교회에 남아 있는 그리스도인들이나 떠난 사람들이나 서로를 꼭 필요로 하는 지체들이다. 교회에 정착하지 못하고 이 교회 저 교회를 배회하는 그리스도인들은 몸을 떠난 지체와 마찬가지이다. 두말할 필요도 없이 몸을 떠난 지체는 살아있는 것 같으나, 실상은 죽은 것이나 다름없다. 그렇다! 자기 교회, 곧 유기체 안에서 삶을 공유하지 못하는 그리스도인들은 영적으로 산 것 같으나 죽은 것이요, 잘난 것 같으나 못난 사람들이다.

보다 직설적으로 표현하면, 그들은 하나님의 말씀을 정면으로 거부하는 사람들이다. 불행하게도 그런 그리스도인들은 다른 지체들과 삶을 나누는 기쁨을 누릴 수 없다. 그들은 다른 그리스도인들과 인생의 희로애락喜怒哀樂을 나누면서 풍요로운 인생을 누리지 못한다. 그리스도인들의 절정은 한 몸을 이루고 있는 다른 지체들과 유기적으로 연루되어, 서로 밀고 끌어주는 것이다. 그들은 교회의 본질을 이해하지 못하는 안타까운 그리스도인들이다.

15. 어떤 교회를 선택해야 하는가?

교회선택의 기준은 예루살렘교회이다. 그 교회는 여섯 가지 사역에 힘썼는데, 첫째는 말씀의 가르침이다. 둘째는 성도들 간의 깊은 교제이다. 셋째는 은혜로운 예배이다. 넷째는 기도에 힘써야 한다. 어떤 교회는 말씀을 열심히 가르치나 기도를 소홀히 하는데, 그런 것은 균형을 잃은 것이다. 넷째는 구제 사역인데, 특히 이것은 교회 밖에 있는 사람들의 필요를 채워주는 사역이다. 그리고 여섯째는 구령의 사역이다. 잃은 영혼들에 대한 관심이 있다면 좋은 교회이다.

교회가 유기체이기에 반드시 "내" 교회가 있어야 한다는 말은 어떤 그리스도인들에게는 큰 도전이 될 수 있다. 왜냐하면 마음에 쏙 드는 교회를 찾지 못하기 때문이다. 그들은 이 교회 저 교회를 찾아다니면서 마음에 드는 교회를 찾으려고 한다. 그들은 설교도 열심히 들어보고, 성가대의 찬양도 살펴보고, 교인들의 모습도 눈여겨본다. 그런데도 어떤 교회를 선택해야 할지 가물가물하기만 하다. 도대체 선택의 기준은 무엇인가?

교회선택의 기준을 위하여 이상적인 초대교회의 모델을 살펴보자. 그 교회를 살펴보면서 교회 선택의 기준을 찾아낼 수 있을 것이다. 오순절에 성령의 강림으로 최초의 교회가 탄생되었는데, 바로 예루살렘교회였다. 그렇게 탄생된 이상적인 교회는 도대체 무엇을 했는가? 먼저, 그 교회가 한 영적 사역을 보기 위하여 사도행전 2장 42절을 인용해보자, "그들이 사도의 가르침을 받아 서로 교제하고 떡을 떼며 오로지 기도하기를 힘쓰니라."

이 묘사에 의하면, 예루살렘교회는 네 가지 영적 사역에 힘을 썼다. 첫 번째는 사도의 가르침이라는 사역이었다. 교회는 예수 그리스도로부터 직접 배운 사도들의 가르침 위에 세워졌다. 예루살렘교회뿐 아니라, 모든 교회도 그렇다. 그런 이유 때문에 모든 교회는 사도적 교회라고 불린다. 초대교회처럼 모든 교회는 사도의 가르침에 치중해야 하는데, 가르침의 내용은 물론 하나님의 말씀이다. 다시 말해서, 하나님의 말씀에 우선권을 두어야 한다.

가능하면 설교도 강해설교라면 이상적이다. 그뿐 아니라, 교인들이 항상 성경에 깊숙이 들어갈 수 있도록 가르침에 힘써야 한다. 물론 교인들이 하나님의 말씀을 듣는 것도 중요하지만, 그 못지않게 중요한 것은 그 말씀을 삶의 현장에서 적용시킬 수 있도록 해야 한다. 그렇게 적용하기 위해서는 무엇보다도 교인들이 직접 하나님의 말씀을 읽고, 암송하고, 묵상하고, 연구해야 한다. 교인들에게 이렇게 하나님의 말씀을 가르치는 교회는 좋은 교회이다.

두 번째의 영적 사역은 교인들의 교제였다. 이런 교제는 교회가 유기체이며, 동시에 교인들이 한 몸에 붙은 지체들이라는 사실을 실천하는 것이다. 그리스도인들이 서로를 위하여 기도하며, 끌고 밀어주며, 함께 웃고 울며, 함께 삶을 나누는 것이 진정한 의미에서 교제이다. 예를 들면, 성가대라는 조직체에 속한 교인들이 찬양하는 것으로만 끝나지 않고, 서로 형제자매처럼 교제를 나눈다면 그 교회는 조직체 안에서 유기체를 경험하는 좋은 교회이다.

예루살렘 교회가 세 번째로 한 영적 사역은 "떡을 떼는" 것이었다. 떡을 뗀다는 것은 성찬식을 가리키며, 넓은 의미에서 예배를 가리키기도 한다. 교회를 선택할 때 예배는 아주 중요하다. 그 예배가 전반적으로 은혜로운가? 교인들이 예배에 참여하는 자세는 적극적일 뿐 아니라, 그들이 예배를 통하여 보람과 희망을 느끼는가? 예배는 새로운 사람들을 끌어들이고 있는가? 예배 중 하나님의 말씀이 힘차게 전해지는가? 그렇다면 그 교회는 좋은 교회이다.

예루살렘교회가 네 번째로 한 영적 사역은 기도였다. 가르침은 하나님이 전해주시는 말씀을 받아들이는 것이나, 기도는 교인들이 그 하나님에게 반응을 보이며 그들의 마음을 아뢰는 것이다. 교인들이 이처럼 기도하기를 힘쓴다면 그 교회는 좋은 교회이다. 그러니까 좋은 교회는 말씀과 기도가 균형을 이루어야 한다. 어떤 교회는 말씀을 강조하나 기도에 힘쓰지 않고, 어떤 교회는 기도엔 열심이나 말씀을 소홀히 하는데, 그런 교회는 좋은 교회가 아니다.

교회를 선택하는데 이상의 네 가지 기준은 가장 핵심적이다. 그런데 예루살렘교회는 내적으로 이 네 가지에 힘썼지만, 그 교회는 그렇게 내적으로 축적된 힘을 외적으로 표출했다. 만일 어떤 교회가 내적인 사역에 치중한 나머지 외적인 사역을 소홀히 한다면, 그 교회는 조만간 활기를 잃은 고목枯木처럼 될 것이다. 그렇다면 예루살렘교회는 외적으로 어떤 사역을 감당했는가? 크게 두 가지인데, 하나는 구제 사역이고 또 하나는 전도 사역이었다.

교회를 선택할 때 그 교회가 교회 밖의 세상에 얼마나 관심을 가지고 있는가를 알아보아야 한다. 그 교회에 속해 있는 지역사회를 위하여 무엇을 하는가? 더 나아가서 국가와 세계에 관심을 가지고 있는가? 물론 처음부터 세계를 위하여 큰 사역을 하지는 못해도, 그래도 비전만은 분명해야 한다. 교회 안의 교인들의 필요를 채워주고 있는가? 그뿐 아니라, 교회 밖의 외인들의 물질적 필요를 채워주기 위하여 무엇을 하는가? 예루살렘교회가 힘쓴 것처럼 말이다.

그러나 사람들의 필요는 물질에 국한 된 것이 아니다. 그들의 영적 필요에도 관심을 가져야 한다. 누군가가 전도했기에 교회가 탄생된 것처럼, 교회는 예수 그리스도를 통하여 하나님 앞으로 나오지 못한 사람들의 구원을 위해 힘써야 한다. 교회의 사역을 통하여 시시때때로 구원받는 사람들이 있는가? 구원의 감격을 말로 또는 삶으로 간증하는 사람들이 종종 나타나고 있는가? 만일 그처럼 구원의 역사가 일어난다면 그 교회는 좋은 교회이다.

교회선택의 기준을 초대교회에 비추어서 여섯 가지를 제시했다.

그러나 초대교회처럼 이런 여섯 가지 사역을 효과적으로 수행하는 교회를 찾기란 결코 쉽지 않을 것이다. 그렇지만 어느 지역교회가 말씀과 기도를 강조한다면, 적어도 구원의 역사가 있다면 그 교회는 좋은 교회이다. 보다 더 욕심을 내본다면, 그 교회에 체계적인 교육과 제자훈련 프로그램이 있다면 그야말로 금상첨화錦上添花이다. 예루살렘교회가 그랬던 것처럼 말이다.

16. 왜 *안식일*이 아닌 주일에 예배를 드려야 하는가?

안식일은 토요요일인데, 유대인은 바로 그날에 예배를 드렸다. 그런데 그리스도인들은 주일에 예배를 드리게 된 이유가 있었다. 유대인이 "첫 이삭 절기"를 안식일 이튿날 드렸는데, "첫 이삭 절기"는 부활하신 주님을 가리킨다. 또 오순절도 주일인데, 그날 성령이 강림하여 교회를 일구었다. 그날 성령의 역사로 구원받은 많은 성도들은 즉각적으로 부활하신 주님에게 찬양하며 예배를 드렸다. 그런 까닭에 교회는 주일에 부활하신 주님에게 예배를 드리게 되었다.

구약시대에 살던 유대인은 안식일인 토요일에 예배를 드렸다. 그러나 신약시대의 그리스도인은 주일에 예배를 드린다. 그러면 예배의 날이 왜 안식일인 토요일에서 주일로 바뀌었는가? 그 이유를 찾아보기 위하여 유대인이 지킨 절기를 살펴볼 필요가 있다. 왜냐하면 율법에 따라 지킨 유대인의 일곱 절기 가운데 주일의 중요성을 알려주는 절기가 두 가지나 되기 때문이다. 그 두 가지 절기는 "첫 이삭 절기"와 "오순절"이다.

먼저, "첫 이삭 절기"를 살펴보자. 이 절기는 봄의 세 절기--유월절, 무교절 및 첫 이삭 절기--가운데 마지막으로 나오는 절기이다 (레 23:5-14). 유대인의 유월절은 예수 그리스도의 죽음을 가리키는 모형이며, 무교절은 그분이 무덤에 묻힌 암흑을 가리키는 모형이다. 그런데 첫 이삭 절기는 그리스도 예수가 죽은 지 삼일 만에 다시 사신 부활을 가리키는 놀라운 모형이다. 마치 낟알이 땅에 묻혀 죽은 후 새로운 생명, 곧 이삭이 나오는 것처럼 말이다.

첫 이삭 절기에 대해 레위기는 이렇게 묘사한다: "…너희는 내가 너희에게 주는 땅에 들어가서 너희의 곡물을 거둘 때에 너희의 곡물의 *첫 이삭 한 단*을 제사장에게로 가져갈 것이요, 제사장은 너희를 위하여 그 단을 여호와 앞에 기쁘게 받으심이 되도록 흔들되 *안식일 이튿날에 흔들 것이라*" (레 23:10-11). 여기에서 "첫 이삭 한 단"은 새 해에 거두어들이는 최초의 보리 단을 가리킨다. 부활의 계절인 초봄에 죽음을 거쳐서 새 생명으로 태어난 곡물 한 단이다.

보리 낟알들이 땅에 묻혀서 죽었다가 다시 새 생명으로 나와서 "첫 이삭 한 단"이 된 것처럼, 예수 그리스도도 죽음을 거쳐서 다시 새 생명으로 부활하셨다. 그런데 역사적으로 죽었다가 이처럼 부활하신 분은 일찍이 없었다. 그분은 인류 역사상 최초로 부활하신 분이 되셨다. 문자 그대로 그분은 부활의 "첫 이삭 한 단"이시었다. "첫 이삭 한 단"이라는 묘사를 거의 그대로 사용하면서 바울 사도는 예수 그리스도의 부활을 "첫 열매"라고 했다.

바울의 말을 직접 인용해보자, "그러나 이제 그리스도께서 죽은 자 가운데서 다시 살아나사, 잠자는 자들의 *첫 열매*가 되셨도다"

(고전 15:20). 구약성경에서 묘사된 "첫 단"과 신약성경에서 묘사된 "첫 열매"는 똑같은 것이다. 결국, 유대인도 그리스도의 부활을 가리키는 "첫 이삭 절기"를 안식일 이튿날, 곧 주일에 지켰다. 그것이 시사示唆하는 바는 자못 크다. 왜냐하면 그리스도의 부활 때문에 거듭난 그리스도인들은 주일에 부활하신 그분을 예배하기 때문이다.

그 다음, 오순절을 살펴보자. 오순절은 첫 이삭 절기 이후 50일째 되는 날 지키는 절기인데, 그날도 역시 안식일 이튿날, 곧 주일이다. 다시 레위기를 인용해보자, "안식일 이튿날 곧 너희가 요제로 곡식 단을 가져온 날부터 세어서 일곱 안식일의 수효를 채우고, 일곱 안식일 이튿날까지 합하여 오십 일을 계수하여 새 소제를 여호와께 드리라" (레 23:15-16). 이것은 오순절에 대한 명령이자 예언이다.

물론 이 구절에서 오순절이라는 단어는 나오지 않지만, 그와 같은 뜻을 가진 표현이 나온다. 그 표현을 살펴보면 이렇다: "첫 이삭 절기"부터 "일곱 안식일의 수효를 채우라"는 말은 49일을 헤아리라는 뜻이다. 왜냐하면 안식일 사이에는 7일이 있으며, 따라서 일곱 안식일이 지나면 49일이 지난다는 말이다. 그리고 "일곱 안식일 이튿날까지 합하여 오십 일을 계수하여"는 두말할 필요도 없이 "첫 이삭 절기"부터 50일째 되는 날을 가리킨다.

오순절五旬節은 10을 가리키는 순旬이 다섯 번, 곧 50일을 가리킨다. "첫 이삭 절기" 이후 50일째 되는 날도 안식일 이튿날, 곧 주일이었는데, 바로 그 날에 성령이 강림하셨던 것이다. 성령의 강림은 곧 교회의 탄생을 뜻했는데, 그 이유는 성령의 강림과 역사로 교회가 시작되었기 때문이다. 그때부터 이 세상 끝 날까지를 교회의 시대라고 한다. 다른 말로 하면, 그때부터 교회가 하나님의 나라에서 중심이 된다는 뜻이다.

오순절 날 성령의 강림으로 다락방에 있던 120명의 성도가 모두 성령의 충만함을 받았다 (행 2:1-4). 그들은 곧바로 복음을 전하여 그 날 3,000명이나 믿게 되었다 (행 2:41). 그 즉석에서 그들을 구원하기 위하여 십자가에서 죽으셨다가 안식일 이튿날, 주일에 부활하신 예수 그리스도를 경배하며 예배를 드렸다. 그런데 그날도 바로 안식일 이튿날, 곧 주일이었다. 그때부터 교회는 자연스럽게 그리고 당연히 안식일 이튿날, 곧 주일에 모여서 예배를 드리게 되었다.

바울 사도도 이렇게 말했다, "매주 첫날에 너희 각 사람이 수입에 따라 모아 두어서 내가 갈 때에 연보를 하지 않게 하라" (고전 16:2). 이 말씀에서 "매주 첫날"은 주일을 가리킨다. 그러니까 그 당시의 그리스도인들은 자연스럽게 주일에 모여서 예배도 드리고 또 헌금도 드렸던 것이다. 바울은 그렇게 주일에 모여서 예배를 정규적으로 드린 고린도 교인들에게 헌금에 대한 가르침을 주었던 것이다. 그렇다! 그리스도인들은 안식일이 아니고 주일에 예배를 드린다.

17. 주일예배에 빠질 수 있는가?

주일예배는 그리스도인의 신앙행위에서 아주 중요한 것 중 하나이다. 그런 까닭에 그리스도인은 주일예배에 참석하여 위로 하나님을 찬양하고, 옆으로 다른 그리스도인들과 정겨운 교제를 나누어야 한다. 그러나 피치 못한 이유 때문에 주일예배에 빠질 수밖에 없는 경우엔 주일저녁예배에 참석하면서 하나님에게 사정을 아뢸 수 있다. 그렇다고 어떤 이유에서든 계속해서 주일예배에 빠질 수 없다. 그렇게 예배에 충성할 때 신앙도 자란다.

그리스도인들은 당연히 주일에 교회에 모여서 예배를 드려야 한다. 그들이 이렇게 예배를 드릴 때 부활하셔서 살아계신 예수 그리스도가 그들 가운데 임하신다. 그분의 임재 때문에 예배는 의미가 클 뿐 아니라, 성도들이 받는 은혜도 크다. 어떤 때는 그 은혜가 너무나 큰 나머지 성도들 중에는 감격의 눈물을 흘리기도 한다. 또 어떤 때는 불신자들이 회개하면서 예수 그리스도를 그들의 구세주로 받아들이기도 한다.

그리스도인들이 함께 모여 기도로, 말씀으로, 찬송으로 예배를 드릴 때, 삼위의 하나님, 곧 성부/성자/성령 하나님도 그 예배에 임하신다. 다른 말로 표현하면, 주일예배는 성도들의 모임이자 동시에 주님이 함께 하시는 영적 모임이다. 그런 예배에 흠뻑 빠져서 은혜를 받는 성도들은 신앙이 날로 성장한다. 그뿐 아니다! 그런 예배를 함께 드린 성도들 간에 특별한 교제가 일어난다. 이런 교제는 인간적이지만 동시에 신적(神的)이다.

그런 이유 때문에 하나님의 말씀은 이렇게 권면한다. "모이기를 폐하는 어떤 사람들의 습관과 같이 하지 말고, 오직 권하여 그 날이 가까움을 볼수록 더욱 그리하자"(히 10:25). 이 말씀에 의하면 두 종류의 그리스도인들이 있는데, 하나는 모임을 우습게 여기는 자들이고 또 하나는 모임을 중요하게 여기고 열심히 모이는 자들이다. 그런데 하나님은 전자(前者)의 그리스도인들을 꾸짖으시면서 모이기를 힘쓰라고 히브리서 저자를 통하여 강하게 권면하신다.

그리스도인들이 그렇게 열심히 모여서 예배를 드려야 하는 이유도 제시했다. "우리가 마음에 뿌림을 받아 악한 양심으로부터 벗어나고 몸은 맑은 물로 씻음을 받았으니, 참 마음과 온전한 믿음으로 하나님께 나아가자"(히 10:22). 이 말씀에 의하면 모여야 되는 이유는 죄를 용서받아서 구원받았기 때문이다. 이렇게 악한 양심――구원받기 전의 양심――의 문제도 해결했고, 또 맑은 물로 씻었으니――거듭났으니――하나님에게 나아와야 한다는 권면이다.

그런데 그들이 모여서 무엇을 하는가? 물론 위로는 하나님에게 예배를 드리면서 그분이 언젠가 그리스도인들을 데리러 오신다는 소망의 끈을 놓지 말아야 한다. "또 약속하신 이는 미쁘시니 우리가 믿는 도리의 소망을 움직이지 말며 굳게 잡아라"(히 10:23). 그뿐 아니라, 그들은 깊은 교제를 나누면서 "서로 돌아보아 사랑과 선행을 격려해야" 한다 (히 10:24). 결국 주일예배는 위로 하나님에게만 향하는 것이 아니라 서로를 돌보면서 서로를 향하는 것이다.

그러므로 그리스도인들은 반드시 주일예배에 참여해야 한다. 어떤 이유에서든지 주일예배에 빠지면 하나님의 뜻을 거스르는 행위이다. 이런 하나님의 뜻을 뻔히 아는데도 예배에 참석할 수 없는 경우가 생긴다. 갑자기 움직일 수 없을 정도로 아프거나, 부모님을 응급실로 모시고 가야할 경우도 있다. 그뿐 아니다! 예배시간에 입사시험이 진행되기도 한다. 그럴 경우 그리스도인은 주일예배에 빠져야 하는가, 아니면 입사시험을 포기해야 하는가?

이럴 때 그리스도인은 어떤 원칙을 따라야 하는가? 만일 그 시험이 매주 반복된다면 그리스도인은 그 시험을 거부해야 한다. 그러나 그 시험이 일회에 국한된다면, 하나님에게 그 입장을 그대로 고하고, 입사시험을 보아야한다. 그는 최선을 다해서 시험을 치룬 후 그 대신 주일저녁예배에 참석할 수 있다. 그렇게 입장이 난처한 그리스도인들을 위하여 토요일이나 금요일에 주일예배와 똑같은 예배를 드리는 교회도 생겨나기 시작했다.

바울 사도도 포로가 되어 로마로 가는 배에서 여러 번 예배에 참석하지 못했다. 그럼에도 불구하고 하나님은 그를 사용하셔서 큰 역사들을 일으키셨다 (행 27). 그러니까 하나님은 그 자녀들이 처한 상황을 아실뿐 아니라, 구체적으로 도움을 주신다. 그런데 여기에서 짚고 넘어가야 할 것이 있다. 그것은 그렇게 주일에 입사시험을 보아서 그 회사에 들어간 다음부터 그의 처신은 중요하다. 특히 주일예배시간에 회사의 일과 겹칠 때 예배를 선택해야 한다.

물론 입사하면서 그는 회사의 임무를 주님 대하듯 하면서 최선을 다해야 한다. 그것은 하나님의 뜻이다: "종들아 모든 일에 육신의 상전들에게 순종하되, 사람을 기쁘게 하는 자와 같이 눈가림만 하지 말고 오직 주를 두려워하여 성실한 마음으로 하라. 무슨 일을 하든지 마음을 다하여 주께 하듯 하고 사람에게 하듯 하지 말라" (골 3:22–23). 회사에서 주어진 임무가 무엇이든지 주님에게 하듯 하면서 충성을 다해야 한다.

동시에 그는 그 회사에 보내진 "선교사"이다. 한편 임무에 최선을 다하면서도 반드시 예배에 참석하면서 주님에게 충성해야 한다. 그리할 때 처음 얼마 동안은 오해와 곡해를 받을 수 있지만, 시간이 지나면서 반드시 모범 사원으로 인정될 뿐 아니라 본받을 만한 신앙인으로 여겨질 것이다. 그렇게 신뢰를 받게 되면 한편 승진의 기회도 주어질 것이고, 또 한편 복음을 전할 수 있는 문도 열릴 것이다.

이런 원리는 군대에서도 마찬가지이다. 입대 후 첫 번째 주일예배에 참석하는 것은 말할 수 없이 중요하다. 처음에는 분위기 때문에 주저할 수 있지만, 그래도 참석해야 앞으로도 예배의 문이 열릴 것이다. 만일 부대가 특별 훈련 중이라 예배에 참석할 수 없다면, 있는 곳에서 다른 신앙인 동료들과 교제와 기도로 예배를 대신할 수 있다. 만일 혼자라면 그런 안타까운 마음을 주님에게 아뢰면 주님의 위로가 있을 것이다.

18. 십일조를 꼭 해야 하는가?

십일조의 기원은 율법이 주어지기 훨씬 전 아브라함이 그의 육적 필요와 영적 필요를 채워준 멜기세덱에게 드리면서 시작되었다. 하나님은 21세기에 사는 그리스도인들의 육적 필요와 영적 필요를 채워주신다. 그렇게 채워주시는 하나님에게 수입의 일부를 드리는 것이다. 그 십일조는 기본적으로 세 가지를 위하여 사용되었는데, 곧 전임 사역자와 선교와 구제 및 건물 유지 비용이다. 이상의 세 가지는 하나님이 제정하신 가장 기본적인 사역이다.

십일조는 수입의 십분의 일을 하나님에게 드리는 신앙행위이다. 그런데 십일조에 대하여 부담을 느끼는 그리스도인들이 점차 늘어나는 추세이다. 그렇게 부담을 느끼는 그리스도인들은 십일조가 구약성경의 율법이기 때문에, 신약성경의 가르침이 아니라고 주장한다. 그뿐 아니라, 십일조는 하나님에게 드린다고 하지만, 실제로는 목사를 위한 헌금이라고 반발하는 그리스도인들도 있다. 그 외에도 십일조에 대하여 거부감을 갖는 이유는 많다.

그런데 처음부터 분명히 짚고 넘어가야 할 것이 있는데, 그것은 십일조의 기원이 율법이 아니라는 사실이다. 율법이 생기기 훨씬

전, 보다 정확히 말해서 대략 430년 전부터 신앙의 행위로 십일조가 드려졌다. 구약성경에서 제일 먼저 기록된 십일조를 드린 사람은 아브라함이었다. 그가 조카 롯과 함께 적군에 사로잡혀 갔던 사람들과 재물을 다시 빼앗아 가지고 돌아왔을 때, 그 일행을 맞이하면서 환영해준 일행 중에는 살렘 왕도 있었다.

그 살렘 왕의 이름은 멜기세덱이었는데, 하나님의 제사장이기도 했다. 그 제사장은 아브라함에게 "떡과 포도주를 가지고 나와서" 그를 이렇게 축복하였다 (창 14:18), "…천지의 주재이시여, 지극히 높으신 하나님이여, 아브람에게 복을 주옵소서! 너희 대적을 네 손에 붙이신 지극히 높으신 하나님을 찬송할지로다…" (창 14:19–20a). 아브라함이 제사장 멜기세덱으로부터 육신의 양식과 영적 축복을 받고 감사한 마음으로 드린 것이 바로 십일조였다.

아브라함이 드린 십일조에 대하여 하나님의 말씀은 이렇게 기록하고 있다, "아브람이 그 얻은 것에서 십분의 일을 멜기세덱에게 주었더라" (창 14:20b). 이와 같은 창세기의 기록을 통하여 십일조의 원리 두 가지를 찾을 수 있다. 첫 번째 원리는 육신을 위한 양식——"떡과 포도주"——이 하나님으로부터 주어졌다는 것이다. 물론 본문에서는 제사장 멜기세덱이 떡과 포도주를 주었지만, 아브라함은 제사장의 손을 빌려서 하나님이 주셨다고 믿었다.

그 믿음은 멜기세덱의 기도에 포함되어 있었다. 그의 기도를 다시 인용해보자, "하나님이여 아브람에게 복을 주옵소서!" 전쟁터에서 지치고 굶주려서 돌아오는 아브라함에게 "복"이란 바로 먹을 것과 마실 것이었는데, 멜기세덱은 그 기도와 더불어 "떡과 포도주"를 주었다. 그러니까 하나님은 멜기세덱이라는 도구를 사용하셔서 아브라함의 육신적 필요를 채워주셨다. 그 순간 먹고 마시는 문제는 다른 어떤 육신적 필요보다 시급한 "복"이었다.

둘째 원리는 전쟁의 승리도 궁극적으로 하나님이 허락하셨다는 것이다. 물론 아브라함은 평상시 훈련시킨 사람들을 데리고 간 것도 사실이었다. 그리고 승리에 도취해서 술에 취해 해이해진 적군의 상태도 그의 승리에 기여한 것도 사실이었다. 그러나 제사장 멜기세덱은 그 모든 일에 하나님의 손길과 인도하심이 있었기에 승리할 수 있었다고 하면서 "지극히 높으신 하나님을 찬송하였다." 이 사건이 바로 십일조의 기원이자 배경이다.

왜 열심히 일해서 얻은 수입의 십일조를 드려야 하는가? 먼저는 모든 필요를 하나님이 채워주셨기 때문이다. 건강도, 직장도, 그리고 먹거리도 궁극적으로 하나님이 주셨다. 만일 하나님의 손길이 없다면 쌀 한 톨도, 포도 한 송이도 거둘 수 없다. 비록 쌀과 포도를 값 주고 구매하지만, 그 값은 사람들이 수확하고, 운반하고, 판매하는 수고의 대가이지, 결코 쌀과 포도의 값이 아니다. 하나님이 허락하지 않으시면 쌀도 포도도 생장할 수 없기 때문이다.

그뿐 아니다! 아브라함이 전쟁에서 승리하게 하신 하나님은 그리스도인들의 생각과 발걸음을 인도하신다. 만일 창조주이신 하나님이 그들의 생각을 인도하지 않으신다면, 그들은 인간다운 삶을 영위할 수 없다. 그리고 하나님은 그들의 인생은 물론 매일의 발걸음을 인도하신다. 하나님의 인도하시는 대로 생각과 발걸음이 혼연일체가 되어 그리스도인들은 행복한 삶을 영위하는 것이다. 그렇게 인도하시는 하나님을 인정하는 신앙행위 중 하나가 바로 십일조이다.

그 후 세월이 흘러서 하나님은 모세를 통하여 율법을 주셨는데, 그 율법 중 하나가 십일조였다. 하나님의 말씀을 들어보자, "내가 이스라엘의 십일조를 레위 자손에게 기업으로 다 주어서 그들이 하는 일 곧 회막에서 하는 일을 갚으리라"(민 18:21). 이스라엘의 신앙생활은 회막——나중에는 성전으로 바뀌었다——중심으로 이루어졌다. 그런데 농사를 짓거나 목축을 기르지 않고, 성전 일에 전념하는 레위인들의 양식을 위하여 백성에게 십일조를 바치게 했다.

또 다른 말씀을 보자, "…네 모든 소산의 십일조 내기를 마친 후에, 그것을 레위인과 객과 고아와 과부에게 주어 네 성읍 안에서 먹고 배부르게 하라"(신 26:12). 이 말씀에 의하면, 십일조는 레위인들만 위한 것이 아니라, 가난하고 의지할 곳 없는 사람들을 위한 것이다. 위의 두 말씀을 근거로 십일조가 사용되는 용도를 찾을 수 있을 것이다. 첫째 용도는 전임 사역자의 생활을 위한 것이다. 그들에게는 다른 생계수단이 없기 때문이다.

십일조의 둘째 용도는 구제를 위한 것이다. 고아와 과부와 객은 구제의 대상이다. 이 율법이 주어진 시대에 객과 고아와 과부는 다른 생계수단이 없었다. 현재에도 마찬가지이다! 십일조는 도움을 필요로 하는 사람들을 위해서 사용되어야 한다. 이 원리를 확대하면 선교도 포함된다. 그 이유는 너무나 분명하다! 선교지에 사는 사람들의 영적 필요와 물질적 필요를 채워주는 것이 선교이기 때문이다.

십일조의 셋째 용도는 성전을 유지하기 위한 비용이다. 성전은 시시때때로 보수도 해야 하고, 청소도 해야 하는 등 비용이 만만치 않다. 현재에는 성전 대신 교회건물이 여기에 해당된다. 그리스도인들이 예배나 훈련을 위하여 모일 장소가 필요한데, 그 장소가 바로 교회건물이다. 그런데 그 건물을 유지하기 위해서는 적잖은 비용이 들어간다. 요즘은 건물뿐 아니라, 음향기와 인터넷 시스템까지 추가해서 비용이 제법 들어가는데, 그것도 십일조로 충당된다.

그런데 십일조는 수입의 십분의 일을 하나님에게 바치는 신앙행위인데, 그에 따르는 책임도 적지 않다. 예수님이 하신 말씀을 인용하면서 설명해보자, "…너희가 박하와 운향과 모든 채소의 십일조는 드리되, 공의와 하나님께 대한 사랑은 버리는도다. 그러나 이것도 행하고 저것도 버리지 말아야 할지니라"(눅 11:42). 그 책임은 "공의와 하나님께 대한 사랑"이다. 십일조만 드리면서 거기에 걸맞는 신앙의 삶을 영위하지 않으면 안 된다는 말씀이다.

"공의"는 인간관계를 강조하는 표현으로서, 십일조를 바치는 사람은 그 못지않게 다른 사람들을 공정하고 의롭게 대해야 한다. 거짓말을 하거나 사기를 쳐서는 안 된다. 그 다음 하나님에 대한 사랑이다. 이 표현을 십일조와 연관시켜 풀어보면 이렇게 해석할 수 있을 것이다. 수입의 십분의 일을 하나님에게 바친 사람은 나머지 10분의 9도 하나님을 사랑하는 마음으로 사용해야 한다. 불의하거나 정당하지 못한 일에 사용해서는 안 된다.

십일조는 하나님의 뜻이나, 개중에는 십일조에 대하여 주저하는 사람들이 있다. 하나님은 십일조에 소홀히 하는 그리스도인들을 엄하게 문책하시면서 도적질이라고 하셨다 (말 3:8). 반면, 하나님의 뜻을 받들어 십일조를 바치는 신앙인들에게는 이런 엄청난 약속을 하셨다, "너희의 온전한 십일조를 창고에 들여 나의 집에 양식이 있게 하고, 그것으로 나를 시험하여 내가 하늘 문을 열고 너희에게 복을 쌓을 곳이 없도록 붓지 아니하나 보라!" (말 3:10).

19. 성경적인 목회자는 어떻게 사역하는가?

성경에서 단 한 번밖에 나오지 않는 "목사"는 그 사역도 분명히 제시되었는데, 곧 성도들을 무장시키는 것이다. 그렇게 무장된 성도들은 교회의 여러 사역을 감당하는 사역자가 될 것이며, 그 결과 그들이 그리스도의 몸인 교회를 세우는 것이다. 그런 사역을 하기 위하여 목사는 성도들과 긴밀한 관계를 유지해야 한다. 그렇게 깊은 관계를 유지하려면 목사는 본인 중심으로 생각하고 결정하지 말고, 대신 성도들을 중심으로 돌보고 많은 것을 결정해야 한다.

목회는 무엇보다도 사명이다. 사명은 하나님이 부르셔서 목회의 사역을 맡기셨다는 뜻이다. 그러므로 성경적인 목회자가 되기 위해서는 무엇보다도 하나님으로부터 부르심을 받은 경험이 분명해야 한다. 그런 분명한 경험 때문에 어떤 때는 가시밭 같은 목회의 길을 꿋꿋하게 걸어갈 수 있는 것이다. 그러나 그와 같은 확신이 없다면, 그 목회자는 시시때때로 목회에 대한 회의감과 좌절감 속에 빠져들 것이다.

그럼에도 불구하고 목회를 계속하는 것은 사명감 때문이라기보다는 의무감 때문일 수도 있다. 그래도 그 목회자를 믿고 따르는 사람들에 대한 의무감, 다른 일을 할 수 없기 때문에 어쩔 수 없이 계속해야 된다는 의무감, 가족의 생계를 책임져야 된다는 의무감, 목회를 포기하면 하나님으로부터 심판을 받을지도 모른다는 의무감, 주변의 사람들로부터 받을지도 모르는 모멸감을 피하려는 의무감--이런 의무감 때문에 목회를 계속할 지도 모른다.

이렇게 의무감 때문에 목회를 계속하는 사람들은 지금이라도 하나님에게 매달려서 그분의 뜻을 찾아야 한다. 한 번밖에 없는 인생을 하나님의 뜻 밖에서 허우적거리며 산다는 것은 본인도 안타깝지만, 성도들도 불쌍하다. 생명을 걸고 하나님의 뜻을 구한다면 그분은 반드시 가장 좋은 길로 인도하실 것이다. 그때 하나님은 목회에 대한 사명감을 주실 수도 있고, 아니면 다른 더 좋은 길로 인도하실 수도 있다.

목회는 사명이자 동시에 은사이다. 신약성경에서 목사라는 직함은 한 번밖에 나오지 않지만, 그 직책의 중요성은 필설(筆舌)로 다 표현할 수 없다. 바울 사도의 가르침에 의하면, 우리 주 예수 그리스도가 지상사역을 마치고 승천하시면서 특별한 사람들에게 특별한 은사를 나누어주셨다. 그 말씀을 보자, "그가 어떤 사람은 사도로, 어떤 사람은 선지자로, 어떤 사람은 복음 전하는 자로, 어떤 사람은 목사와 교사로 삼으셨으니"(엡 4:11).

바울 사도는 목사를 사도와 선지자와 전도자와 교사라는 지도자의 대열에 포함시켰다. 그 이유는 분명하다! 이들이 다른 사람들에게 미치는 영향력은 상상을 초월하기 때문이다. 이들의 사역과 삶의 방식은 수많은 사람들에게 절대적인 영향을 끼칠 수 있다. 이들로 인하여 수많은 사람들이 성자가 될 수 있고, 예수 그리스도의 제자도 될 수 있고, 훌륭한 인격자도 될 수 있고, 가정과 사회에 지대한 공헌을 남길 수도 있다.

바울 사도는 이들 지도자들——사도, 선지자, 전도자, 목사 및 교사——이 해야할 사역을 어떻게 묘사하고 있는가? 물론 이 지도자들이 할 일은 참으로 많다. 특히 목회자가 할 일이 얼마나 많은가? 설교도 하고, 성경도 가르치고, 심방도 하고, 기도도 할 뿐 아니라, 필요하면 건축에도 연루되어야 한다. 그리고 성도들에게 올바른 인간관, 국가관, 세계관도 제시해야 한다. 그러나 바울 사도는 위의 말씀에서 한 가지만을 지시하는데, 그것이 가장 중요하기 때문이다.

그의 지시를 직접 들어보자, "이는 성도를 온전하게 하여, 봉사의 일을 하게하며 그리스도의 몸을 세우려 하심이라"(엡 4:12). 이 지시에서 목사가 할 일은 한 가지뿐인데, 곧 "성도를 온전하게 하는 것"이다. 이 말씀은 성도를 훈련시켜서 무장시킨다는 뜻이다. 예수 그리스도를 믿고 구원받은 성도들은 백지와 같은 상태에서 교회생활을 시작한다. 지도자가 그 백지에 그리는 대로 그림이 그려지는 것처럼, 목사가 성도를 훈련시키는 대로 변화되어 간다.

이 말씀에 의하면, 그렇게 훈련받아서 무장된 성도들이 두 가지 사역을 하게 되는데, 하나는 봉사의 일을 하며 또 하나는 그리스도의 몸을 세우는 일을 한다. "봉사의 일"은 훈련된 성도들이 갖가지의 사역을 한다는 뜻이다. 그러니까 훌륭한 목사는 그가 갖가지의 사역에 몰두하는 것이 아니라, 성도들로 하여금 사역을 할 수 있도록 훈련시켜야 된다는 것이다. 뿐만 아니라, 그렇게 훈련받은 성도들이 "그리스도의 몸," 곧 교회를 세워나가는 것이다.

이처럼 엄청난 사역에서 열쇠를 쥐고 있는 사람은 역시 목회자이다. 그가 옳게 훈련시켜야 하기 때문이다. 그러면 어떻게 훈련시켜야 하는가? 물론 성경도 가르치고, 다른 성도들을 인도하는 방법도 가르쳐야 한다. 그 과정에서 가장 중요한 것은 목회자의 삶의 방식이다. 왜냐하면 그의 삶의 방식은 그로부터 훈련받는 사람들에게 고스란히 전달되기 때문이다. 그런데 이런 삶의 방식을 가장 잘 묘사한 분은 바로 예수님이시다.

그분은 목회자를 "선한 목자"로 비유하셨다: "나는 선한 목자라; 나는 내 양을 알고 양도 나를 아는 것이, 아버지께서 나를 아시고 내가 아버지를 아는 것 같으니 나는 양을 위하여 목숨을 버리노라" (요 10:14-15). 이 말씀에서 "안다"라는 동사가 네 번씩이나 나오는데, 헬라어로는 기노스코이다. 그 동사는 부부의 관계처럼 깊은 관계를 맺을 때 사용된다. 그러니까 "선한 목자"의 첫 번째 뜻은 목사와 성도 간에 깊은 관계를 맺어야 한다는 것이다.

목사와 성도는 서로를 잘 알고, 그래도 더 알아가는 관계가 되어야 한다. 간단히 말하면, 투명한 삶을 보여주며, 나누는 삶을 살아야 한다. 그렇게 할 때 성도는 그런 삶을 본받으면서 훈련자로 변화되어 가는 것이다. 그리고 그들이 다른 성도들을 훈련시킬 때, 그들이 보고 배운 대로 똑같이 그들의 투명한 삶을 나누면서 훈련시킨다. 이런 연속적인 삶의 중심에는 "신뢰"가 깃들어 있다. 목회자를 신뢰하지 못하는 성도는 절대로 변화되지 않기 때문이다.

예수님의 말씀에서 두 번째 특이한 것은 선한 목자란 "양을 위하여 목숨을 버리는" 사람이다. 어떻게 목숨을 버릴 수 있단 말인가? 선한 목자는 자신의 욕구와 영달보다는 성도들의 건강과 안녕을 우선시해야 된다는 말이다. 이 세상의 모든 목자는 양을 키워서 잡아먹거나 판다. 그러나 선한 목자는 양들을 키운 결과 그들로부터 잡혀먹는다는 것이다. 진정으로 성도를 위한 삶이고, 성도를 위한 결론이다. 이런 목자상을 "종의 지도력"이라고 한다.

만일 목회자가 다른 주변적인 사역에 몰두한 나머지 이상의 두 가지 핵심적인 주님의 가르침을 소홀히 한다면, 그는 선한 목자도 아니며 또한 평신도 훈련자도 아니다. 그는 자신도 모르게 자신을 위하는 삯군 목자로 전락하는 것이다. 삯군 목자의 특징은 양들보다는 자신을 더 중요시한다. 그는 양들을 돌아보지 않고, 훈련시키지도 않으며, 그들과 깊은 관계도 맺지 않는다. 그는 더 이상 종이 아니라, 주권자요 권위자일 뿐이다.

에스겔 선지자는 이런 삯군 목자에 대하여 정확하게 진단하면서 심판을 선포하셨다. 삯군 목자의 특징은 "그들이 내 백성을 유혹하여 평강이 없으나 평강이 있다 함이라"고 외치는 목자이다 (겔 13:10). 진정한 평강은 예수 그리스도를 만나 구원받을 때 생기며, 그리스도 안에서 성장할 때 생긴다. 그런데 그런 사역은 등한시하면서 평강하다는 설교나 가르침은 삯군 목자의 특징일 뿐이다.

삯군 목자의 또 다른 특징은 하나님이 메시지를 주지 않으셨는데도 하나님이 주신 것처럼 선포하는 것이다. 에스겔의 질타를 더 들어보자, "너희가 말하기는 여호와의 말씀이라 하여도 내가 말한 것이 아닌즉 어찌 허탄한 묵시를 보며 거짓된 점괘를 말한 것이 아니냐?"(겔 13:7). 하나님의 백성인 양들을 이처럼 잘못 인도하는 목자들이 받을 심판은 무섭다. "너희가 허탄한 것을 말하며 거짓된 것을 보았은즉, 내가 너희를 치리라"(겔 13:8).

반면, 선한 목자가 받는 보상은 놀라울 정도이다. 이 세상에서 양들이 지도자와 사역자로 변화되어가는 것을 보는 보상은 말할 수 없이 크다. 그뿐 아니라, 양들과의 끈끈한 신뢰의 관계는 다른 어느 곳에서도 찾아 볼 수 없는 것이다. 그리고 주님이 다시 오실 때, 양들과 함께 변화될 것을 생각해보라! 그들은 주님에게 "저 목자 때문에 행복했어요!" 라고 할 것이며, 그 목회자는 그런 양들과 함께 주님을 만나는 기쁨으로 가득할 것이다.

바울 사도가 환희에 차서 외친 말씀을 들어보자, "우리의 소망이나 기쁨이나 자랑의 면류관이 무엇이냐? 그가 강림하실 때 우리

주 예수 앞에 너희가 아니냐? 너희는 우리의 영광이요 기쁨이니라"(살전 2:19-20). 그렇다! 양들을 위하여 목숨을 버릴 정도로 사역한 목회자의 보상은 바로 그의 삶과 사역으로 변화된 성도들이다. 그들이 바로 "우리의 소망이요, 기쁨이요, 그리고 자랑의 면류관"이다. 이런 보상을 기대하며 맡겨진 양들을 위하여 살아보자!

20. 왜 개신교에는 천주교와 달리 *교파*가 많은가?

교회는 성령의 역사로 거듭난 사람들이 모이는 자유교회이다. 그런 교회를 이루고 있는 성도들에게 요구되는 것이 하나 있는데, 그것은 신앙고백이다. 그러므로 그런 교회를 고백적 교회라고도 한다. 예수 그리스도를 구세주로 받아들여서 성령으로 인침을 받은 사람들로 이루어진 고백적 교회는 시대와 장소에 관계없이 태어났다. 그런 이유 때문에 개신교에는 교파도 많지만, 자유와 신앙고백이 아니라 조직을 강조하는 천주교는 하나뿐일 수밖에 없다.

교회는 근본적으로 조직체가 아니라 유기체이다 (더 알아보려면 "한 교회에 정착해야 하는가?"를 보라). 물론 유기체란 거듭난 그리스도인들로 이루어진 신앙공동체이다. 그들은 성령의 인도를 받으면서 위로 하나님에게 예배도 드리고, 아래로는 사랑의 교제도 나눈다. 그렇게 하기 위하여 그들은 하나님의 말씀도 배우며 또 기도도 한다. 그뿐 아니라, 그들은 불신자들의 필요를 채워주면서 전도에도 열심을 내는 사람들이다.

이처럼 유기체적인 특징을 강조하는 교회를 자유교회the free church 라고도 한다. 좀 더 설명하면, 그들은 어떤 상위계급의 사람이나 기관으로부터 지시나 명령을 받지 않는다. 그들의 주인은 예수 그리스도이시고, 또 그들을 구체적으로 인도하시는 분은 성령이시다. 그들은 하나님의 영광을 위하여 살려고 노력하는 사람들이다. 그들이 강조하는 점은 바울 사도의 말대로 자유이다, "주는 영이시니, 주의 영이 계신 곳에는 자유가 있느니라"(고후 3:17).

주님의 역사와 성령의 내주로 거듭난 사람들이 모이면 바로 신앙공동체가 되는데, 곧 자유교회이다. 이런 교회의 특징은 그렇게 모인 사람들의 신앙고백이 같다는 것이다. 신앙고백의 내용에는 많은 것들이 있지만, 적어도 세 가지는 같아야 한다. 첫째는 예수 그리스도의 대속적 죽음과 부활을 통하여 구원받았다는 고백이다. 이런 분명한 고백이 있는 그리스도인들만이 이 자유교회의 회원이 될 수 있다. 둘째는 성경이 하나님의 말씀이라는 것을 믿어야 한다.

셋째는 그리스도인들이 같은 성령으로 한 몸을 이룬 지체요, 형제/자매라는 고백이다. 그들의 배경이나 사회적 신분의 차이와 상관없이 이런 고백을 하는 사람은 누구든지 그 교회의 일원이 된다. 그리고 그렇게 한 몸을 이룬 형제자매들은 똑같이 하나님의 자녀이기에 서로를 동등하게 여길 뿐 아니라, 귀하게 여긴다. 이처럼 신앙고백을 강조하는 그리스도인들로 엮어진 교회를 고백적 교회 the confessing church 라고도 한다.

이와 같이 같은 신앙고백과 성령의 인도하심에 따라 일구어진 교회라도 시대와 지역에 따라 그 특징과 강조점이 달라질 수 있다.

예를 들면, 민주화의 세찬 바람이 불어오던 영국 사회에서 태어난 교회는 자연스럽게 교회의 민주화를 강조하는 사람들로 이루어졌다. 그들에게 최종적인 권세는 하나님과 하나님의 말씀이지, 결코 왕이나 대주교가 아니었다. 그들이 세운 교회는 최후의 결정권을 갖는 자치적인 공동체였다. 그렇게 태어난 교회가 침례교회였던 것이다.

존 웨슬리도 영국 사람이었는데, 그 시대에는 영국국교회가 지배하고 있었다. 그러나 그 교회의 목사였지만, 그는 거듭나지 못한 상태에서 방황하다가 예수 그리스도를 인격적으로 만나는 경험을 하였다. 그는 그의 경험을 토대로 모든 사람이 거듭나야 할 것을 강조하였다. 뿐만 아니라, 신학교를 나오지 못한 사람은 설교도 못하고 모임도 인도하지 못하는 폐단을 과감히 탈피하였다. 그는 평신도를 훈련시켜서 모임인도는 물론 설교도 시켰다.

그렇게 태어난 교회가 바로 감리교회였다. 그러니까 침례교회나 감리교회는 자유교회이자 동시에 고백적 교회였다. 그러나 이 두 교회의 배경과 강조점은 서로 달랐다. 그런 분명한 이유 때문에 두 개의 다른 교파가 생겨난 것이다. 그뿐 아니다! 천주교의 신부였던 마틴 루터도 어느 날 "오직 의인은 믿음으로 살리라"는 하나님의 말씀으로 구원의 확신을 갖게 되었다 (롬 1:17). 그의 복음을 듣고 구원받은 사람들이 모였는데, 곧 독일의 루터란 교회였다.

물론 이 교회도 성령의 강력한 인도로 태어난 자유교회였다. 성령은 장소에 따라 사람들을 불러 구원시키시는 방법도 다양했다. 그리고 시대에 따라 사람들의 각기 다른 욕구도 무시하지 않으시고, 성령은 일일이 채워주셨다. 예를 들면, 기성교회들이 냉랭한 예배의식에 젖어있을 때, 그리스도인들에게 성령의 세례를 부어주심으로 그런 냉랭한 예배로부터 벗어날 수 있었다. 그렇게 성령의 충만을 경험한 사람들이 모인 교회가 오순절 계통의 교회였다.

성령은 참으로 다양한 시대와 장소에서 다양한 방법으로 역사하신다. 또 다른 실례를 들어보자. 중국이 공산화되자 모든 선교사들이 철수할 수밖에 없었고, 목사들은 대부분 투옥되었거나 아니면 숨어버렸다. 그때에도 성령은 그리스도인들이 계속 예배와 교제를 나눌 수 있도록 인도하셨는데, 그렇게 태어난 교회가 가정교회이다. 평신도들이 가정에 모여서 예배도 드리고 서로 삶을 나누면서 주님의 큰 은혜를 경험했다. 이런 교회는 지하교회라고도 불린다.

참으로 성령의 역사로 태어난 교회는 자유교회이다. 그렇게 태어난 또 다른 교회를 보자. 기독교 선교사가 한국에 들어왔을 때, 한국인들은 탐관오리의 부정부패에 짓눌려 아무런 소망을 갖지 못했다. 그들은 자포자기의 심정으로 술과 담배에 깊이 찌들어있었다. 그러나 그들 가운데 예수 그리스도를 믿은 사람들에게 새로운 소망이 주어졌다. 그 약속 때문에 그들은 기꺼이 술과 담배를 포기했다. 그런 배경 때문에 한국교회는 술과 담배를 엄히 금했다.

이제 개신교에는 왜 그렇게 많은 교파가 있는지 이해가 된다. 그 교회들이 태어난 시대와 배경 때문이었고, 또 성령의 역사로 그들이 받은 각기 다른 은혜와 경험 때문이었다. 그리고 지금도 성령의 역사로 말미암아 새로운 교회가 탄생되고 있는 것이다. 그들은 자유교회이며, 고백적 교회인 것이다. 또한 많은 사람들이 교회를 선택할 때, 각 교회의 다른 강조점을 비교하여 각자가 편하게 느껴지는 교회를 선택할 수 있는 엄청난 장점이 있다.

반면, 천주교회는 어떤가? 이 교회는 유기체를 강조하기보다는 조직체를 강조한다. 그 조직체를 든든하게 만들려고 한 없이 많은 상하의 계급제도를 만들었다. 맨 꼭대기에 교황을 세우고, 그는 아무 흠이 없다고 가르친다. 물론 거짓말이다. 그들의 조직을 강하게 만들려는 인간적인 조작에 지나지 않는다. 그리고 그 밑에는 추기경, 다시 그 밑에는 대주교, 또 그 밑에는 주교, 그리고 몬시뇰과 신부가 있다.

이처럼 단단하게 엮어진 천주교회의 권위에 도전할 수 없다. 한때는 도전을 막기 위해 예배를 대중이 이해할 수 없는 라틴말로 드렸다. 그리고 상당히 오랫동안 평신도는 성경을 읽을 수 없도록 법을 만들기도 했다. 뿐만 아니라, 그런 조직체에 도전하는 사람들, 예를 들면, 하나님의 말씀인 성경을 쉬운 말로 번역한 사람들을 화형에 처했다. 국가를 일사분란하게 통치하는 것은 공산국가이나, 이런 조직체를 통하여 세계를 통치하는 것은 천주교회이다.

그러나, 시대에 따라 그 시대에 맞게 역사하시는 성령님! 그리고 장소와 사람에 따라 그 사람에게 가장 적합하게 역사하시는 성령님! 그렇게 해서 태어난 수많은 자유교회! 수많은 고백적 교회! 얼마나 놀라운 은혜이며, 얼마나 놀라운 역사인가! 그 결과 여기저기에 생겨난 수많은 교파! 그들은 천년, 아니 이천년이나 된 큰 나무에 붙어서 함께 생존하며 많은 열매를 맺는 나무의 가지들과 같은 것이다.

물론 그 가지들 가운데는 시들거나 꺾인 것들도 없잖아 있다 (마 7:17-20). 세월이 지나면서 어떤 자유교회는 성령의 임재를 잃어버린 후 조직에 얽매인 교회로 전락한다. 뿐만 아니라, 신앙고백을 토대로 모이지 않고 인위적으로 모인 교회도 생겨난다. 그럴 적마다 하나님은 그런 교회를 내버려두시고, 새로운 자유교회를 일으키신다. 그렇게 태어난 자유교회는 다시 신앙고백을 중시하고, 하나님의 말씀을 최고의 권위로 삼으며, 성도들은 뜨거운 교제를 나눈다.

생활

21. *Quiet Time*이란 무엇인가?

그리스도인은 조용한 시간과 조용한 장소에서 주님을 만나야 한다. 주님과 교제를 나누면서 영의 양식인 말씀도 얻어먹고, 또 기도를 통하여 대화해야 한다. 그렇게 주님과 시간을 갖는 그리스도인은 자신도 모르는 사이에 주님을 닮아가면서 다른 사람들에게 영향을 끼치게 된다. 그렇게 조용한 시간에 받은 하나님의 말씀을 암송도 하고, 또 암송한 말씀을 묵상하면, 그 그리스도인은 주님과 깊은 교제를 하는 것이며, 그리할 때 그는 건강한 그리스도인이 된다.

이 세상에 태어난 아기는 엄마 품에서 성장하게 마련이다. 엄마의 젖을 먹으면서, 엄마의 음성을 들으며, 그리고 사랑의 손길을 느끼면서 아기는 성장한다. 아기는 그렇게 성장하면서 엄마의 성품을 닮아간다. 그 아기는 그렇게 닮은 엄마의 성품을 혼자만 갖고 있지 않고, 반드시 주변의 사람들에게 드러내기 시작한다. 사람들도 그 아기가 엄마를 빼닮았다고 이구동성異口同聲으로 칭찬을 한다. 그 아기가 엄마의 품에서 성장했으니 당연하다.

그리스도인도 마찬가지이다! 회개하고 예수 그리스도를 그의 구세주로 받아들이는 순간, 그는 영적으로 갓 태어난 어린아이와 같다. 그는 그를 태어나게 하신 예수 그리스도의 품에서 성장해야 한다. 그분이 공급하시는 영의 양식도 먹고, 그분의 음성도 듣고, 그리고 그분의 손길을 느끼면서 영적으로 성장해야 한다. 그러면 그는 서서히 주님의 성품을 닮아가면서 그분을 주변의 사람들에게 드러내기 시작한다. 그는 영적으로 영향력 있는 사람으로 변화되어 간다.

이렇게 주님의 품속에서 성장하기 위하여 그리스도인은 "조용한 시간"quiet time: QT을 가져야 한다. 그 시간은 주님이 공급하시는 영의 양식을 먹고, 그분과 대화하면서, 그리고 그분의 손길을 느끼는 중요한 시간이다. 어린 아기가 엄마의 품을 떠나서 성장할 수 없는 것처럼, 그리스도인이 QT를 갖지 않고서 성장하지 못하며, 또 그리스도의 성품도 닮아갈 수 없다. 결국, QT는 그리스도인에게 없어서는 안 될 핵심적인 시간이다.

주님과 그런 긴밀한 교제를 나누기 위해서는 조용한 시간이 꼭 필요하다. 하루의 바쁜 일정을 효율적으로 소화하기 위하여 주님과 조용한 시간을 갖지 않는다면, 어떻게 주님을 드러낼 수 있겠는가? 그것은 절대로 불가능하다! 그런 이유 때문에 그리스도인의 삶에서 매일 QT를 갖는 것만큼 중요한 일은 없을 것이다. 한 마디로 말해서, QT는 신앙생활의 근간이다. 어떤 그리스도인이 QT를 갖지 않고 하루를 시작한다면, 그날의 신앙생활을 포기한 것과 똑같다.

어떻게 영의 양식을 먹지 않고 영적으로 건강할 수 있으며, 어떻게 주님의 음성을 듣고 손길을 느끼지 못하면서 주님을 드러낼 수 있는가? 그것은 불가능하다! 주님의 QT를 보라! 그분도 당신의 아버지인 하나님과 시간을 갖기 위하여 바쁜 일정을 접고 조용한 시간을 내지 않으셨는가? "예수의 소문이 더욱 퍼지매 수많은 무리가 말씀도 듣고 자기 병도 고침을 받고자 하여 모여 오되, 예수는 물러가사 한적한 곳에서 기도하시니라" (눅 5:15-16).

진정으로 의미 있는 QT를 갖기 위해서는 조용한 시간만 필요한 것이 아니라, 조요한 장소도 필요하다. 그 이유는 너무나 분명하다! 그리스도인의 마음을 주님으로부터 흩어버리게 하는 일들이 얼마나 많은가? 식구들의 소리, 전화 소리, 이웃집에서 들려오는 소리 등 끝없이 많다. 그런 모든 잡음에서 떠난 조용한 장소는 주님과 조용한 시간을 갖기 위해선 필수적이다. 여기에서 짚고 넘어가야할 것이 있는데, 그것은 내면에서 들려오는 잡음도 잠잠하게 해야 한다

그렇다면 그리스도인은 조용한 시간을 어떻게 보내야 주님과 긴밀한 교제를 나눌 수 있는가? 다음의 세 가지는 필수적인 요소이다: 성경읽기, 기도, 묵상. 먼저, 주님에게 하나님의 말씀을 깨닫게 해달라는 간단한 기도로 시작한다. 시편 기자도 그렇게 기도했다, "나에게 주의 법도들의 길을 깨닫게 하여 주소서! 그리하시면 내가 주의 기이한 일들을 작은 소리로 읊조리이다" (시 119:27). 주님

의 말씀을 깨달으면, 그 말씀을 묵상하겠다는 기도였다.

그 다음, 하나님의 말씀을 읽기 시작한다. 하나님 아버지가 무엇을 알려주실지, 어떤 약속을 주실지, 무엇을 명령하실지, 어떤 새로운 사실을 깨닫게 해 주실지 기대하는 마음으로 읽어야 한다. 단순히 읽어야 되는 의무감을 채우기 위해서 읽어서는 안 된다. 아버지가 자녀에게 들려주실 것을 귀를 쫑긋 세우고 들어야 한다. 그리고 아버지가 주시는 말씀이 무엇이든지 그 말씀을 소중히 여겨야 한다.

그 말씀을 소중히 여기는 방법은 크게 두 가지인데, 하나는 그 말씀이 무엇이든지 하나님 아버지로부터 주어진 것이기에 "나"의 것으로 받아들여야 한다. 또 하나는 그 말씀을 읊조리는 것이다. 다시 말해서, 그 말씀을 다시 읽어보면서 "나"의 것으로 삼아야 한다. 그리고 그 말씀을 묵상하는 것이다. 이렇게 말씀을 묵상할 때만이 일상생활에서 그 말씀에 따라 생각하고, 행동할 수 있게 된다. 비로소 성경적인 그리스도인이 되어 가는 것이다.

마지막으로, 그 말씀의 묵상을 기도로 연결시킨다. 무엇보다도 그런 말씀을 알려주신 주님을 찬양하라! 그렇게 찬양한 후 하나님이 알려주신 말씀대로 지금껏 생각하고, 말하고, 행동하지 못한 잘못을 자백하라. 이런 자백은 구체적이어야 한다. "나의 죄를 용서해 주세요"라는 얼렁뚱땅 넘어가는 기도는 큰 의미가 없다. 그리스도인은 그가 하나님을 기쁘시게 하지 못한 죄를 구체적으로 자백해야 한다. 그렇게 할 때 주님은 용서해주신다고 약속하셨다 (요일 1:9).

그리스도인이 자백한 죄를 용서해주신 것에 대하여 감사하라. 예수님은 그 죄를 위해서도 십자가에서 피를 흘리시며 용서하신 것을 감사하라. 그렇게 감사하는 마음으로 다른 사람들의 필요를 위하여 기도할 때 그리스도인의 마음은 주님의 기쁨으로 가득할 것이며, 또 다른 사람들을 더 깊이 이해하고 포용하게 된다. 그는 자신도 모르는 사이에 영적 어린아이에서 성장해가고 있는 것이며, 한 발 더 나아가서 다른 사람들을 품는 엄마와 같은 신앙인이 되어간다.

그렇게 기도를 마친 후 하루를 시작한다는 것은 어디에서 무엇을 하든지 주님과 동행하는 삶이다. 그는 자신도 모르게 주님의 성품을 닮아가며, 또 그 성품을 주변의 사람들에게 나타내기 시작한다. 개인적으로는 풍성한 삶이요, 사회적으로는 영향력을 갖는 삶이요, 하나님 아버지에게는 영광을 돌리는 삶이다. 그렇게 지내면서 틈틈이 그에게 깨닫게 해주신 말씀을 암송한다면 금상첨화錦上添花일 것이다.

어떤 그리스도인은 이렇게 QT를 할 때 성경을 직접 읽으면서 하나, 또 어떤 그리스도인은 다른 자료를 이용하기도 한다. 예를 들면,『오늘이 양식』이나,『매일의 양식』같은 책을 의지해서 갖는 QT이다. 물론 하나님의 말씀을 직접 읽으면 가장 이상적이지만, 영적으로 어린아이에게는 하나님의 말씀이 어렵게 느껴질 수도 있다. 또 어떤 그리스도인은 말씀을 읽고 깨달은 것을 기록하면서 QT를 갖기도 한다.

사랑받지 못하는 아들로 성장한 다윗은 이런 QT를 통하여 이스라엘의 역사에서 가장 위대한 통치자가 되었다 (시 55:17). 가족과 나라를 잃고 적국의 포로로 생활한 다니엘도 생명을 건 QT를 통하여 위대한 인물이 되었다 (단 6:10). 그는 그 당시 세계를 호령하는 바벨론을 통치하게 되었다. 교계나 나라가 어지러운 이때에 여기 저기에서 주님과 깊은 교제를 갖는 사람들이 나와서 정화淨化의 역할을 감당해야 할 것이다.

22. 하나님의 뜻을 어떻게 알 수 있는가?

하나님의 뜻을 알 수 있는 통로는 크게 세 가지이다. 첫째 통로는 하나님의 말씀이다. 그 말씀 속에 들어있는 하나님의 뜻을 캐내야 한다. 둘째 통로는 성령이 주시는 확신이다. 이런 확신이 주어지면, 마음속에 깃든 기쁨과 평안이 있다. 셋째 통로는 열린 환경이다. 왜냐하면 하나님은 환경도 열기도 하시고 닫기도 하실 수 있기 때문이다. 말씀이 객관적인 인도라면, 성령은 주관적인 인도이며, 환경은 주변의 인도라고 할 수 있다.

그리스도인은 마땅히 하나님의 뜻 가운데서 행해야 한다. 하나님은 말씀을 통하여 그 뜻을 알아야 한다고 하셨다, "그러므로 어리석은 자가 되지 말고 오직 *주의 뜻이 무엇인가 이해하라*" (엡 5:17). 그렇게 주님의 뜻을 알지 않으면 안 되는 이유도 밝히셨다, "그런즉 너희가 어떻게 행할지를 자세히 주의하여 지혜 없는 자 같이 하지 말고 오직 지혜 있는 자 같이 하여, 세월을 아끼라! 때가 악하니라" (엡 5:15-16).

그리스도인이라도 한 순간 잘못 판단하고 결정하면 악한 세파에 휩쓸릴 수 있다. 이 말씀에 의하면, 그렇게 하나님의 뜻 가운데서 사는 것이 지혜라고 하였다. 유혹과 시험이라는 위험에 둘러싸여 있는 그리스도인은 하나님의 뜻 가운데서 사는 지혜를 절대로 필요로 한다. 그리고 하나님의 뜻 가운데 살 때, 소극적으로는 악한 때를 분변하며 극복할 수 있지만 적극적으로는 하나님에게 영광을 돌리는 보람된 삶을 영위할 수 있다.

그리스도인이 하나님의 뜻 가운데서 다음의 세 가지를 결정한다면 개인적으로는 보람된 삶을 살며, 다른 사람들에게 영향을 끼치며, 그리고 하나님에게 영광을 돌릴 수 있다. 첫째는 주님을 위하여 일생을 살겠다는 결정이다. 이 말은 반드시 사역자가 된다는 뜻이 아니다. 그리스도인이 무엇을 하든지 하나님의 영광을 위하여 살겠다는 다짐이다 (고전 10:31-32). 그분의 영광을 위하여 살기 원하지 않는 사람이 하나님의 뜻을 찾기란 결코 쉽지 않을 것이다.

둘째는 하나님의 뜻 가운데서 배우자를 만나야 한다. 배우자만큼 그리스도인의 인생에 큰 영향을 주는 사람이 없기 때문이다. 한마음 한 뜻이 되어 인생을 헤쳐 나가는 것은 축복된 모험이다. 셋째는 하나님의 뜻 가운데서 직장을 결정해야 한다. 배우자 다음으로 그리스도인의 인생에 큰 영향을 끼치는 곳이 바로 직장이다. 하루 중 가장 중요한 시간을 직장에 바치지 않으면 안 될 만큼 직장은 중요하다.

물론 이상의 세 가지 이외에도 하나님의 뜻 안에서 결정해야 될 것은 수없이 많다. 그러나 이 세 가지의 결정은 인생의 근간이 되기에 너무나 중요할 뿐만 아니라 핵심적이기도 하다. 이 세 가지 가운데 하나라도 잘못 결정하면, 그의 인생은 시시때때로 한계를 느끼게 될 것이다. 그뿐 아니라 숱한 갈등에 휩싸이면서 좋은 결실을 맺지 못하는 인생을 살다가 마칠 것이다. 그의 무궁무진한 잠재력이 개발되지 못하고 오히려 오그라들 것이다.

그렇다면 어떻게 하나님의 뜻을 알 수 있는가? 물론 하나님의 뜻을 찾기 위하여 기도도 해야 한다. 필요하면 신앙적으로 존경할 만한 인생 선배의 의견도 참작할 수 있다. 그러나 그런 선배의 의견 때문에 중요한 결정을 한다면, 궁극적으로 그 사람은 하나님의 뜻보다는 인간의 의견을 따르는 셈이 되고 만다. 예를 들면, 존경하는 목사가 "너는 신학을 하면 좋겠어!"라는 말을 받아들이면, 하나님은 그의 일생과 사역을 책임지지 않으실 것이다.

하나님의 뜻을 찾기 위하여 제일 먼저 하나님의 말씀으로 돌아가야 한다. 하나님의 말씀은 바로 하나님의 뜻을 전달해주는 통로이기 때문이다. 직장이나 배우자를 결정할 때 하나님의 뜻을 구하면, 반드시 하나님은 그 자녀에게 약속의 말씀을 주신다. 그러므로 그리스도인은 하나님의 뜻을 구하기 위하여 하나님의 말씀을 읽고 묵상해야 한다. 그렇게 하는 동안 하나님은 아주 분명히 당신의 뜻을 말씀을 통하여 알려주신다.

그 다음 성령의 인도를 기다려야 한다. 그리스도인이 하나님의 뜻을 위하여 간절히 기도할 때 그의 마음속에 내주하시는 성령은 그를 인도하신다. 대부분 그리스도인이 구하는 것이 하나님의 뜻이면, 성령은 그에게 놀라운 확신과 평안을 주신다. 그런데 주의할 것도 없잖아 있는데, 그것은 확신과 평안이 성령과 관계없는 본인의 느낌일 수 있다. 그런 이유 때문에 그 확신과 평안은 하나님의 말씀으로 확인되어야 한다.

그러니까 하나님의 말씀은 객관적인 인도인데 반하여, 성령이 주시는 확신과 평안은 주관적인 인도이다. 하나님의 뜻을 찾는 그리스도인은 이 둘 중 어느 한 가지만을 의지해서는 안 된다. 그는 있다가도 없어질 수 있는 내적 경험, 곧 확신과 평안을 영원히 변치 않는 하나님의 말씀으로 확인해야 한다. 만일 하나님의 말씀과 내적 평안이 일치한다면, 그는 하나님의 뜻을 찾는 일에 상당히 많은 진전을 본 셈이다.

마지막으로 하나님의 말씀과 성령의 확신이 있다고 반드시 하나님의 뜻이라고 단정지어서는 안 된다. 하나님은 그리스도인을 통하여 당신의 뜻을 이루시기 위한 방편이 또 하나 있는데, 그것은 환경이다. 이 말을 쉽게 풀이하면, 하나님은 당신의 뜻을 이루시기 위하여 환경도 조성하신다는 것이다. 만일 환경이 열리지 않는다면, 하나님의 말씀과 성령의 확신이 잘못되었거나 아니면 지금은 때가 아니라는 것이다. 기다리라는 신호일 수도 있다.

만일 이 세 가지가 일치한다면, 다시 말해서, 하나님이 말씀을 통하여 알려주신 뜻에 대하여 확신도 있을 뿐 아니라, 환경의 문이

활짝 열려져 있다면, 그것은 하나님의 뜻이다. 조금도 주저하지 말고 그 뜻대로 행동해야 한다. 만일 하나님이 이렇게 확실히 인도하셨는데도 그리스도인이 여러 가지 생각과 염려 때문에 주저한다면, 그것은 하나님의 인도하심을 거부하는 행위이다. 그런 그리스도인은 그 이후 하나님의 뜻을 찾기가 그만큼 어려울 것이다.

하나님의 뜻을 찾는 과정에서 잊지 말아야 할 중요한 마음의 자세가 있다. 그것은 하나님이 당신의 뜻을 알려주시면, 그 뜻에 조건 없이 순종하겠다는 자세이다. 당장에는 하나님의 뜻이 마음에 들지 않을 수 있다. 그러나 그리스도인의 과거와 현재는 물론 미래를 아시는 하나님은 그를 위하여 가장 좋은 뜻을 보여주신 것이다. 만일 하나님의 말씀과 성령의 확신과 환경이 열렸다면, 조금도 주저하지 말고 그 뜻을 하나님에게서 온 것으로 받아들여야 한다.

23. 어떻게 *기도해야* 응답받는가?

하나님은 자녀들의 기도를 들어주신다. 만일 그들이 하나님의 뜻대로 기도하면 말이다. 그렇다면 기도에서 열쇠는 하나님의 뜻이다. 하나님의 뜻을 찾기 위하여 하나님의 말씀을 읽어야 한다. 그리고 그렇게 말씀에서 하나님의 뜻을 찾으면 그 뜻대로 구해야 한다. 물론 그렇게 구할 때 자녀들은 하나님과 긴밀한 관계를 가지고 있어야 한다. 하나님과의 관계가 서먹해졌다면, 그 원인을 찾아서 자백하고 용서받아야 한다. 하나님은 그런 자녀들의 기도를 들어주신다.

그리스도인에게 주어진 가장 큰 특권 중 하나가 바로 기도이다. 그의 생각과 소망을 하나님에게 아뢸 수 있다니, 얼마나 큰 특권인가! 그리스도인의 기도를 들어주시는 하나님은 어떤 분이신가? 그분은 천지를 창조하신 창조주이시다. 창조주이신 하나님은 전지(全知), 전능(全能), 전재(全在)의 분이시다. 그런 분에게 기도하며 또 그분으로부터 응답을 받는다는 것은 정말로 특권일 수밖에 없다. 그리고 그런 특권을 십분 사용하여 기도하는 그리스도인도 위대하다.

왜 기도하는 그리스도인이 위대한가? 그의 기도를 들어주시는 하나님이 위대하시기 때문이다. 하나님은 그리스도인을 사랑하시는 마음으로 대하시기 때문에 그리스도인이 어떤 기도제목을 가지고 하나님에게 나와도 하나님은 그 기도에 귀를 기울이신다. 그리고 하나님은 그리스도인의 소원이 무엇이든지 해결해주실 수 있다. 그 이유는 그리스도인이 엉클어진 실타래와 같은 문제를 아뢰어도 하나님은 그 문제를 해결하실 수 있는 지혜와 능력을 가지셨기 때문이다.

그처럼 사랑과 지혜와 능력으로 감싸시는 하나님에게 기도하는 그리스도인은 위대하다. 그는 스스로 해결할 수 없는 수없이 많은 인생의 문제에 짓눌려서 스트레스를 받거나 포기할 필요가 없다. 왜냐하면 그의 기도에 귀를 기울이시면서 한편 그의 마음에 어떤 인간도 줄 수 없는 은혜와 평강을 주시며, 또 한편 그의 문제를 하나씩 해결해주시는 하나님이 계시기 때문이다. 이처럼 위대하시고 자상하신 하나님에게 기도하는 그리스도인은 참으로 위대하다.

그렇다고 하나님은 그리스도인의 기도를 100% 들어주신다는 것은 아니다. 마치 부모가 어린 자녀의 욕구를 모두 허용하지 못하는 것과 같은 원리이다. 어떤 때는 그리스도인의 기도를 들어주시고, 또 어떤 때는 당장 응답하진 않으시지만 하나님이 보시기에 좋은 때에 응답하신다. 또 어떤 때는 그리스도인이 원하는 대로 응답하시면, 당장은 좋을지 모르나 궁극적으로는 그에게 해가 될 것을 아신다. 그러므로 어떤 때는 그의 기도를 받아들이지 않으신다.

그러면 어떻게 기도해야 응답을 받는가? 사도 요한은 기도응답을 받는 비결을 서술하였다. 그의 서술을 직접 들어보자, "그를 향하여 우리가 가진 바 담대함이 이것이니, 그의 뜻대로 무엇을 구하면 들으심이라"(요일 5:14). 그 비결은 너무나 간단한데, 곧 하나님의 뜻대로 구하라는 것이다. 하나님의 뜻대로 구하면 반드시 그 기도를 들어주시는 것을 확신하기에, 그리스도인은 담대하게 하나님 앞에 나와서 기도할 수 있는 것이다.

결국, 응답받는 기도는 하나님의 뜻에 따라 올리는 것이다. 어떤 그리스도인은 진지하게 기도하면 응답받는다는 오해를 가지고 참으로 열심히 기도한다. 밤도 지새면서 그리고 금식하면서 기도한다. 어떤 때는 집이 떠나갈 듯 소리를 지르면서 기도한다. 어떤 때는 방언으로 몇 시간씩 기도한다. 그렇게 진지하게 기도했는데도 왜 응답을 받지 못하는가? 진지하기로 치면 잠도 누어서 자지 않으면서 몇 년씩이고 연속해서 기도하는 어떤 스님을 따라갈 수 있겠는가?

물론 그리스도인이 기도할 때 진지해야 하는데, 그 이유는 분명한 하나님의 뜻을 따라 기도하기 때문이다. 그렇다면 어떻게 하나님의 뜻대로 기도할 수 있는가? 무엇보다도 먼저 하나님의 뜻을 찾아야 한다. 그리고 하나님의 뜻을 찾기 위해서는 우선적으로 하나님의 말씀에 깊이 들어가야 한다. 하나님의 뜻이 그 말씀에 들어있기 때문이다. 물론 하나님의 말씀에는 하나님의 뜻이 많은

데, 그 중에서 기도하는 그리스도인을 향한 하나님의 뜻을 찾아야 한다.

그런 이유 때문에 예수 그리스도는 응답받는 기도의 비결을 이렇게 말씀하셨다. "너희가 내 안에 거하고 내 말이 너희 안에 거하면 무엇이든지 원하는 대로 구하라, 그리하면 이루리라"(요 15:7). 이 약속에서 주님은 응답받는 기도를 위하여 세 가지 조건을 내세우셨다. 첫 번째 조건은 "내 안에 거하라"는 것인데, 그것은 두 가지 뜻을 갖는다. 하나는 거듭나야 한다는 뜻이고, 또 하나는 거듭난 후에도 주님과 긴밀한 교제를 나누어야 한다는 뜻이다.

두말할 필요도 없이 거듭나지 않은 사람은 하나님의 자녀가 아니며, 따라서 기도와 교제를 나눌 수 없다. 거듭난 그리스도인이라 할지라도 주님과의 교제가 서먹해졌다면, 그는 그리스도 안에 거하는 것이 아니다. 교제가 서먹해진 원인을 먼저 찾아서 해결해야 한다. 그가 죄를 지었다면 자백하여 용서를 받아야 하고 (요일 1:9), 다른 사람들과 갈등이 있다면 그 문제를 풀고 기도해야 한다 (마 5:23-24).

만일 하나님과의 긴밀한 교제를 위하여 하나님의 말씀을 가까이 대하지 못했거나, 기도생활에 게을렀거나, 분명한 하나님의 명령에 순종하지 않았다면, 먼저 그 문제를 해결해야 한다. 진솔하게 그 문제를 주님에게 고백하고, 용서를 받아야 한다. 그렇게 할 때 주님은 십자가 위에서 흘리신 보배로운 피로 그를 다시 깨끗하게 해주신다. 그 결과 그리스도 안에 거하게 되며, 따라서 기도의 응답을 받을 수 있게 되는 것이다.

둘째 조건은 "내 말이 너희 안에 거하면"이다. 주님이 이렇게 말씀하신 것은 역시 사랑 때문이었다. 주님은 그리스도인이 하나님의 말씀에서 그분의 뜻을 찾고, 찾으면 그 뜻대로 기도하라고 하셨다. 그의 기도제목이 무엇이든지 이루어진다는 놀라운 약속이다. 주님은 그리스도인이 그렇게 기도의 응답을 받아서 개인적으로는 풍성한 삶을 누리고, 옆으로는 다른 사람들에게 영향을 끼치는 삶을 살고, 그리고 위로는 하나님에게 영광을 돌리라는 사랑의 말씀이었다.

셋째 조건은 "무엇이든지 원하는 대로 구하라"이다. 그렇다! 그리스도 안에 거하며 또 하나님의 말씀이 그 안에 거한다고 저절로 응답받는 것이 아니다. 그는 담대히 구해야 하는데, 하나님이 응답하실 것을 확신하고 기도해야 한다. 그는 구체적으로 구해야 한다. 구할 때 큰 소리로 구할 수도 있고, 작은 소리나 아니면 소리를 내지 않고 기도할 수도 있다. 그는 무릎을 꿇고 기도할 수도 있고, 서서 기도할 수도 있고, 또 앉아서 기도할 수도 있다.

하나님은 그리스도인이 당신의 뜻을 따라 기도하는 중심을 중요하게 여기시지, 어떤 자세로 기도하는가에 대해서는 그만큼 중요하게 여기지 않으신다. 기도응답의 확신을 가진 그리스도인은 새벽에 기도할 수도 있고, 아니면 남편과 자녀가 직장과 학교로

간 후 집에서 기도할 수도 있다. 가능하면 핸드폰을 끄고 기도해야 할 것이다. 하나님에게 올리는 기도가 방해를 받지 않기 위해서이다. 중심을 보시는 하나님은 그의 기도를 응답하시고 기뻐하실 것이다.

24. 믿음과 지혜를 어떻게 활용하는가?

그리스도인들이 중요한 결정을 할 때 하나님의 약속을 믿어야 한다. 그러나 동시에 지금까지 쌓아온 지식과 경험으로 일구어진 지혜를 같이 사용해야 한다. 하나님의 약속이 없는 하나님의 일은 믿음으로 한다고 해도 그것은 믿음이 아니라 신념일 뿐이다. 많은 경우 그리스도인들은 지혜를 조화롭게 사용해야 한다. 믿음으로 시작한 하나님의 일이 지혜가 동반되지 않으면 도중에서 깨지거나 망가질 수 있기 때문이다.

그리스도인이 중요한 결정을 해야 할 때 어떻게 해야 하는가? 믿음으로 결정하고 행동으로 옮겨야 하는가? 아니면 그가 지금까지 닦아온 지혜를 사용해서 결정하고 행동에 옮겨야 하는가? 믿음으로만 결정하고, 지혜는 무시해야 하는가? 아니면 지혜만으로 충분한가? 또는 믿음과 지혜를 적절히 결합해서 결정해야 하는가? 그렇다면 어디까지 믿음을 구사해야 하고, 또 어디까지 지혜를 사용해야 하는가? 이런 어려운 문제를 위하여 실례를 들어 풀어보자.

민수기 14장에는 애굽에서 나와서 약속의 땅 가나안으로 가던 여정에서 이스라엘 백성에게 일어난 중요한 사건이 기록되어 있다. 그들은 가나안으로 정탐꾼 12명을 보냈는데, 그 12명이 돌아와서 두 가지 다른 보고를 했다. 2명은 하나님의 도움을 받아서 가나안 땅을 정복할 수 있다는 보고를 했는데 반해, 나머지 10명은 가나안에 있는 사람들이 장대한 거인들인 사실도 보고하고 그래서 그곳을 정복할 수 없다고 보고했다.

이 두 가지 보고에서 믿음과 지혜의 차이점을 찾을 수 있다. 10명의 정탐꾼은 그들의 지혜로 가나안 땅을 보았고, 두려워했고, 그리고 부정적인 보고를 했다. 인간적으로 볼 때, 그들의 보고에는 조금도 잘못된 것이 없었다. 그들은 애굽에서 종노릇하면서, 그리고 그곳에서 해방된 이후에 많은 것들을 경험했다. 그들의 경험과 지식은 그들에게 나름대로의 지혜를 갖게 하였고, 그리고 그 위기의 순간에 지혜를 발휘하여 이스라엘 백성을 보호하기로 결정했던 것이다.

그러나 10명의 정탐꾼의 지혜는 잘못된 것으로 판명되었고, 그들은 물론 그들을 따르던 이스라엘 백성은 한 사람도 가나안으로 들어가지 못했다. 인간의 지혜의 한계를 알려주는 중요한 대목이다. 그러나 2명의 정탐꾼은 믿음의 보고를 했고, 그리고 하나님은 그들의 보고대로 가나안 땅을 정복하도록 허락하셨다. 그 두 정탐꾼과 그들의 보고를 받아들인 사람들은 마침내 가나안 땅을 정복하고 차지하게 되었다.

왜 하나님은 2명의 보고를 받아주셨는가? 그 이유는 간단하다!

그들은 하나님의 약속을 믿었기 때문이다. 하나님은 이스라엘 백성에게 반복적으로 가나안 땅을 주시겠다고 약속하신 바 있었다. 창세기의 마지막 장면에 나오는 요셉의 유언을 보자, "요셉이 그의 형제들에게 이르되 '나는 죽을 것이나 하나님이 당신들을 돌보시고 당신들을 이 땅에서 인도하여 내사 아브라함과 이삭과 야곱에게 맹세하신 땅에 이르게 하시리라'" (창 50:24).

그렇다! 하나님은 이스라엘의 조상인 아브라함과 이삭과 야곱에게 젖과 꿀이 흐르는 땅 가나안을 주시겠다고 약속하신 바 있었다 (창 15:18-21, 26:2-4, 35:12). 그리고 그 약속을 이루시기 위하여 하나님은 이스라엘 백성을 애굽에서 이끌고 나오셨던 것이다. 그러니까 출애굽의 목적은 가나안의 입성入城이었다. 이런 하나님의 약속을 2명의 정탐꾼은 받아들였고, 또 믿었던 것이다. 그 결과 하나님도 그들의 믿음에 따라 그들을 가나안으로 들어가게 하셨다.

이제 믿음과 지혜의 차이점이 드러난 것 같다. 믿음은 하나님의 약속을 받아들이는 것인데 반하여, 지혜는 하나님의 약속과 상관없이 인간의 지식과 경험을 바탕으로 이루어진 것이다. 그리스도인이 중요한 결정을 할 때 어떤 때는 지혜를 십분 활용해야 하나, 또 어떤 때는 믿음을 구사해야 한다. 그러나 대부분의 경우 믿음과 지혜를 같이 발휘해야 한다. 그리할 때 균형 잡힌 결정을 내릴 수 있기 때문이다.

예를 들면, 교회를 건축할 때도 믿음과 지혜를 다 사용해야 한다. 이미 언급한대로, 믿음은 하나님의 약속을 받아들이는 것이다. 하나님의 약속이 없는데도 믿음으로 교회건축을 하는 것은 믿음이 아니다. 그것은 인간적인 신념이요 소망일뿐이다. 아무리 기도를 많이 하고, 그것이 하나님의 뜻이라고 선포해도 하나님의 구체적인 약속이 없는 것은 믿음이 아니라 신념일 뿐이다. 그런데 불행하게도 많은 지도자들이 그런 신념을 바탕으로 건축을 시작한다.

실제로 신념을 바탕으로 교회를 건축했다가 심각한 문제에 빠진 교회가 얼마나 많은지 모른다. 어떤 교회는 내분으로 교회가 갈라지기도 했고, 또 어떤 교회는 목회자가 쫓겨나기도 했다. 그래도 그 정도이면 다행인 편이다. 어떤 교회는 은행 빚을 감당하지 못해서 파산되기도 했다. 건물은 은행에 넘어가고, 성도들은 뿔뿔이 흩어졌다. 지도자들이 선포한 믿음은 거짓이었으며, 그리고 신념에 지나지 않았던 것이다.

그런데 교회건축에는 믿음 위에 지혜도 꼭 있어야 한다. 교회의 재정 상태를 날카롭게 진단해보아야 한다. 비록 하나님이 교회건축을 약속하셨더라도 그리스도인들은 지금까지의 지식과 경험으로 다져진 지혜를 사용해서 건축에 들어가는 비용을 계산해보아야 한다. 하나님의 약속은 교회건축이지, 벅찰 정도로 크게 건축하라는 것은 아닐 수 있기 때문이다. 얼마나 큰 건물을 지으라는 구체적인 말씀이 없었다면, 지혜를 사용해서 교회의 크기를 정해야 한다.

실제로 하나님이 교회건축을 하라는 확실한 약속을 받고 그리고 믿음으로 건축했는데도 파산된 교회도 없잖아 있다. 그 이유는 간단하다! 교회의 지도자들과 성도들이 지혜를 사용하지 않았기 때문이다. 어떤 교회는 턱없이 멀리 있는 곳에다 건축하였기에 성도들을 잃기도 한다. 그런가 하면, 어떤 교회는 부지를 너무 크고 비싼 것을 매입하는 바람에 건축을 시작하기도 전부터 많은 갈등에 휩싸이기도 한다.

다른 예를 들어보자. 어떤 그리스도인이 퇴직 후 사업을 시작하기 위하여 금식하며 기도를 많이 한 결과 하나님의 약속을 받았다고 하자. 그때부터 그는 지혜를 총동원해야 한다. 어떤 사업을 어디에서 시작할지에 대하여 기도를 해야 하나, 그 못지않게 중요한 것은 그의 지혜를 사용하는 것이다. 그가 사업을 시작하기 전에 그 사업에 대하여 배우지 않아도 되는지, 무리하게 크고 화려하게 시작해도 되는지, 알아보아야 한다.

비록 하나님이 약속을 주셨다 손치더라도 지혜를 사용해서 업종과 그 업종에 맞는 지역을 선택하지 않으면, 실패로 끝날 수 있다. 만일 실패하면 그의 인생은 물론 그의 가족에게 크나큰 불행이 닥쳐올 것이다. 그의 지혜가 부족하면 선배들이나 성공한 사람들의 조언도 구해야 한다. 그렇다! 그리스도인은 하나님으로부터 약속을 받고 그리고 그 약속을 믿어야 한다. 그뿐 아니라, 하나님이 허락하신 지혜를 마음껏 발휘해서 결정해야 할 것이다.

25. 거룩하게 산다는 것은 무슨 뜻인가?

거룩하게 산다는 것은 다르게 산다는 뜻이다. 그렇게 살아야 하는 이유는 거룩하신 하나님이 사람들을 구원하셨고, 또 그 구원을 불신자들에게 전해야 하기 때문이다. 그러나 인간의 노력으로 거룩하게 살 수 없기에 그들은 성령충만을 경험해야 한다. 성령충만한 그리스도인들은 구별된 삶을 살면서 하나님의 사랑을 전할 수 있는 것이다. 그들은 순수한 동기로, 그리고 의지적인 사랑으로 그리스도인들은 물론 불신자들을 대할 수 있게 된 것이다.

하나님은 이스라엘 백성을 애굽에서 건져내신 후 거룩한 백성이 되라고 말씀하셨다. 그분이 하신 말씀을 직접 들어보자, " 너희가… 거룩한 백성이 되리라"(출 19:6), "너희는 내게 거룩한 사람이 될지니라"(출 22:31). 이 말씀에 의하면 이스라엘 백성은 지금까지 거룩하지 않았다는 것을 함축한다. 그들이 애굽에서 430년이란 긴 세월을 보내는 동안 전혀 거룩한 백성이 아니었다. 실제로 *거룩하다*는 표현은 출애굽 이후에 사용된 단어였다.

출애굽 이전에도 거룩하다는 단어가 사용된 적이 있었는데, 딱 두 번뿐이었다. 한 번은 안식일과 연관되어서 사용되었다, "하나님이 그 일곱째 날을 복되게 하사 *거룩하게* 하셨으니 이는 하나님이 그 창조하시며 만드시던 모든 일을 마치시고 그 날에 안식하셨음이니라"(창 2:3). 또 한 번은 하나님이 모세에게 임하셨을 때였다, "하나님이 이르시되 이리로 가까이 오지 말라; 네가 선 곳은 *거룩한* 땅이니 네 발에서 신을 벗으라"(출 3:5).

이렇게 두 번 사용된 이 단어의 뜻은 "다르다," "구별되다"이다. 하나님이 일주일 가운데 하루를 다른 날과 *다르게* 하셨다. 또 하나님이 임하신 땅이기에 그 땅은 다른 모든 땅과 *다르게* 구분하셨다. 이런 뜻을 염두에 두면 구약성경에서 800여 번이나 사용되고, 그리고 신약성경에서 110여 번 사용된 "거룩하다"를 쉽게 이해할 수 있다. 간단하게 말하면, "거룩하다"는 하나님이 구별하셨거나, 또는 하나님에게 속한 것들을 묘사할 때 사용된 표현이었다.

하나님이 큰 사랑과 능력으로 이스라엘 백성을 애굽에서 건져내심으로 그들을 다른 모든 민족과 다르게 구분하셨다. 그렇게 구별된 이스라엘 백성은 당연히 다른 민족들과는 다른 삶을 영위해야 했다. 하나님의 백성이 하나님을 알지 못하는 사람들처럼 아무렇게나 살 수 없기 때문이었다. 그러면 어떻게 사는 것이 거룩한 삶이란 말인가? 하나님은 거룩한 삶을 살 수 있는 법도 알려주셨는데, 그것이 바로 하나님의 율법이요 말씀이다.

그리스도인들도 마찬가지이다! 그들도 예수 그리스도를 통해 주어진 복음 때문에 구원받았기에 하나님의 백성이 된 것이다. 베드로의 말도 이런 사실을 확인한다. "너희가 전에는 백성이 아니더니 이제는 하나님의 백성이요"(벧전 2:10). 이스라엘 백성처럼 그리스도인들도 하나님의 백성답게 살아야 하는데, 그렇게 살려면 그들도 역시 거룩한 삶, 곧 구원받지 않은 사람들과 다른 삶을 영위해야 한다(벧전 1:15-16). 그 방법은 하나님의 말씀대로 사는 것이다.

그런데 이스라엘 백성은 하나님을 드러내는 삶을 영위하지 못하고, 그 결과 하나님의 이름이 믿지 않는 사람들 가운데서 모독을 받았다(롬 2:24). 그러나 그리스도인들에게는 하나님의 말씀과 뜻대로 살면서 하나님의 백성답게 살 수 있는 방법이 주어졌다. 비록 그들의 노력과 결심만으로는 불가능하지만, 성령의 도움을 받으면 가능하다. 그들이 거듭날 때 성령은 그들 마음속에 들어오셔서 그들로 하여금 하나님의 백성답게 살게 하셨던 것이다.

그렇게 살면서 그리스도인들은 자연스럽게 하나님의 말씀에 더 깊이 들어가고 또 하나님의 뜻도 더 많이 알게 된다. 그러면서 결국 그들도 그렇게 알게 된 하나님의 말씀대로 살 수 없다는 현실에 부딪치게 된다. 그들은 성령의 더 많은 도움이 있지 않으면 하나님의 뜻대로 살 수 없다는 사실을 인식하고, 성령의 도움을 갈구하게 된다. 그렇게 갈구할 때 그들은 성령충만 내지 성령세례를 경험하게 되어, 그 능력으로 다시 하나님의 뜻대로 살 수 있게 된다.

그런 이유 때문에 왕왕 거룩한 삶과 성령충만/성령세례를 혼용混用해서 사용되기도 한다. 그러니까 그리스도인들은 거듭나는 순간부터 구별된 삶을 시작하다가 마침내 성령충만의 경험을 하게 된다. 이처럼 거룩한 삶의 과정을 표현하기 위하여 새로운 단어도 등장시켰는데, 곧 성화聖化이다. 이 단어를 간단히 설명하면 "거룩하게 되어가는 과정"이라고 할 수 있다. 그렇다! 그리스도인들은 거듭나는 순간부터 성화의 과정에 들어선 것이다.

그렇게 거룩한 삶을 살아가려고 기도하고 노력하다가 마침내 성령충만/성령세례를 경험하는 순간이 있는데, 그 순간의 경험을 강조하는 단어가 곧 성결聖潔이다. 이 단어는 "거룩하고 깨끗해진 상태"를 뜻한다. 문자적으로는 물로 씻어서 깨끗하고 거룩하게 되었다는 뜻이다. 구약성경에 있던 예식, 곧 물로 씻어서 깨끗하게 하는 예식을 연상시키고도 남는다. 예를 들면, 아론과 그 아들들을 거룩한 제사장으로 위임할 때도 역시 물로 씻었다 (레 8:6).

"거룩하다"는 순수한 국어인데, 그 단어로는 그것이 함축하고 있는 여러 가지 뜻을 나타내기 어려워서 한자를 쓰기 시작했다. 이미 언급한 것처럼, "거룩해지는 과정"을 "성화"라고 하고, "거룩해지는 순간"을 "성결"이라고 한다. 그러나 그 단어들의 근본은 결국 "다르다," "구별하다"이다. 이렇게 구별된 그리스도인들은 적어도 의도적으로는 죄를 범하지 않는다. 그런 "의도의 순수성," 내지 "의도의 완전성"을 강조하기 위한 표현이 바로 "기독자 완전"이다.

"기독자 완전"이란 말은 그리스도인들이 절대로 완전해졌다는 뜻이 아니다. 비록 순수한 의도를 가졌다손 치더라도, 그들이 육신을 가지고 살아가는 동안에는 절대적인 완전은 있을 수 없기 때문이다. 그런 절대적인 완전은 주님이 재림하실 때 경험될 놀라운 소망이요 기대이다. 거룩한 그리스도인들은 이처럼 순수한 의도를 통하여 소극적으로 죄를 범하지 않지만, 동시에 적극적으로 그 의도를 드러내는 것도 있는데, 그것은 사랑이다.

그렇다! 기독교의 사랑은 근본적으로 감정적인 것이 아니다. 감정적인 사랑은 이성에 대한 불타는 마음, 자녀에 대한 조건 없는 애정, 음악이나 예술에 대한 애착 등으로 표현할 수 있다. 반면, 기독교의 사랑은 의도적인 것이다. 비록 감정으로는 사랑할 수 없지만, 의도적으로 사랑하는 것이다. 왜냐하면 기독교의 사랑, 곧 *아가페*는 "자격 없는 사람에게 주는 호의"이기 때문이다. 자격 미달의 사람을 사랑한다는 것은 감정이 아니라, 의도 때문에 가능하다.

그리스도인들은 거룩하신 하나님의 백성답게 사는 거룩한 사람들이다. 하나님의 말씀대로, 그리고 하나님의 뜻대로 살아가려면 제약(制約)이 많을 수 있다. 예를 들면, 거짓말과 도적질을 못할 뿐 아니라, 노름도 못한다. 그러나 이런 것들을 못하는 것은 제약이라기보다는 보다 깊고 차원 높은 자유이다. 그런 부정적인 행위에서 벗어난 그리스도인들은 얼마나 넓고도 긴 자유를 누리는가! 술과 담배에 끌려 다니며, 노름의 종이 된 사람들의 모습을 생각해보라!

거룩한 그리스도인들은 하나님이 허락하신 크나큰 자유가 있다. 예를 들면, 그들은 건전한 음악도 즐기며, 아름다운 예술품을 감상하며, 건강한 운동을 할 수 있다. 그뿐 아니라, 그들은 종합예술이라고 할 수 있는 건전한 연극이나 영화도 즐길 수 있다. 하나님이 창조하신 자연 속에 있는 식물과 꽃들을 보면서 하나님의 손길을 느낄 수도 있다. 물고기와 새들을 보면서 창조의 신비를 노래할 수도 있다. 거룩한 사람들이야말로 자유를 만끽할 수 있는 사람들이다.

그뿐 아니다! 거룩한 사람들은 죄를 범하지 않으려고 하는 다른 거룩한 사람들과 정겨운 교제를 나눌 수 있다. 그들은 교제하면서 서로를 이해하고, 서로의 느낌을 나누고, 서로의 필요를 채워줄 수 있다. 이런 교제야말로 천국의 교제를 방불케 하는 교제가 아니고 무엇이겠는가? 거룩하지 않은 사람들이 술과 노름으로 시간과 물질을 허비할 때, 거룩한 그리스도인들은 그 시간과 물질을 전도와 선교를 위하여 사용할 수 있다니 얼마나 놀라운 특권인가!

26. 어떤 *데모*에
   참여할 수 있는가?

정당한 데모를 하기 위한 가이드라인을 하나님의 말씀은 다음과 같이 네 가지로 제시한다: 첫째, 데모에 참여해도 법에 어긋난 행동은 삼간다. 둘째, 더군다나 데모의 대상이 비도덕적인 행위를 하지 않았다면 조심해야 한다. 셋째, 데모로 그들의 정당한 주장이 관철되지 않으면 법정으로 끌고 가라. 넷째, 그 데모가 불법집회라면 데모에 참여한 그리스도인들도 책임의식을 가져야 한다. 이런 원리에 따라 데모에 참여하면 사회질서가 유지될 것이다.

데모는 집회나 시위를 포함하여 많은 사람들이 일시적으로 모인 것을 뜻한다. 좀 더 세분하면, 데모에는 행진, 농성, 수업거부, 촛불집회, 파업 등 여러 가지 형태가 있다. 형태에 따라 모인 사람들의 주장을 표출하는 방법이 다소 다를 수 있지만, 근본적으로는 그들의 주장을 나타내거나 관철하기 위한 시위이다. 그런 시위가 대중에 의하여 정당하게 여겨질 경우, 그것은 대중운동이나 사회운동이라고도 불린다.

반대로, 그 시위가 폭력을 동반하면 폭력시위, 폭력집회, 폭력농성 등으로 일컬어진다. 이렇게 과격한 행동을 수반하는 시위는 그들의 요구조건을 관철시키기 위하여 그리고 그들의 주장을 사회에 보다 널리 알리기 위하여 극단적으로 치달을 때도 없잖아 있다. 예를 들면, 복면을 쓰고, 파이프와 도끼 등으로 경찰을 치고 또 기물을 부수는 등 많은 사람들의 눈살을 찌푸리게 하는 데까지 가기도 한다.

이처럼 사회적인 이슈를 내건 데모에 그리스도인이 참여해야 되는지 말아야 되는지 알 필요가 있다. 역사적으로, 바울 사도도 그런 데모에 휩쓸려서 곤욕을 치룬 적이 있었다. 바울이 에베소에 갔을 때 일어난 데모인데, 그들의 수입에 지장이 있을지도 모른다는 염려와 분노 때문에 그 도시 사람들 대부분이 바울을 반대한 시위를 벌였다 (행 19:27–29). 그 시위에는 시간이 지날수록 군중이 불어났는데, 많은 사람들은 이유도 모르면서 데모에 참여했다 (행 19:32).

그런 와중에서 그 도시의 서기장이 무리를 진정시키면서 그 데모를 해산시키는데 성공하였다. 그가 군중을 설득한 내용을 보면 현재의 데모에 지침이 될 수도 있다. 첫째, 군중은 경솔히 행동하지 말아야 한다 (행 19:36). 둘째, 바울과 일행은 도둑질 같은 비도덕인 행동을 하지 않았다 (19:37). 셋째, 그 일행을 정식으로 고발하라 (19:38). 넷째, 이런 불법 집회에 대하여 군중이 책임을 져야 할 것이다 (19:40). 이런 설득으로 군중은 해산했고 데모는 끝이 났다.

서기관이 군중의 시위를 해산시킬 수 있었던 것은 그에게 주어진 서기관이란 직분과 그의 논리적인 설득 때문이었다. 백성을 지도하는 그의 직분은 중요했다. 왜냐하면 그 직분을 통해서 하나님의 권위를 간접적으로 나타낼 수 있기 때문이다. 하나님의 말씀에 의하면, 권세는 하나님으로부터 온 권세이다. 그 말씀을 보자, "각 사람은 위에 있는 권세들에게 복종하라; 권세는 하나님으로부터 나지 않음이 없나니 모든 권세는 다 하나님께서 정하신 바라"(롬 13:1).

이처럼 하나님이 백성들을 통치하라고 주신 권세를 위임권세라고 한다. 여기에서 두 가지 원리를 추출(抽出)해낼 수 있는데, 하나는 위임권세를 받은 통치자들의 책임이고, 또 하나는 백성들의 책임이다. 통치자들은 하나님이 주신 위임권세를 함부로 사용하면 안 된다. 만일 그들에게 주어진 권세를 잘못 사용하면, 그들은 하나님의 권위를 오용(誤用)한 것이기 때문이다. 그런 이유 때문에 그들은 그들에게 맡겨진 백성을 두렵고 존경하는 마음으로 다스려야 한다.

한편, 백성은 통치자들이 위임권세를 선용(善用)하는 한 그들에게 순종하며 따라야 된다. 그렇지 않다면 어떻게 사회질서가 유지되며, 또 모든 사람이 평안한 삶을 유지할 수 있는가? 그러나 통치자가 그들에게 주어진 권세를 비인격적이고 비도덕적으로 휘두르면, 백성은 시위를 통해서라도 그들의 잘못을 지적해 주어야 한다. 만일 그들의 잘못을 지적해주지 않으면, 백성도 하나님의 위임권세에 도전하는 통치자들을 감싸는 셈이 되기 때문이다.

그런 통치자들은 둘째 원리, 곧 비도덕적인 행동을 저질렀기 때문에 백성의 항거를 받아 마땅하게 된 것이다. 그러나 데모에 참여하는 그리스도인들은 어떤 경우에도 "경솔히 행동하면" 안 된다. 돌이나 화염병을 던지거나, 도끼나 쇠파이프를 휘두르거나, 경찰을 다치게 하는 등 일체의 폭력을 사용하면 안 된다는 뜻이다. 무엇보다도 공권력에 도전하는 행위는 절대로 허용되지 않는다. 왜냐하면 공권력도 역시 하나님이 부여하신 위임권세이기 때문이다.

만일 그리스도인들이 어떤 방법으로든지 공권력에 도전하면 궁극적으로 하나님에게 도전하는 오만방자한 행위이다. 그리스도인들은 하나님의 권세 아래에 있는 우수한 시민이며, 그 권세 때문에 하나님이 허락하신 일체의 위임권세에 굴복하는 것이다. 베드로 사도의 말을 들어보자, "인간의 모든 제도를 주를 위하여 순종하되 혹은 위에 있는 왕이나, 혹은 그가 악행하는 자를 징벌하고 선행하는 자를 포상하기 위하여 보낸 총독에게 하라"(벧전 2:13-14).

그리스도인들이 그렇게 데모에 참여하여 통치자들의 잘못된 행위를 지적했는데도 귀를 기울이지 않으면, 당연히 법적으로 고발해야 한다. 왜냐하면 이 사회에서 최후의 판단은 법에 의해서 결정되기 때문이다. 그 법도 궁극적으로는 하나님으로부터 위임받은 권위를 가지고 있는 것이다. 결코 인간적인 방법이나 인위적인 폭력을 사용하면 안 된다. 결국, 사도행전 19장은 데모에 대한 분명한 가이드라인을 제시하고 있는 것이다. 얼마나 놀라운가!

이 시점에서 한 마디 첨부하고 싶은 말이 있다. 위임권세를 받은 통치자나 지도자의 잘못을 지적하기 위하여 데모를 할 때, 모든 그리스도인들이 그 데모에 참여한다는 것은 문자 그대로 불가능하다. 그렇다면 누구는 참여하고 누구는 참여하지 말아야 하는가? 이런 그리스도인들은 참여할 수 있다. 통치자들의 잘못에 대하여 의로운 분노가 너무 커서 그것을 표출하지 않으면 안 되겠다는 강한 충동을 가진 사람들은 참여해서 그 분노를 만방에 알려야 된다.

그러나 이런 그리스도인들은 참여하지 않을 수도 있다. 그 시간에 차라리 기도하면서 혹시 기회가 주어지면 하나님의 사랑을 다른 사람들에게 전하기를 원한다면, 그런 사람은 그와 같은 데모에 참여하지 않아도 된다. 그리할 때 데모에 참여한 사람도 잘못이 없고, 참여하지 않은 사람도 잘못이 없다. 단지 그 시간에 성령의 충동과 인도에 따라 행동할 수 있다는 말이다. 그뿐 아니라, 다음과 같은 그리스도인들도 참여하지 않아도 좋다.

"나"는 현재 앞날의 인생을 설계하고 준비하는 중요한 단계에 있다. 그러므로 "나"는 한 순간이라도 한눈팔지 않고 "내"가 세운 목표를 이루기 위하여 촌음을 아끼면서 준비해야 한다. 이런 그리스도인들은 현재는 주변의 사람들로부터 이상한 눈총을 받을 수 있지만, 최후의 승리자가 될 것이다. 왜냐하면 오늘을 성실하게 살면서 내일을 착실하게 준비하는 그리스도인들을 하나님은 귀하게 여기시고, 그리고 반드시 크게 사용하실 것이기 때문이다.

27. 술과 담배는?

한국의 그리스도인들은 술과 담배에 손을 대지 말아야 한다. 술은 하나님이 엄격하게 금하셨기 때문이다. 물론 유대인에게 포도주가 축복의 상징으로 여겨진 것도 사실이나, 하나님은 특정한 경우를 제외하고는 심각하게 포도주를 정죄하셨다. 담배는 성경에 언급된 적은 없지만, 성령의 일반적인 원리에 의하여 볼 때 담배는 절대로 허용되지 않는다. 그리스도인의 몸은 성령이 내주하시는 성령의 전인데, 그처럼 귀한 몸을 해롭게 할 수 없다.

그리스도인이 술을 하는 구실이 있다. 그들은 예수님도 가나안 혼인잔치에서 물을 포도주로 바꾸면서까지 축복하셨기에 그들도 술을 마실 수 있다는 주장이다. 또한 프랑스의 그리스도인은 포도주를, 그리고 독일의 그리스도인은 맥주를 항상 마시는 것을 보아서도 괜찮다는 것이다. 그뿐 아니라, 술을 거부할 경우 사회생활에 막대한 지장을 초래하기에 술을 해야 한다는 주장이다. 궁극적으로는 그렇게 어울려야 전도도 가능하다는 것이다.

이런 주장에 대하여 먼저 문화적인 측면에서 접근해보자. 프랑스와 독일에는 생수가 부족한 나라이기에 생수를 대체할 것이 필요했다. 그런 이유 때문에 그들은 포도주와 맥주를 거의 생수처럼 마시는 것이다. 유대인들은 포도주를 하나님의 축복으로 여겼다: "여호와께서 너희의 땅에 이른 비, 늦은 비를 적당한 때에 내리시리니, 너희가 곡식과 포도주와 기름을 얻을 것이요"(신 11:14). 포도주가 이처럼 축복의 상징이기에 경우에 따라 사용되기도 했다.

예를 들면, 유대인들은 하나님에게 제물을 가져올 때도 포도주를 더해서 올렸다(민 15:5). 하나님은 그 제물을 기쁘게 받으신 후 그 제물의 일부를 제사장들과 레위인들에게 물려주셨다. 왜냐하면 그들은 세속적인 직장이 없고 농사를 짓지 않았기에 하나님이 그들의 양식으로 주셨던 것이다. 그들은 그렇게 물려받은 제물을 감사하며 먹었는데, 그 가운데는 포도주도 포함되어 있었다. 그러니까 그들은 하나님이 허락하신 빵과 고기를 포도주와 함께 먹었던 것이다.

이런 문화적/종교적 배경 때문에 예수님도 물을 포도주로 만드시는 기적을 베푸셨다. 가나안 혼인잔치에 참석한 모든 사람들이 하나님이 축복하신 결혼을 함께 기뻐하고 즐거워할 수 있게 하기 위해서였다. 그러나 한국의 문화는 다르다. 한국에는 프랑스와 독일과는 달리 좋은 생수가 넘쳐나는 국가였다. 생수를 대신할 것을 찾을 필요가 없었다. 뿐만 아니라, 유대인처럼 하나님의 축복으로 간주되어 포도주가 등장하는 종교의식은 없었다.

기독교가 한국 땅에 들어올 당시 대부분의 대중은 학정에 시달리면서 가난에 찌든 생활을 하였다. 그들은 저항할 수 없는 탐관오리들의 횡포에 속수무책으로 곡물도 빼앗기고, 딸들도 빼앗겼다. 그들은 그처럼 소망 없는 삶을 영위하면서 자포자기의 심정이 되었고, 그래서 술에 빠졌다. 술은 그들이 받은 학대를 잠시 잊게 해주는 것 같았지만, 결국 자기 학대에 지나지 않았다. 물론 잔치에서도 기쁨의 표시로 술이 등장했지만, 대부분 지나치게 마셨다.

그리스도인들은 이런 술 문제의 해결을 위하여 하나님의 말씀으로 돌아가야 한다. 구약성경에서 포도주는 하나님의 축복으로 여겨졌지만, 하나님은 결코 술에 취하는 작태를 허용하신 적이 없으셨다. 하나님은 포도주를 "혼합한 술"이라고 하면서 금하셨고 (잠 23:30), "독주"라고 하시면서 술에 취하지 말라고 하셨다 (사 28:7). 하나님은 포도주를 "진노의 술잔"이라고 하면서 정죄하셨고 (렘 25:15), 지도자들이 "술의 뜨거움으로 병이 났다"고 하셨다 (호 7:5).

하나님이 정죄하신 포도주에 대하여 자세히 알아보자: "재앙이 뉘게 있느뇨? 근심이 뉘게 있느뇨? 분쟁이 뉘게 있느뇨? 원망이 뉘게 있느뇨? 까닭 없는 상처가 뉘게 있느뇨? 붉은 눈이 뉘게 있느뇨? 술에 잠긴 자에게 있고 혼합한 술을 구하러 다니는 자에게 있느니라. 포도주는 붉고 잔에서 번쩍이며 순하게 내려가나니 너는 그것을 보지도 말지어다. 그것이 마침내 뱀 같이 물 것이요 독사 같이 쏠 것이며…네 마음은 구부러진 말을 할 것이라" (잠 23:29–33).

얼마나 날카로운 분석이며, 또 얼마나 무서운 심판의 모습인가! 이 말씀에 의하면, 술에 취한 사람은 재앙과 원망의 삶을 영위할 수밖에 없다. 포도주를 구하러 다니는 자들은 독사에 물린 것처럼 인생이 허물어진다는 것이다. 실제로 술에 취한 상태로 운전하다가 자신은 물론 다른 사람들까지 해를 끼치는 경우가 얼마나 허다한가? 바울 사도도 술 취하는 것은 방탕한 것이라고 선언했다 (엡 5:18).

술에 손을 대는 사람은 자신의 몸도 해롭게 하며, 많은 재정도 낭비하게 된다. 어떤 그리스도인은 10년 동안 술과 담배를 멀리하면, 집을 살 수도 있다고 했다. 물론 돈만으로 따지면 집값이 되지 않겠지만, 술과 담배를 하지 않음으로 따라오는 건강한 몸, 마음의 여유, 도덕적인 고결, 창조적인 사고, 좋은 사람들과의 교제 등이 결합되면 집을 사고도 남을 수 있다. 그런데도 왜 한국인은 술을 먹는 양이 세계적인지 모르겠다.

어떤 그리스도인은 불신자들과 어울려서 술을 먹음으로 전도의 기회를 포착할 수 있다고 한다. 불신자들과 같이 술을 마시면서 전도한다는 것은 있을 수 없다. 불신자들이 기독교에 끌리는 것은 술 때문이 아니라, 성도들의 고귀한 도덕성, 효율적인 업무능력, 신앙적 인격 때문이다. 다니엘을 보라! 만일 그가 왕이 내리는 음식과 술을 즐겼다면, 그는 결코 영향력을 갖는 신앙인이 되지 못했을 것이다. 그러나 그런 것을 거부한 결과 마침내 왕에게도 전도하였다.

성경은 담배에 대한 언급이 없는데, 어떻게 대처하는 것이 마땅한가? 담배는 성경이 다 기록된 후에 나타난 사회악이기 때문에 당연히 하나님의 말씀에는 언급되지 않는다. 그런 경우 성경이 가르치는 일반적인 원리를 적용하면 된다. 하나님의 말씀은 그리스도인의 몸이 성령이 내주^{內住}하시는 성전이라고 하였다. 왜냐하면 그리스도인이 예수 그리스도를 구세주를 믿고 영접하는 순간 성령이 그의 마음 안으로 들어오셨기 때문이다 (엡 1:13).

그리스도인의 몸이 성령의 전이라면 참으로 존귀하다. 바울 사도의 말을 들어보자, "너희 몸은 너희가 하나님께로부터 받은 바 너희 가운데 계신 성령의 전인 줄을 알지 못하느냐? 너희는 너희 자신의 것이 아니라" (고전 6:19). 그렇다면 그리스도인의 몸은 인간적으로는 그의 것이지만, 영적으로는 하나님의 것이다. 그는 그 존귀한 몸을 잘 관리하고 돌보는 책임을 맡은 청지기이다. 그런데 그 몸을 더럽히고 망가뜨리는 담배를 피우다니 있을 수 없는 일이다.

텔레비전의 한 프로그램을 옮겨보자. 어항 두 개에 금붕어를 두 마리씩 넣은 후, 그 어항을 헝겊으로 덮었다. 그런데 한 어항에는 그 헝겊 위에 담배가루를 올려놓았다. 그리고 두 어항을 덮은 헝겊에 물을 부었다. 담배가루를 통과한 물에 있던 금붕어는 5분 내에 죽었다. 얼마나 무서운 사실인가? 담배는 그리스도인의 몸을 망가뜨리게 한다. 머리에도 영향을 미치며 폐에도 해를 가져온다. 그리스도인이 담배로 그의 몸을 망가뜨리게 할 수는 없지 않은가?

기독교 신앙에 대한 질의응답 50

교리

28. 기복신앙은 하나님의 말씀과 일치하는가?

유대인에게 약속된 복과 한국인의 복에는 공통점이 있는데, 그것은 복이 가시적이며 현세적이라는 것이다. 그러나 예수 그리스도가 가르치신 복은 전혀 물질적이거나 건강에 관한 것이 아니다. 신약성경이 가르치는 복음은 한 마디로 그리스도인이 하나님의 사람이 되는 것이지, 결코 손에 쥘 수 있는 것들이 아니다. 그리스도인이 하나님의 사람이 되면, 하나님은 그에게 여러 가지 부수적인 축복--건강, 부요, 명예, 자손--도 주실 수 있다.

기복신앙新福信仰---prosperity doctrine은 한 마디로 축복을 신앙의 핵심으로 삼는 신앙형태를 가리킨다. 이런 신앙은 예수 그리스도를 믿고 구원받으면, 하나님이 그리스도인들의 물질과 건강은 물론 기타 많은 현세적인 일을 축복하신다고 믿는다. 실제로 구원받은 그리스도인들이 여러 모양으로 축복을 받은 실례도 허다하다. 그러나, 그런 가시적可視的인 축복은커녕 오히려 그 반대를 경험한 그리스도인들도 적잖다. 그들의 신앙이 잘못되었단 말인가?

이 시점에서 복의 근원을 알아보자. 본래 복은 하나님이 약속으로 주신 것이었다. 율법 이전의 사람인 아브라함을 부르실 때도 하나님은 복을 약속하셨다, "내가 너로 큰 민족을 이루고 네게 복을 주어 네 이름을 창대하게 하리니, 너는 복이 될지라" (창 12:2). 이 약속의 복은 구체적으로 '네 이름을 창대하게 한다"는 것이었다. 이 약속대로 아브라함은 현세적인 복을 마음껏 누렸다. 그가 가는 곳마다 물질적인 부요를 누리면서 그의 이름이 창대하게 되었다.

그 후 오랜 세월이 흘러서 하나님은 이스라엘을 애굽에서 건져내시고, 그 백성에게 복을 포함시킨 율법을 주셨다. 특히 신명기 28장 1-14절은 모든 율법 중에서 복을 가장 구체적으로 제시한 곳이다. 그 중에서 "복"이 들어있는 구절을 인용해보자:

"네가 네 하나님 여호와의 말씀을 청종하면 이 모든 복이 네게 임하며 네게 이르리니, 성읍에서도 복을 받고 들에서도 복을 받을 것이며, 네 몸의 자녀와 네 토지의 소산과 네 짐승의 새끼와 소와 양의 새끼가 복을 받을 것이며, 네 광주리와 떡 반죽 그릇이 복을 받을 것이며, 네가 들어와도 복을 받고 나가도 복을 받을 것이니라…여호와께서 명령하사 네 창고와 네 손으로 하는 모든 일에 복을 내리시고, 네 하나님 여호와께서 네게 주시는 땅에서 네게 복을 주실 것이라" (신 28:2-6, 8).

이 약속에서 9번이나 반복해 나오는 "복"은 거주지, 자녀와 수

확물, 가축, 먹거리, 출입, 저축, 일, 땅 등 그들이 일상생활에 필요한 모든 분야에서 복을 내려주시겠다는 엄청난 약속이었다. 물론 이런 복은 눈에 보이는 것이며 동시에 현세적인 것들이다. 보다 구체적으로 말하면, 의식주를 포함한 경제적인 것은 물론, 건강과 자녀와 출입까지 망라한 복이었다. 이런 복을 마다할 사람이 도대체 어디 있겠는가?

그런데 놀랍게도 이런 복의 개념은 한국에도 있다. 특히 일반대중이 전통적으로 간주하는 복이 있는데, 그것은 수壽, 부, 귀, 강녕 및 자손이다. 이런 다섯 가지 복은 통상적으로 오복五福으로 알려지고 있는데, 오래 살면서도 경제적으로도 윤택하며, 사람들로부터 존귀한 인물로 존경을 받으면서도 건강과 평안도 유지하며, 많은 자손을 본다면, 그런 인생을 사는 사람은 참으로 큰 복을 받은 사람임에 틀림없다.

결국, 유대인의 복과 한국인의 복은 경제적이고, 현세적이며, 가시적이라는 점에서 공통점이 있다. 그런데 다른 점도 두 가지나 된다. 첫 번째 다른 점은 유대인의 복은 하나님이 주시는 것인데 반하여, 한국인의 복은 어디에서 오는지 알가 수 없다. 두 번째 다른 점은 유대인의 복은 조건이 있는데 반하여 한국인의 복은 조건이 없다. 그러니까 유대인은 복을 받기 위하여 그들의 책임을 다해야 하나, 한국인에게는 아무런 책임도 없다.

그렇다면 유대인이 지켜야 할 책임은 무엇인가? 위에서 인용된 신명기 28장에 의하면 유대인에게 주어진 책임은 두 가지인데, 하나는 적극적인 것이고 또 하나는 소극적인 것이다. 적극적으로는 이스라엘 백성이 하나님의 말씀을 잘 듣고 또 순종해야 한다 (신 28:1-2). 소극적으로는 그들이 하나님의 말씀을 떠나 좌로나 우로 치우치지 않으면서 다른 신을 섬기지 말아야 한다 (신 28:14). 유대인이 복을 받을 수 있는 조건은 이처럼 간단했다.

다섯 가지 복을 원하는 한국인의 심성을 향하여 유대인에게 주어진 책임을 결합시키면, 그 효과는 자못 크다. 실제로 하나님도 위에서 본 것처럼 두 가지 조건을 전제로 복을 주시겠다고 약속하셨기 때문이다. 예를 들면, 헌금을 많이 바치면 부유해진다든지, 자원해서 희생하면 자녀가 복을 받아 일류대학에 들어간다든지, 봉사를 열심히 하면 건강해진다든지…. 그런데 하나님이 요구하시는 조건은 말씀에 귀를 기울이며, 우상을 섬기지 말라는 것이다.

신약성경도 그리스도인에게 약속된 복을 제법 다양하게 그리고 상세히 제시한다. 그 복은 가시적이거나, 물질적이거나, 건강에 대한 것이 아니다. 그 복은 "신령한 복"으로서, 눈에 보이지 않으며, 물질적이거나 건강에 대한 것이 아니다. 바울 사도의 말을 들어보자, "찬송하리로다! 하나님 곧 우리 주 예수 그리스도의 아버지께서 그리스도 안에서 하늘에 속한 모든 *신령한 복*을 우리에게 주시니라" (엡 1:3). "신령한 복"은 문자 그대로 영적인 복을 뜻한다.

신약성경 중 어느 한 곳도 복을 유대인의 복과 한국인의 복처럼 가시적이며 물질적인 것으로 제시하지 않는다. 실제로 복의 정의를 가장 놀랍게 가르치신 분은 예수 그리스도이시다. 그분은 많은 사람들에게 산상수훈을 선포하셨는데, 그 중 제일 먼저 나오는 선포가 바로 8복이었다 (마 5:3-12). 그런데 8복에는 물질적이거나 가시적이거나 현세적인 복은 하나도 없다. 유대인이신 예수 그리스도는 유대인과 그리스도인에게 보다 높은 차원의 복을 가르치셨던 것이다.

이 8복의 핵심은 하나님과 올바른 관계를 맺고, 그 관계 속에서 교제를 나누는 것이다. 보다 쉽게 설명한다면, 예수 그리스도가 가르치신 복은 "내"가 어떤 물질적인 축복을 받는 것이 아니라, "내"가 어떤 사람이 되느냐에 있는 것이다. 그러니까 하나님의 관심은 "나"에게 있지, "내"가 누릴 현세적이고 가시적인 "축복"에 있지 않다. 다시 말해서, "내"가 하나님의 사람이 되는 것이 진정한 축복이라는 것이다.

세례 요한은 여자가 낳은 자 중 가장 큰 자로 불릴 만큼 하나님의 존귀한 사람이었다 (마 11:11). 그런데 그가 물질적인 축복을 받았는가? 아니다! 그의 복장과 음식은 거의 동물의 것처럼 천박하여, 낙타털 옷을 입고 꿀로 연명했다 (마 3:4). 그뿐 아니라, 그는 젊은 나이에 목이 베여 죽임을 당했다. 그런데도 세례 요한은 하나님이 친히 보내신 사람이었고 (요 1:6), 그의 사역은 어둠속에 빛으로 오신 예수 그리스도를 가까이서 증언한 증인이었다 (요 1:7).

바울 사도의 생애를 보자! 예수님을 만난 후부터 그의 인생은 인간적으로 볼 때 참으로 불행한 사람이었다. 그의 고백에 따르면, 그의 생애는 굶주림, 죽음을 넘나드는 위험, 연속적인 감옥생활, 심한 고문, 잠의 부족 등 말할 수 없이 많은 고통의 연속이었다 (고후 11:23-27). 그렇다고 그가 불행한 사람이었는가? 물론 아니다! 그는 가장 행복한 사람 중 하나였는데, 그 이유는 그가 하나님의 사람이 되었기 때문이다 (딤후 4:6-8).

그렇다! 하나님은 그리스도인이 하나님의 사람이 되는 그런 차원 높은 복을 주기 원하신다. 그 복이 모든 축복 중에서 가장 핵심이 된다. 나머지 물질적이고 현세적인 축복들은 부수적인 축복con-comitant blessings이다. 그 뜻은 그런 축복은 주어질 수도 있고, 주어지지 않을 수도 있다는 것이다. 그런데 마치 이런 부수적인 축복이 신앙의 핵심이양 착각하면 기독교의 중대한 가르침을 망가뜨리는 꼴이다. 이렇게 기독교를 왜곡시키면 어떤 결과가 생기는가?

기독교에서 윤리는 신앙의 꽃이다. 그런데 가시적인 축복을 위하여 헌금하고 희생한다면, 거기에는 윤리가 결여되며, 마침내 윤리 없는 기독교로 전락될 수 있다. 왜 그리스도인들이 그렇게 물질을 사랑하며, 또 물질을 얻기 위하여 거짓말과 갖가지 못된 방법을 동원하는가? 왜 권력을 위하여 그렇게 많은 돈을 투자하는가? 그것도 본인의 돈도 아닌 교회의 돈으로 말이다. 본인의 자존감을 위해서 그리고 사람들로부터 인정을 받기 위해서인가?

기복신앙은 기독교의 본질을 뒤엎는 말할 수 없이 큰 악폐(惡弊)이다. 한국 교회가 그처럼 영적이고 기도와 말씀을 강조했었는데, 언젠가부터 가시적인 축복에 눈이 멀기 시작했다. 많은 그리스도인은 하나님의 사람이 되는데 관심이 없어졌다. 오직 가시적인 축복, 예를 들면, 교회성장과 아름다운 교회건물 같은 것에 더 관심을 갖는다. 만일 그들이 하나님의 사람이 된다면 그런 것들은 하나님이 선물로 주실 수 있는 데도 말이다.

이런 그리스도인은 한국의 오복을 십분 이용한다. 오복에는 복을 성취하기 위한 방법이 없다. 그러니까 어떤 방법을 사용하더라도 물질적이고도 현세적인 축복만 쟁취하면 되는 것이 오복이다. 이런 그리스도인은 가시적인 축복을 쟁취하기 위하여 수단방법을 가리지 않는다. 인간적인 방법을 내려놓고, 하나님의 개입을 기다리는 하나님의 사람과는 완전히 다른 모습이다. 이런 사람은 하나님 앞에 서서 책임추궁을 당할 날을 피할 수 없다는 것을 아는지 모르겠다.

29. 왜 고난을 당해야 하는가?

고난의 시작은 아담의 불순종 때문에 완전한 환경이 불완전으로 바뀌면서 시작되었다. 그들의 불순종으로 악한 사람들도 많이 생겨나서 순수한 그리스도인들에게 어려움을 주기도 한다. 그뿐 아니라, 그리스도인은 영적 싸움에 연루되어 있기 때문에 이유도 모른 채 고난을 당하기도 한다. 또한 그리스도인들이 거룩한 삶을 영위하면서 복음을 전하려 할 때, 주변의 불신자들로부터 오해와 박해를 받을 수 있다. 그러나 고난을 통과한 그리스도인들을 하나님은 귀하게 여기신다.

고난은 반기지 않는 손님과 같아서, 아무 예고豫告도 없이 불쑥 찾아온다. 그리고 주인의 눈치도 보지 않고 눌러앉아버리는 못된 습성을 갖는 것이 바로 고난이다. 그렇게 찾아오는 고난은 여러 가지 형태인데, 어떤 때는 육체적인 고난, 어떤 때는 경제적인 고난, 어떤 때는 정신적인 고난, 어떤 때는 영적 고난 등 참으로 다양하다. 더욱 심각한 것은 어떤 때는 여러 가지 고난――육체적이며 경제적인 고난――이 한꺼번에 몰려오기도 한다.

조니Joni라는 고등학생이 부모와 함께 여름휴가를 바닷가에서 즐기고 있었다. 조니는 다이빙을 좋아해서 몇 번이고 물속으로 뛰어들었다. 그런데 불행하게도 그녀는 물속에 있는 바위에 머리를 박았다. 그녀는 목 위만 살아있는 전신불수의 불구자가 되었다. 그녀는 거듭난 그리스도인으로 신앙생활에서 많은 사람들에게 모범이 되었던 착한 학생이었다. 그런데, 한 순간 그녀는 건강을 잃으면서, 인생의 모든 소망도 잃게 되었다. 왜 조니에게 이런 고난이 찾아왔는가?

이런 비극적인 고난의 원인을 어떻게 찾을 수 있겠는가? 어떤 사람도 왜 조니가 이런 고난에 빠져 들어가게 되었는지 분명히 설명할 수 없다. 그럼에도 불구하고 하나님의 말씀에서 일반적인 원인을 찾아보도록 하자. 가장 보편적인 원인은 원죄에서 찾을 수 있다. 만일 아담과 하와가 불순종하지 않았다면, 인간은 하나님이 허락하신 완전한 환경에서, 완전한 관계를 유지하면서, 완전한 행복을 누렸을 것이다. 그러나 그들의 불순종으로 그런 완전은 사라졌다.

환경도 불완전해졌고, 관계도 불완전해졌고, 그리고 완전한 행복은 더 이상 인간의 손아귀에 머물러 있지 않게 되었다. 그뿐 아니라, 인간은 항상 여러 가지 위험에 노출된 상태에서 아슬아슬하게 살아가는 참으로 미약한 존재가 되어버렸다. 지진과 쓰나미 앞에서 누가 강자이며, 누가 그 세력을 대항할 수 있단 말인가? 얼마나 많은 사람들이 목숨을 잃었는가? 목숨을 부지한 사람들 중에 건강과 재산을 잃은 것은 물론, 정신적으로 방황하게 되었는가?

둘째, 이것도 원죄의 여파이긴 하지만, 악한 사람들 때문에 그리스도인은 고난에 처한다. 1세기의 지배자였던 네로는 얼마나 많은 그리스도인들에게 고난을 안겨주었는가? 21세기의 네로인 김정은은 어떤가? 그 한 사람 때문에 그리스도인들은 물론 사회에 아무런 해를 끼칠 수 없는 순수한 사람들이 얼마나 큰 고난을 당하고 있는가? 네로와 김정은만 악한가? 아니다! 이 세상에는 다른 사람들에게 고난을 안겨주는 악한 사람들이 얼마나 많은가?

셋째, 그리스도인이 고난을 받는 것은 영적 싸움에 연루되기 때문이다. 이 세상에는 눈에 보이지 않는 영적 싸움이 있다. 하나님의 세력과 사탄의 세력 간의 싸움이 있다. 바울은 사탄의 세력을 "공중의 권세 잡은 자"라고 하였는데 (엡 2:2), 그리스도인은 그런 싸움에 연루되어 있는 것이다. 바울의 묘사를 보자, "우리의 씨름은 혈과 육을 상대하는 것이 아니요 통치자들과 권세들과 이 어둠의 세상 주관자들과 하늘에 있는 악의 영들을 상대함이라"(엡 6:12).

신앙인으로서 가장 혹독한 고난을 감수한 욥의 경우를 보면 쉽게 이해할 수 있다. 욥이 당한 고난이 얼마나 컸던지 그는 차라리 이 세상에 태어나지 않았거나, 아니면 빨리 죽으면 좋겠다고 할 정도였다 (욥 3:30이하). 욥이 신앙적으로나 인격적으로 말할 수 없이 훌륭한 사람이었는데도 불구하고, 인간적으로 견디기 어려울 만큼 혹독한 고난을 당한 것은 영적 싸움의 여파였다 (욥 1:6 이하). 때때로 그리스도인은 원인을 알지 못하는 영적 싸움 때문에 고난을 당한다.

넷째, 그리스도인이 고난을 당하는 것은 본인의 불찰 때문일 수도 있다. 예를 들면, 어떤 생각에 몰두하면서 빨간 신호등을 모른 채 길을 건너가다가 자동차에 부딪쳤다고 하자. 다행히 목숨은 건졌지만, 그 사고로 인하여 병원치료는 물론 직장에도 가지 못하는 등 그가 겪어야 될 고난은 적지 않다. 거기에다 다리를 절단하게 되면, 한 번의 불찰 때문에 당하게 될 고난은 한 인생 살아가는 동안 지속될 것이다.

어떤 그리스도인은 범행을 저질러서 고난을 자취하는 사람도 있다. 그리스도인이라고 하는 사람이 회사의 비밀을 빼내려다 들키면, 직장도 잃고 거기에다 감옥생활까지 해야 한다. 이런 고난은 스스로 빠져 들어간 것이다. 베드로 사도는 그렇게 되지 말라고 그리스도인에게 이런 충고를 했다. "죄가 있어 매를 맞고 참으면 무슨 칭찬이 있으리요"(벧전 2:20a). 이 말씀에서 "매를 맞고 참는다"는 묘사는 고난을 뜻한다.

다섯째, 아이러니하게도 경건하게 사는 그리스도인도 고난을 받을 수 있다. 그 이유도 분명하다! 그의 주변에는 이런 사람들이 있는데, 하나는 불신자들이고 또 하나는 명목상의 교인들이다. 그들은 그들의 사고와 삶의 방식이 다른 경건한 그리스도인을 못마땅하게 여기면서, 한편 비웃으며 또 한편 어려움을 안겨주기도 한다. 베드로는 그들이 "…너희가 그들과 함께 그런 극한 방탕에 달음질하지 아니하는 것을 그들이 이상히 여겨 비방한다"고 했다 (벧전 4:4).

여섯째, 그리스도인이 변화된 삶을 영위할 뿐 아니라, 그를 변화시켜주신 그리스도를 증언하기 때문이다. 어떤 불신자가 그의 인생관을 바꾸라는 그리스도인을 달갑게 여기겠는가? 그는 반발심 때문에 그리스도인을 박해하면서 고난을 안겨줄 수 있다. 전도와 고난은 동전의 양면과 같아서 거의 항상 같이한다. 그것이 바로 바울의 진단이며 충고였다, "그러나 너는 모든 일에 신중하여 고난을 받으며 전도자의 일을 하며 네 직무를 다하라"(딤후 4:5).

그리스도인은 고난을 어떻게 감수해야 하는가? 무엇보다도 그리스도인이 누려야 될 특권 중 하나가 고난이라는 것을 알고 담담히 받아들여야 한다. 바울은 그런 사실을 이렇게 분명히 언급했다, "무릇 그리스도 예수 안에서 경건하게 살고자 하는 자는 박해를 받으리라"(딤후 3:12). 이 말씀에서 박해는 두말할 필요도 없이 고난을 함축하는 표현이다. 고난을 당한다는 사실은 그가 그만큼 훌륭한 그리스도인이라는 증거이기도 하다 (딤후 2:3).

그리스도인은 고난을 당할 때 하나님을 생각해야 한다. 베드로의 충고이다. "부당하게 고난을 받아도 하나님을 생각함으로 슬픔을 참으면 이는 아름다우니라"(벧전 2:19). 도대체 왜 고난이 아름답다는 말인가? 고난을 통하여 구원의 길을 활짝 열어놓으신 주님의 발자취를 따르는 것이기 때문이다. "이를 위하여 너희가 부르심을 받았으니 그리스도도 너희를 위하여 고난을 받으사 너희에게 본을 끼쳐 그 자취를 따라오게 하려 하셨느니라"(벧전 2:21).

그리스도인이 고난을 감수하는 이유가 또 있는데, 그것은 주님이 고난당하는 그와 함께 하시면서 지켜주신다는 확신 때문이다. 바울도 하나님의 말씀을 선포한 이유로 고난을 당했으나, 그를 끝까지 지켜주실 확신으로 당했다. "…내가 또 이 고난을 받되 부끄러워하지 아니함은 내가 믿는 자를 내가 알고, 또한 내가 의탁한 것을 그 날까지 그가 능히 지키실 줄을 확신함이라"(딤후 1:12). 그렇다! 피 값으로 구원하신 주님은 그를 책임지고 지켜주실 것이다.

마지막으로, 그리스도인이 고난을 감수하는 다른 이유는 고난의 열매 때문이다. 고난의 관문을 통과한 그리스도인은 많은 경우 하나님의 사람으로 승화된다. 그 이유는 간단하다! 그리스도가 그를 위하여 짊어지신 십자가의 의미를 그만큼 깊이 깨달았기 때문이다. 그 결과 그에게 부활의 능력을 허락하시면서 주님은 그를 마음껏 사용하실 것이다. 그리고 주님은 그만큼 큰 영광을 받으시기 때문이다.

조니는 그녀의 고난을 예수님이 짊어지신 십자가를 묵상하면서 극복했다. 그녀는 입에 펜을 물고 글을 쓰기 시작하다가, 마침내 그림을 그렸다. 그녀는 그림 때문에 유명해졌고, 그리고 큰 전도집회에서 간증으로 많은 사람들을 그리스도 앞으로 인도하는 일에 기여했다. 비록 그녀는 일생을 다른 사람에 의지하여 살지만, 그래도 그녀를 통하여 주님은 얼마나 큰 영광을 받으시는지 모르겠다. 고난을 통하여 귀히 쓰임 받는 조니로 만드신 주님은 위대하시다!

30. 수치감과 죄의식은 어떻게 다른가?

수치감은 양심의 가책에서 오는 느낌이나, 죄의식은 하나님의 법을 어겼을 때 갖는 느낌이다. 그러므로 수치감은 주관적인데 반하여, 죄의식은 객관적이다. 그리스도인의 잘못이 다른 사람들에게 발각되었을 때 그는 수치감을 느끼나, 아무도 그의 잘못을 몰라도 하나님이 아신다는 사실 때문에 그는 죄의식을 느낀다. 수치감은 다른 사람들을 멀리하게 만드나, 죄의식은 그리스도인들 사이에 고백으로 인도하기에 다른 그리스도인들과 깊은 교제를 하게 한다.

예수님을 믿고 구원받은 그리스도인은 수치감이나 죄의식에서 해방되었는가? 예수 그리스도를 통하여 모든 죄를 용서받았기 때문에 더 이상 죄의식과 수치감 때문에 괴로워할 필요가 없지 않는가? 하나님도 그의 죄를 더 이상 기억하지도 않으신다고 말씀하셨는데 말이다: "또 그들의 죄와 그들의 불법을 내가 다시 기억하지 아니하리라"(히 10:17). 이처럼 용서받은 확신이 있는데도 수치감이나 죄의식에 사로잡힐 수 있는가?

그리스도를 통하여 모든 죄에서 용서받았다고 해도 그리스도인은 수치감이나 죄의식을 초월할 수 없다. 그도 시시때때로 수치감이나 죄의식에 사로잡힐 수 있으며, 또 때에 따라서는 사로잡혀야만 한다. 그렇지 않다면 그는 올바른 신앙인이 아닐지도 모른다. 수치감과 죄의식이 그리스도인에게 없어서는 안 될 만큼 필연적인 경험이라면, 그런 느낌이 왜 그리스도인에게 생겼으며, 또 어떻게 서로 다른 가를 규명할 필요가 있을 것이다.

우선, 수치감the feeling of shame과 죄의식the sense of guilt은 둘 다 하나님과 올바른 관계를 맺지 못하면서 생겼다. 아담과 하와를 보자. 그들은 하나님의 명령, 곧 "동산 중앙에 있는 선악과를 따먹지 말라"는 명령에 불순종하면서 수치감과 죄의식이 생겼다 (창 2:17). 수치감은 그들이 벌거벗은 사실에 대한 부끄럽다는 느낌이고, 죄의식은 하나님의 말씀을 어긴 결과 에덴동산에서 쫓겨나면서 갖게 된 느낌이었다.

이런 느낌을 좀 더 분석하면, 수치감은 그들이 스스로 느끼는 감정이기에 상당히 주관적이다. 반면, 죄의식은 하나님 앞에서 죄를 범했다는 감정으로, 주관적이라기보다는 객관적이다. 다시 말해서, 죄의식은 하나님의 객관적인 명령을 어긴 결과 생긴 감정이다. 하나님의 명령을 어겼기에 관계가 일그러졌고, 그래서 생기는 느낌이라는 말이다. 그러니까 죄의식은 하나님의 절대적인 권위를 받아들이지 않고, 오히려 거부한 결과 생기는 느낌이다.

아담과 하와의 경우를 통하여 수치감과 죄의식의 차이를 더 알아보자. 죄의식은 하나님과 잘못된 관계 때문에 생긴 것인데 반하여, 수치감은 스스로의 양심의 가책 때문에 생기는 것이다. 하나님은 아담과 하와에게 말씀을 통하여 객관적인 기준을 주셨고, 그들이 그 기준을 범했을 때 죄의식이 생겼다. 반면, 그들이 그 기준을 범한 결과 벌거벗었다는 수치감에 사로잡혔다. 그러니까 죄의식과 수치감은 다르지만 서로 긴밀히 연루되어 있다.

예를 들어서 설명해보자. 어떤 그리스도인이 새벽기도를 강조하는 교회를 다니는데, 너무 피곤해서 새벽기도회에 참석하지 못했다. 그는 그의 "잘못"에 대하여 갈등을 느끼는데, 그것은 수치감, 곧 스스로 느끼는 부끄러운 감정이다. 왜냐하면 하나님은 말씀을 통하여 새벽기도회에 반드시 가야한다는 명령을 주신 적이 없기 때문이다. 반면, 그가 주일예배에 빠지면, 수치감이 아니라 죄의식에 빠진다. 왜냐하면 주일예배는 하나님이 제정하신 예배이기 때문이다.

그렇다! 죄의식은 절대자인 하나님과의 관계에서 생기는 것이다. 아무도 모르게 하나님이 분명히 금하신 도적질을 했다고 하자. 그 사람은 즉시 죄의식에 사로잡힐 것이다. 왜냐하면 하나님의 객관적인 법을 어겼기 때문이다. 그가 느끼는 죄의식은 하나님이 아실뿐 아니라, 반드시 그 죄에 대하여 책임을 물으신다는 두려움 때문에 생기는 것이다. 실제로 그런 죄의식 때문에 그는 그의 죄를 회개하고 다시 하나님에게로 돌이갈 수 있는 것이다.

반면, 그는 별로 수치감을 느끼지 않을 수 있다. 아무도 그의 도적질을 알지 못하기 때문이다. 그뿐 아니라, 그에게 "정당한" 이유가 없는 것도 아니다. 배고프니까 그랬지! 다른 사람들은 훨씬 더 악한 죄를 짓고도 잘 살아가는데, 내가 지은 죄 정도야 별것 아니야! 이런 이유를 대면서 넘어가지만, 그의 마음 속 깊이에서 그가 하나님의 명령을 깨뜨렸다는 죄의식을 떨쳐버릴 수가 없는 것이다. 결국, 죄의식은 하나님과의 관계 때문에 오는 느낌이다.

수치감과 죄의식이 가져오는 결과도 완전히 다르다. 수치심은 그 도적질을 알게 된 사람들을 의식하면서 그들을 피하게 만든다. 다시 말해서, 인간관계에 금이 간다는 말이다. 반면, 죄의식은 다르다! 그 도적질이 하나님의 말씀에 위배된다는 것을 알기 때문에 죄의식을 갖다가 마침내 그것을 알게 된 그리스도인들에게 그의 잘못을 고백한다. 주변의 사람들도 그를 따뜻하게 용서할 뿐 아니라, 그와 보다 깊은 사귐과 사랑을 나눌 수 있게 된다.

그런 이유 때문에 죄의식은 다른 그리스도인들과의 관계를 돈독하게 할 뿐 아니라, 그의 영혼에 치유를 가져다줄 수 있다. 그리고 그로 하여금 보다 깊은 차원의 신앙생활로 인도할 수 있다. 그러나 수치감은 다르다! 수치감은 치유와 사귐 대신에 고통과 고독을 선물할 뿐이다. 결국, 수치감은 대단히 주관적인데 반하여, 죄의식은 객관적이다. 수치감은 양심의 가책에 지나지 않지만, 죄의식은 하나님과 어그러진 관계에서 오는 느낌이다.

그러므로 그리스도인에게 죄의식은 신앙생활에 없어서는 안 될 중요한 감정이다. 하나님의 말씀을 절대적인 기준으로 삼는 그리스도인은 죄의식을 시시때때로 갖는다. 그 이유는 간단하다! 하나님이 말씀을 통하여 명령하신 것을 시시때때로 어기기 때문이다. 그러나, 그렇게 어길 때 그를 어김없이 찾아오는 죄의식 때문에 그는 멀리 갈 수 없는 것이다. 그가 아무리 멀리 간다하더라도, 거기에서 하나님은 그의 잘못을 지적하시기 때문이다.

그리스도인들이 이처럼 중요한 죄의식에 시달리지 않는 이유도 분명하다. 하나님의 말씀이 그들의 사고와 인생을 지배하지 못하기 때문이며, 그 이유는 그들이 하나님의 말씀에 가까이 하지 않기 때문이다. 이런 그리스도인들은 하나님 앞에서 책임의식도 없이, 그들 마음대로 신앙생활을 하는 사람들이다. 그들을 인도하는 것은 그들의 상식과 양심일 뿐이다. 기껏해야 그들이 느낄 수 있는 것은 수치감뿐이다. 종종 죄의식에 사로잡히는 그리스도인은 위대하다!

31. *하나님의 뜻에는 어떤 것이 있는가?*

하나님의 뜻에는 다섯 가지가 있는데, 첫째는 주권적인 뜻이라고도 하고 절대적인 뜻이라고도 한다. 둘째는 구속적인 뜻인데, 이것은 죄인의 구원과 연관된 뜻이다. 셋째는 도덕적인 뜻인데, 하나님은 그리스도인들이 도덕적으로 살기를 원하신다. 넷째는 개인적인 뜻인데, 하나님은 그리스도인 한 사람 한 사람에 대한 뜻을 가지고 계신다. 그 뜻을 찾아서 순종하는 사람은 축복의 사람이다. 다섯째는 허용적인 뜻으로 사람이 잘못 결정해도 허락하는 하나님의 뜻이다.

성경은 하나님의 뜻을 여러 각도에서 소개한다. 예를 들면, 요셉이 애굽에 팔려가서 종이 된 것은 하나님의 뜻이었다. 그렇게 팔려가지 않았다면, 그는 결코 애굽의 총리가 될 수도 없었고, 그의 아버지 야곱과 식구들이 기근에서 벗어날 수도 없었다. 그 이외에도 그가 애굽으로 팔려가지 않았더라면 이스라엘을 위한 구원의 역사도 없었을 터이고, 한 발 더 나아가서 그 백성에게 십계명을 비롯한 율법도 주어지지 않았을 것이다.

요셉이 애굽에 팔려간 실례에서 몇 가지 하나님의 뜻을 찾을 수 있다. 요셉이란 사람을 인도하신 *개인의 뜻*과 이스라엘 백성을 애굽에서 건져내신 *구속의* 뜻도 찾을 수 있다. 그뿐 아니라, 시내산에서 그 백성에게 거룩하게 살라고 주어진 율법에서 *도덕적인 뜻*도 찾을 수 있다. 모세가 시내산 꼭대기에 올라가서 하나님으로부터 십계명을 받았을 때, 이스라엘 백성이 금송아지를 만들고 신으로 섬긴 것을 내버려두신 *허용적인 뜻*도 있다.

출애굽기 이전에 제시된 하나님의 뜻도 있는데, 하나님의 창조와 연관된 것이다. 하나님은 절대적인 자유의지로 삼라만상을 창조하셨다. 그런 하나님의 창조를 저지할 수 있는 존재는 있을 수 없었는데, 그 창조는 하나님의 영역에 속한 것이기 때문이다. 그런 하나님의 뜻이 바로 주권적인 뜻the sovereign will 내지 절대적인 뜻the absolute will이다. 그런데 불행하게도 많은 사람이 이런 창조의 원리를 거스르면서 하나님의 뜻을 거부한다.

사람이 밤이 되면 자고, 아침이 되면 일어나야한다. 규칙적으로 식사도 하고, 또 일도 해야 한다. 그런데 어떤 사람들은 이런 하나님의 절대적인 뜻을 거부하고, 밤새도록 게임을 하거나, 노름을 한다. 하나님의 절대적인 뜻을 거부한 대가가 얼마나 혹독한지를 반드시 알게 될 날이 있다. 왜냐하면 이렇게 지속적으로 밤을 새거나, 식사를 거르거나, 지나치게 일을 많이 하면, 필연적으로 몸에 이상이 오게 되어있다. 하나님의 절대적인 뜻에 순응하지 않기 때문이다.

두 번째 하나님의 뜻은 구속의 뜻the redemptive will이다. 하나님은 어떤 사람도 죄악 가운데 살다가 영원히 지옥으로 가는 것을 원하지 않으신다. 그런 하나님의 뜻을 베드로 사도는 이렇게 간결하게 표현했다, "…오직 주께서는 너희를 대하여 오래 참으사 아무도 멸망하지 아니하고 다 회개하기에 이르기를 원하시느니라"(벧후 3:9b). 믿지 않는 사람들의 구속은 하나님의 뜻이다. 그러므로 하나님의 뜻대로 살고자 하는 그리스도인은 복음을 전해야 한다.

어떤 그리스도인도 주변의 불신자들의 구원을 위하여 기도하며 또 애쓰지 않는다면, 그는 이미 하나님의 뜻 밖에 있는 것이다. 하나님은 그들의 구원을 위하여 그 아들 예수 그리스도까지 희생시키셨다. 그분도 그런 하나님의 뜻을 받들고 이 세상에 오셨기 때문에 이렇게 선언하신 바 있다, "인자가 온 것은 잃어버린 자를 찾아 구원하려 함이니라"(눅 19:10). 그리스도인은 누구든지 이런 하나님의 구속의 뜻을 받들어 복음전도에 최선을 다해야 한다.

세 번째 하나님의 뜻은 도덕적 뜻the moral will이다. 하나님이 죄인들을 구원하신 목적도 분명하다. 그것은 죄를 용서받아서 구원받은 그리스도인이 도덕적으로 깨끗하게 살게 하기 위해서이다. 바울 사도의 말을 빌려보자, "너희는 그 은혜에 의하여 믿음으로 말미암아 구원을 받았으니 이것은 너희에게서 난 것이 아니요 하나님의 선물이라"(엡 2:8). 왜 하나님은 구원을 선물을 주셨는가?

바울은 그 목적을 다음과 같이 분명히 말했다, "우리는 그가 만드신 바라; 그리스도 예수 안에서 선한 일을 위하여 지으심을 받은 자니, 이 일은 하나님이 전에 예비하사 우리로 그 가운데서 행하게 하려 하심이니라"(엡 2:10). 그렇다! "그리스도 예수 안에서 선한 일을 위하여 새로 지음을 받았다"는 것이다. 실제로 하나님은 이스라엘 백성을 애굽에서 구원하여 내신 후 그들이 도덕적으로 뛰어난 삶을 살 수 있는 방편을 주셨는데, 그것이 바로 율법이었다.

네 번째 하나님의 뜻은 개인을 위한 뜻the individual will이다. 하나님의 은혜로 구원받은 그리스도인은 하나님의 눈에는 너무나 중요한 인물이다. 하나님은 그가 아름답고 보람 있는 인생을 영위하기를 원하신다. 그의 잠재력이 최대로 개발되어서 그 자신도 뿌듯하고, 주변의 사람도 유익을 얻고, 그리고 하나님에게도 영광이 되기를 원하신다. 그런 목적 때문에 하나님은 그리스도인 개개인을 위한 뜻을 가지고 계신다.

그러므로 그리스도인은 그의 생애를 위한 하나님의 뜻을 찾아야 한다. 하나님의 뜻을 찾아서 그 뜻대로 살기만 하면, 그의 생애는 풍성한 것이 될 것이다. 역사적으로 얼마나 많은 그리스도인들이 하나님의 뜻 안에서 충만한 삶을 살았는가? 미국의 무디D. L. Moody는 인간적으로는 고등학교도 제대로 못 다녔지만, 하나님의 뜻 안에서 그 당시 가장 영향을 많이 끼친 하나님의 종이 되었던 것이다. 그 이유는 그를 위한 하나님의 뜻을 찾았기 때문이다.

다섯 번째 하나님의 뜻은 허용적인 뜻the permissive will이다. 그리스도인이 하나님의 뜻을 저버리고 자신의 길을 선택할 때, 하나님은 그의 선택을 허용하신다. 물론 그 선택은 본인에게도 유익하지 못하고 또 주변의 사람들에게도 유익을 주지 못하지만, 그래도 하나님은 그의 인격적 선택을 받아주신다. 만일 하나님이 허용하지 않으시고 그를 강제로 올바른 길로 돌이키게 하신다면, 하나님은 그 사람의 자유의지를 말살하시는 셈이 된다.

그리스도인은 자유의지와 인격이 없는 로봇robot이 아니다. 그리스도인은 엄청난 자유를 누리는 인격자이다. 바울 사도의 간증을 들어보자, "그리스도께서 우리를 자유롭게 하려고 자유를 주셨으니…"(갈 5:1a). 그렇다! 그리스도인은 그에게 주어진 자유를 가지고 하나님의 뜻을 순종하면서 살 수도 있고, 반대로 그 자유를 가지고 하나님의 뜻을 거스르면서 살 수도 있다. 그리할지라도 하나님은 그를 억지로 막지 않으시고, 허용하신다.

이런 그리스도인은 인간적으로도 불행한 사람이다. 하나님의 뜻 안에서 그의 잠재력이 마음껏 개발되어 사용되지 못하기 때문이다. 그뿐 아니라, 하나님이 예정해놓으신 모든 축복을 놓쳐버리기 때문에 불행하다. 그가 무디처럼 능력의 종도 될 수 있었는데 말이다. 그러나 그런 그리스도인은 그런 불행을 당장 인식하지 못하는 고로, 스스로 하나님의 뜻을 잘 이루어나가고 있다고 믿는다. 얼마나 큰 불행인가!

32. 신학을 누가 해야 하는가?

신학은 깊은 신앙을 추구하는 그리스도인들이 하는 학문이 아니다. 왜냐하면 신학을 통하여 신앙이 깊어지지 않기 때문이다. 신학은 하나님의 구체적인 부르심을 받은 사람들이 하는 전문적인 학문이다. 하나님이 부르셨기에 하나님이 그의 일생과 사역을 책임지신다. 그리고 하나님은 평상시에 하나님과 끊임없는 교제를 나누며, 다른 그리스도인들의 안녕은 물론 불신자들의 구원에 관심을 갖는 사람들을 부르신다.

신학을 공부하는 목적에는 크게 두 가지가 있다. 하나는 신앙생활을 보다 깊이 하기 위한 목적이고, 또 하나는 하나님의 종, 곧 전도사, 목사, 선교사 등, 전임 사역자가 되기 위한 것이다. 우선, 첫번째 목적에 대하여 알아보자. 과연 신학을 공부하면 신앙도 깊어지고, 그리고 신앙생활에도 도움이 되는가? 결론적으로 말하면, 놀라지 말라! 그에 대한 대답은 "그렇지 않다"는 것이다. 그렇지 않은 이유가 몇 가지 있다.

첫째 이유는 신학은 원칙적으로 하나님의 종들을 키워내기 위하여 만들어졌기 때문이다. 다른 말로 표현하면, 신학은 깊은 신앙을 위하여 만들어지지 않았을 뿐 아니라, 신앙생활에 도움이 되게 하기 위하여 만들어지지 않았다는 것이다. 신학은 하나님의 종이 될 사람들을 위한 전문적인 학문이다. 마치 의학이 의사라는 전문 직에 봉사할 사람들을 훈련시키는 전문적인 학문과 같이, 신학도 전문직에 봉사할 사람들을 훈련시키는 전문적인 학문이다.

둘째 이유는 신학이란 전문적인 학문은 지적 개발에 치중하지 영적 개발에 치중하지 않기 때문이다. 물론 신앙생활에서 지적인 면은 말할 수 없이 중요한 것도 사실이나, 그렇다고 지적 개발 때 문에 신앙이 깊어지는 것은 아니다. 바울 사도는 오히려 지식 때문 에 하나님에 의하여 쓰임 받을 수 없는 종들이 될 수 있다고 말했 다, "…우리가 다 지식이 있는 줄을 아나 지식은 교만하게 하며…" (고전 8:1). 어떻게 하나님이 교만한 종을 쓰실 수 있겠는가?

실제로 하나님의 종이 되기 위하여 불타는 마음으로 신학을 시 작했다가, 순수한 신앙과 불타는 마음을 잃어버린 사람들이 얼마나 많은지 모른다. 깊이 있는 신앙생활은 지식에서 생기는 것이 아니 라, 하나님과의 깊은 관계에서 생긴다. 그러므로 신앙적으로 깊이 들어가기를 원하는 그리스도인은 신학을 공부하지 말고, 도리어 하 나님의 말씀을 붙잡고 씨름하면서 기도를 많이 해야 한다. 그렇게 하면서 그들의 신앙도 깊어지고 충만한 신앙생활을 하게 된다.

셋째 이유는 신학교는 성경과 기도를 깊이 가르치지 않기 때문 이다. 물론 성경을 가르치는 수업도 있으나, 성경 자체를 가르치기

보다는 성경을 신학적으로 접근하기 때문에 역시 지적 추구로 끝나는 경우가 대부분이다. 거기다가 다른 많은 신학에 짓눌려서 하나님의 말씀에 깊이 들어간다는 것은 거의 불가능하다. 뿐만 아니라, 구체적인 기도를 통하여 하나님에게 가까이 가게 하는 과목과 교수는 거의 있지도 않다.

왜 그처럼 많은 목사들이 신학교에서 배운 지식이 목회에 거의 도움이 되지 않는다고 말하는가? 신학교에서 신학을 전공한 많은 목사들이 신학교를 졸업한 후부터 다시 목회를 선배들이나 세미나에서 배우는 사실만 보아도, 신학을 통하여 신앙생활에 별로 도움이 되지 않는 것을 알 수 있다. 실제로 한국교회가 갈수록 영력靈力을 잃어가며, 또 사회에 영향력을 끼치지 못하는 이유 중 하나가 이런 신학교에서 신학만 배운 사역자들 때문일 수도 있다.

그 다음, 신학을 하는 두 번째 목적, 곧 전도사나 목사 등 전임 사역자가 되기 위한 목적을 알아보자. 이 세상에서 하나님을 대리하여 하나님의 형상대로 지음을 받은 사람들을 섬기는 사역자의 직분만큼 귀한 직분은 없다. 하나님의 종들은 하나님의 뜻을 찾아서 그 뜻을 성도들에게 전하며 동시에 성도들을 하나님 앞으로 인도하는데, 얼마나 존귀한 직분인가? 사람들은 이 세상의 가치에 일생을 투자하지만, 하나님의 종들은 이런 영원한 가치에 일생을 투자한다.

이처럼 존귀한 하나님의 종들이 되기 위하여 신학을 한다는 것은 참으로 가치 있는 결단일 뿐 아니라, 영광스러운 결정이다. 그만큼 가치 있는 직분이기 때문에 유혹도 적잖다. 조금만 신앙이 좋으면 신학에 뛰어들어서 하나님의 종이 되고픈 마음은 말할 수 없이 큰 유혹이 될 수 있다. 왜냐하면 "나"의 결단과 헌신으로는 어떤 그리스도인도 하나님의 종이 될 수 없기 때문이다. 그러면 어떻게 하나님의 종이 될 수 있는가? 하나님의 부르심이 있어야 한다.

하나님의 부르심calling을 소명召命이라고도 한다. 하나님이 직접 부르셔서 "너는 내 것이라"고 확인하셔야 한다. 이사야의 말을 들어보자, "…너를 지으신 이가 말씀하시느니라. '너는 두려워하지 말라. 내가 너를 구속하였고 내가 너를 지명하여 불렀나니, 너는 내 것이라'"(사 43:1). 그리고 "너는 내가 맡길 일에 네 몸을 드려라"는 명령이 있어야 한다. 그렇게 분명하고도 확실한 부르심을 받은 그리스도인만이 신학을 해야 한다.

그렇게 하나님이 부르셨기에, 그때부터 하나님은 그 그리스도인을 책임지신다. 그의 등록금도 책임지신다. 그의 공부도 책임지신다. 그의 가정도 책임지신다. 그뿐 아니라, 공부를 마치면 그의 사역도 책임지신다. 한 걸음씩 인도하시는 하나님의 손길에 붙잡혀서 사역에 뛰어든다는 것은 놀라운 특권이다. 물론 그 특권에는 거기에 걸맞은 책임도 따르게 마련이다. 그런 이유 때문에 그는 두렵고 떨리는 마음으로 사역에 임해야 한다.

불행하게도 어떤 신학생은 그의 목사나 존경하는 신앙의 선배가 권면하여 신학을 하기로 작정한다. 이런 결정을 권면하는 신앙의 선배나 그 권면을 받아들이는 그리스도인은 인간적으로 그리고 인위적으로 하나님의 종이 되겠다는 결정을 한 것이다. 그렇게 권면한 신앙의 선배나 목사가 그의 생애와 사역을 책임질 수 있겠는가? 물론 책임지지 못한다. 책임지지 못할 신앙의 선배의 말을 듣고 신학에 뛰어든 사람들에게 불행한 인생이 기다릴 수 있다.

사역의 길은 종종 가시밭과 같을 때도 없잖아 있다. 그러나 하나님의 부르심을 따라 그 길을 가는 그리스도인은 하나님이 함께 하시면서 그에게 필요한 능력과 지혜를 공급해주시는 것을 경험한다. 오히려 그렇게 어려운 가시밭을 지날 때 그와 특별히 함께 하시는 하나님의 임재와 인도를 더욱 깊이 느낀다. 그러면서 그 그리스도인은 예수 그리스도의 모습을 그만큼 깊이 닮아가는 것이다. 이처럼 축복된 인생을 살아가는 영광을 누리는 것이다.

지금 대한민국에서 하나님과 동행하지 못하는 사역자들이 그렇게 많은 것을 보면, 그들 중 많은 사람들이 하나님의 부르심 없이 그 길에 뛰어들었는지도 모르겠다. 왜 그렇게 많은 사역자들이 돈과 이성의 노예가 되는가? 왜 그처럼 많은 사역자들이 인간적인 정치에 몰두하는가? 왜 그처럼 많은 사역자들이 시도 때도 없이 불평불만을 털어놓는가? 왜 그처럼 많은 사역자들이 하나님과 깊은 영적 교제를 나누지 못하고 있는가?

하나님은 어떤 그리스도인을 종으로 부르시는가? 물론, 평상시에 하나님과 깊은 교제를 나누는 사람이다. 하나님의 말씀을 읽고 암송하고 묵상하는 그리스도인, 하나님의 일을 즐거워하는 그리스도인, 하나님의 백성을 즐겁게 만나는 그리스도인, 불신자들의 구원을 위하여 애쓰는 그리스도인—이런 그리스도인을 하나님이 부르신다. 그뿐 아니라 하나님은 그의 일에 최선을 다하는 그리스도인을 부르신다. 그렇게 부르심을 받은 사람은 신학을 해야 한다.

33. 기독교 윤리의 근거는 무엇인가?

기독교의 윤리는 다른 모든 종교의 윤리와는 전혀 다르다. 종교의 윤리는 인간이 가르친 것이나, 기독교의 윤리는 하나님이 주신 것이다. 하나님은 모세를 통해 윤리의 근간인 십계명을 손수 돌판에 쓰셔서 주셨다. 그리고 그 가르침을 삶으로 지키신 분은 예수 그리스도이시다. 그리스도인들이 윤리를 지키려 할 때 그들 안에 계신 성령이 그들을 도우신다. 그런 까닭에 기독교 윤리의 시작은 하나님이지만, 실천은 그리스도인들이 하는 것이다.

기독교에는 다른 모든 종교와 다른 독특한 것들이 많은데, 그 중 하나가 윤리의 시발점이다. 그러면 기독교의 윤리 내지 도덕은 다른 종교와 어떻게 시발점이 다르단 말인가? 따지고 보면 모든 종교에는 윤리가 있으며, 그 윤리의 내용을 보면 제법 유사한 것도 많다. 그런데 다른 종교의 윤리와 기독교의 윤리 사이의 두드러진 차이점은 그 시발점이다. 다른 종교의 윤리가 사람에게서 시작되었다면, 기독교의 윤리는 하나님에게서 시작되었다는 것이다.

그 시발점을 알아보기 위하여 하나님이 이스라엘 백성에게 깊숙이 개입하신 역사를 더듬어보자. 하나님은 애굽에서 종노릇하던 이스라엘 백성을 전대미문前代未聞의 역사를 통하여 건져내셨다. 한편 열 가지 재앙으로 애굽을 치시고, 또 한편 홍해를 가르시어 이스라엘 백성을 애굽에서 완전히 해방시키셨다. 그 하나님은 이스라엘 백성을 시내산으로 인도하셨고, 그리고 거기서 그들에게 현현顯現하셨다. 그런 하나님은 그들을 불러낸 목적을 알려주셨다.

그들을 불러내신 목적은 그들을 통하여 만방에 구원의 하나님을 전파하기 위함이었다. 그런데 그런 엄청난 출애굽의 경험을 하지 못한 세상 사람들이 어떻게 그 하나님을 믿을 수 있겠는가? 방법이 하나 있었는데, 그것은 이스라엘 백성이 세상 사람들과 다른 삶, 곧 거룩한 삶을 영위하는 것이었다. 그런 거룩한 삶이 바로 윤리이자 도덕이었다. 하나님은 이스라엘 백성에게 거룩하게 그리고 윤리적으로 살 수 있는 말씀을 주셨는데, 곧 십계명이었다.

물론 십계명 이외에도 많은 율법을 주셨지만, 거룩하게 살 수 있는 근간은 십계명이었다. 그런데 그 십계명을 주신 방법도 특이했다. 하나님이 두 돌판을 손수 만드시고 그리고 그 돌판에 십계명을 직접 쓰셔서 주셨던 것이다. 하나님의 말씀으로 이 사실을 확인해 보자, "그 판은 하나님이 만드신 것이요, 글자는 하나님이 쓰셔서 판에 새기신 것이더라"(출 32:16). 어떤 종교에서 이처럼 하나님이 윤리의 내용을 직접 쓰셔서 주신 적이 있었던가?

십계명의 내용은 우선 이스라엘 백성이 우상을 만들지도 말고 섬기지도 말라는 것이었다. 십계명이 주어질 당시 이 세상의 모든 사람들은 각종의 우상을 섬기고 있었으며, 그 우상숭배와 연루된 갖가지 비윤리적인 행위는 이루 말할 수 없었다. 대표적인 비윤리적인 행위는 성적 난무와 금전적 착취였다. 많은 종교들이 신앙을 앞세워서 성적으로 여성들을 농락했을 뿐 아니라, 민중으로부터 금전을 착복했던 것이다.

그러나 하나님은 그런 모든 비윤리적인 행위를 십계명을 통하여 금하셨다. 그렇게 하기 위하여 제일 먼저 우상을 섬기지 말라는 엄명을 주셨다. 그리고 구체적으로 "간음하지 말며", 또 "도적질하지 말라"고 하셨다. 그뿐 아니었다! 그 당시 많은 종교가 종교의 이름으로 사람들의 목숨을 빼앗았다. 소위 그들의 신에게 제물로 바친답시고 서슴지 않고 죽였다. 그러나 십계명은 살생殺生을 엄하게 금하면서, 어떤 경우에서도 "살인하지 말라!"는 명령을 내렸다.

그런데 십계명에 게재된 10가지 명령을 어떤 인간이 지킬 수 있겠는가? 예를 들면, "탐내지 말라"는 명령에서 어떤 인간이 자유로울 수가 있겠는가? 이런 명령은 인간이 지키려고 해도 지킬 수 없는 불가능한 것이었다. 그렇다면 하나님이 제시하신 윤리가 아무리 훌륭하고 고상하더라도 아무도 지킬 수 없다면, 무슨 소용이 있겠는가? 그런데 그런 명령을 지킬 수 있다는 사실을 삶으로 그리고 가르침으로 보여주신 분이 나타나셨던 것이다.

그분은 다름 아닌 예수 그리스도이셨다. 그분은 율법을 폐지하러 이 세상에 오신 것이 아니라, 완전하게 하기 위하여 오신 분이셨다 (마 5:17). "완전하게 했다는 말씀"의 뜻 가운데는 그분이 십계명을 비롯한 율법을 다 지키셨다는 것도 포함되어 있었다. 그렇다! 예수 그리스도는 비록 인간으로 세상에 오셨지만, 그래도 한 번도 십계명을 어긴 적이 없으셨다. 그분의 형상을 닮아가는 그리스도인들도 그분의 본보기를 따라서 십계명을 지킬 수 있다는 것이다.

그뿐 아니라 예수 그리스도는 십계명을 구체적으로 설명해주시면서, 어떻게 지킬 수 있는지를 가르치셨다. 십계명에 대한 그분의 가르침을 요약하면 이렇다, "또 마음을 다하고 지혜를 다하고 힘을 다하여 하나님을 사랑하는 것과 또 이웃을 자기 자신과 같이 사랑하는 것…" (막 12:33). 그렇다! 십계명을 지킨다는 것이 그렇게 어려운 것이 아니라는 것이다. 온 마음으로 하나님을 사랑하며, 이웃을 자신처럼 사랑하면 십계명을 다 지키는 것이라고 가르치셨다.

그런데, 사람이 하나님과 이웃을 사랑한다는 것도 말처럼 그렇게 쉬운 것이 아니라는 것을 모르는 그리스도인이 있겠는가? 그런 이중적인 사랑은 쉽지 않을 뿐 아니라 어렵다. 아니 어려울 뿐 아니라, 거의 불가능한 것이다. 누가 이웃을 자신을 사랑하는 것처럼 사랑할 수 있단 말인가? 그런데 놀라지 말라! 그렇게 사랑할 수 있도록 돕는 분이 계신데, 그분은 바로 성령이시다. 그분은 그리스도인들 삶속에 들어오셔서 내주하고 계신다.

하나님은 그리스도인들에게 십계명을 주시면서 지키라고 명령만 하신 분이 아니시다. 그분은 그들이 그 십계명을 삶의 현장에서 지킬 수 있도록 성령을 부어주셨다. 그들의 삶속에 내주하시는 성령은 그들의 결단만으로 가능하지 않은 이중적인 사랑--하나님에 대한 사랑과 이웃에 대한 사랑--을 실천할 수 있는 능력을 부여하신다. 성령의 도움과 능력으로 이웃을 자신의 몸보다 더 귀하게 여기고, 이웃을 위하여 인생을 불태운 그리스도인들이 얼마나 많은가!

그러니까 기독교 윤리의 시발점은 성부 하나님이시다. 그 하나님이 말씀으로 윤리의 내용을 주셨고, 그리고 성자 하나님은 그 내용을 삶의 현장에서 완전하게 실천하셨다. 실천만 하지 않으시고, 그 내용을 사랑으로 압축하여 해설까지 해주셨다. 그리스도인들이 그런 사랑을 실천하고자 결단할 때, 그들 속에 내주하시는 성령 하나님이 도우시며 힘을 주신다. 그 결과 그리스도인들은 기독교 윤리를 그들의 삶으로 실천하면서 살아갈 수 있는 것이다.

34. 개신교와 천주교의
차이점은 무엇인가?

개신교의 불씨를 일으킨 사람은 마르틴 루터였는데, 그의 모토는 "오직 성경으로," "오직 은혜로," "오직 믿음으로" 세 가지였다. 성경의 권위에 교회의 권위를 더한 천주교는 교회가 성경을 해석하는 오류를 범하여 성경에 없는 많은 가르침을 가져왔다. 또한 구원의 역사도 은혜에 인간의 노력을 첨가했다. 뿐만 아니라, 그리스도의 완성된 구속사역을 믿으면 되는 구원에 고해성사와 같은 인간적인 방법을 첨가했다.

　　개신교와 천주교의 차이를 논할 때, 개신교의 불씨를 집힌 마르틴 루터Martin Luther의 주장을 들어보지 않을 수 없다. 그는 제법 오랫동안 천주교의 사제였으나, 두 가지 이유 때문에 천주교에 반기를 들었다. 첫째는 의롭다 하심을 받은 그의 놀라운 경험 때문이었다. 그는 로마서 1장 17절의 말씀, 곧 "오직 의인은 믿음으로 말미암아 살리라"는 말씀을 통하여 그처럼 괴로워하던 죄의 문제를 해결하게 되었다.

　　둘째는 천주교의 잘못된 가르침 때문이었다. 그가 의롭다 하심이라는 경험을 한 후 하나님의 말씀을 정확하게 깨닫게 되었으며,

그렇게 깨달은 안목으로 천주교의 가르침을 보니 많은 모순이 있다는 것을 직시(直視)할 수 있었다. 그가 천주교의 잘못된 가르침을 반박하면서 내세운 주장이 세 가지였는데, 그 세 가지를 들여다보면 개신교와 천주교의 차이점을 찾을 수 있을 것이다. 그 세 가지는 "오직 성경으로," "오직 은혜로," "오직 믿음으로"였다.

첫째, 왜 루터는 "오직 성경으로"를 내세웠는가? 그 이유는 너무나 중요하다! 천주교에서는 성경을 최후의 권위로 인정하지 않기 때문이다. 물론 천주교에서도 성경을 중요하게 여기는 것도 사실이나, 그 성경을 해석하는 교회와 그 교회의 수장인 교황의 권위도 똑같이 중요하다고 가르친다. 심지어는 성경의 해석과 적용을 교회가 하기 때문에 실제로는 교회의 권위를 성경의 권위보다 위에 놓는다. 이런 잘못된 가르침은 심각한 오류를 양산했다.

천주교는 교황의 "무오성"을 주장하는데, 다시 말해서 교황은 잘못이 있을 수 없다는 주장이다. 그도 한 인간이기에 모든 인간이 갖는 죄성을 가지고 이 세상에 태어났으며, 그 죄성 때문에 죽음을 피할 수 없으며, 그리고 하나님의 심판대 앞에 서게 될 것이다. 그러나 그런 성경의 가르침을 부정하고, 성경에도 없는 인간의 무오성을 가르친다는 것은 성경의 최후 권위를 인정하지 않기 때문에 일어나는 오류이다.

교회가 성경을 마음대로 해석한 결과 생겨난 또 하나의 잘못은 연옥이다. 예수 그리스도를 통하여 구원받은 영혼들이 죽으면 하나님에게로 간다는 신약성경의 가르침을 부인하면서, 그분을 믿었어도 하나님에게 가기 전에 연옥에 가서 완전히 정결하게 될 때까지 기다려야 된다는 주장이다. 이런 연옥과 정결의 과정을 교묘하게 이용하여 면죄부를 팔기도 했던 것이다. 현재 살아있는 신앙인이 죽은 자들을 위하여 면죄부를 사면 그들이 천국으로 간다는 속임수였다.

교회가 성경보다 높은 권위를 가질 때 생기는 또 다른 오류는 마리아를 신성시 한 것이다. 예수 그리스도의 생모인 마리아는 죄 없는 예수님을 잉태하였기에 그녀도 역시 죄가 없다는 것이다. 후에 마리아는 죄성을 가진 동생들을 여럿이나 낳았는데도 말이다 (마 12:46-47). 그런데도 마리아를 신성시하여, 그녀의 이름으로 기도하면 응답받는다는 성경에도 없는 가르침을 내놓았다. 예수님 어머니의 이름으로 올린 기도가 응답받지 않을 수 있겠느냐는 것이다.

성경과 주님이 반복적으로 예수님의 이름으로 기도해야 응답받는다는 가르침을 부인한 셈이다 (요 14:13, 16:24). 세월이 지나면서 천주교는 마리아를 성모(聖母)라고 부를 뿐 아니라, 예배당 마당에 그녀의 상을 세워놓고, 그 앞에서 무릎을 꿇고 기도도 하고 예의도 표시하게 했다. 이것은 "너희를 위하여 새긴 우상을 만들지 말라"는 십계명을 정면으로 도전한 행위인 것이다 (출 20:4-5). 성경의 최종 권위를 거부하면, 교회와 교황은 무엇이든 제정할 수 있는 것이다.

둘째, 왜 루터는 "오직 은혜로"를 내세웠는가? 이 가르침은 특히 구원론에 있어서 절대적으로 중요한 가르침이다. 천주교에서는 예수 그리스도도 믿을 뿐 아니라, 교회에 복종하여 선행을 계속해야 하고, 또 계속적으로 의식을 지켜야 구원을 받는다고 가르친다. 그것도 모자라서 죽은 후에는 연옥에 가서 완전히 해결하지 못한 죄의 문제를 해결하고 정화되어야 천국에 들어갈 수 있다고 한다. "오직 은혜로"는 인간의 선행과 의식이라는 먼 여정을 거부한 것이다.

루터는 두 가지 의를 가르쳤는데, 곧 외적 의와 내적 의였다. 외적 의는 올바른 행동과 선을 베푸는 행위를 통해서 달성할 수 있지만, 내적 의는 어떤 외적 행위로도 쟁취할 수 없는 것이다. 내적 의를 달성하기 위해서는 마음이 청결하고 완전해져야 하는데, 이런 의는 인간적으로 절대 달성할 수 없다. 그러므로 내적 의는 "오직 은혜로," 다시 말해서, 하나님이 마련하신 방법을 통해서만 받을 수 있다. 그러므로 "오직 은혜로"는 구원론의 재정립이라 할 수 있다.

셋째, 왜 루터는 "오직 믿음으로"를 내세웠는가? 이 가르침은 구원이 인간의 노력으로 인하여 쟁취되는 것이 아니라, 선물로 받아들이면 된다는 사실을 강조하기 위한 것이다. 그렇다면 무엇을 믿어야 하는가? 믿음에는 반드시 대상이 있어야 하기에 당연히 그런 질문을 하게 된다. 두말할 필요도 없이 믿음의 대상은 예수 그리스도이다. 그분은 영원 전부터 하나님과 함께 계시다가, 인류의 구원을 위하여 이 세상에 오셨다.

비록 예수 그리스도가 인간의 육신을 가지고 이 세상에 오셨지만, 그분에게는 어떤 죄성도 없으시다는 사실을 인정해야 한다. 한 발 더 나아가서, 그분은 인류의 모든 죄를 완전히 해결해주시기 위하여 십자가에서의 죽음을 달게 받으셨다. 그리고 모든 죄가 용서되었다는 사실을 실증하기 위하여 죽은 후 삼일 만에 다시 살아나셨던 것이다. 이제부터는 누구든지 십자가에서 죽으셨다 다시 사신 예수 그리스도를 구세주로 믿으면 죄를 용서받고 구원을 받는다.

이런 가르침은 천주교에서 자행되는 고해성사를 거부한 가르침이기도 하다. 예수 그리스도의 대속적 죽음으로 죄인들의 죄가 영원히 씻어졌기에 그들은 더 이상 죄인이 아니다. 그들이 혹 원하지 않는 죄를 범하면, 하나님 아버지에게 직접 아뢰면 되는 것이다 (요일 1:9). 고해성사는 하나님이 아닌 인간에게 죄를 고백하는 오류이며, 그 결과 신부가 그에게 고백된 죄를 용서해준다는 오류이다. 어떤 인간도 다른 그리스도인의 죄를 용서해줄 수 없기 때문이다.

35. 포스트모던 시대의 특징은?

포스트모던 시대에는 관계가 약화되어 개인주의가 만연한 것이 특징이다. 개인주의는 권위에 대한 부정으로 연결될 뿐 아니라, 느낌을 중요시한다. 그 시대의 젊은이의 행동을 지배하는 것은 느낌이다. 느낌을 위하여 성도 개방하며, 느낌대로 여행도 하며, 느낌에 따라 정치가들을 좋아하며 또 싫어한다. 느낌 때문에 촛불집회에 참여하는 젊은이는 얼마나 많은가? 그러나 그런 젊은이들은 종종 외로움을 느낀다. 왜냐하면 관계가 맺어지지 않기 때문이다.

중세는 하나님 중심으로 삶이 이루어졌으며, 그 결과 문명의 발전은 참으로 더디었다. 그러나 문예부흥과 계몽주의 운동으로 신 중심의 사고에서 서서히 인간 중심의 사고로 옮겨갔다. 그때부터 믿음도 중요하지만, 인간의 이성理性도 못지않게 중요하게 여겼다. 이성을 활용하여 교육과 과학이 발달하기 시작하면서 문명이 발달되었고, 따라서 기계와 산업이 융성하게 되었다. 이런 시대의 특징을 현대주의, 곧 *모던니즘*modernism이라고 한다.

모던니즘은 인류에게 유토피아를 안겨줄 것처럼 보였다. 현대적인 교육과 과학만 발전한 것이 아니었다. 눈부신 의학이 펼쳐지면서 인간은 그전 보다 더 건강하게, 그리고 보다 더 오래 살게 되었다. 인간의 사고 기준은 교육을 통해서 형성되었으며, 따라서 교육자의 가르침은 절대적인 기준이 되었다. 신앙적으로도 마찬가지였다. 성경은 하나님의 말씀으로 받아들여졌고, 목회자는 그 성경을 풀어서 알려주는 권위자로 여겨졌다.

그 시대의 이기利器 중 하나는 전기의 발명이었다. 전기는 인간의 사고와 삶의 방식을 송두리째 바꾸어놓은 혁명적인 것이었다. 그 전에는 어두움을 두려워했고, 어두우면 잠자리에 들어갔다. 그러나 이제는 더 이상 어두움은 어디에서도 찾아볼 수 없었다. 그들의 두려움은 사라졌고, 문명의 이기를 마음껏 즐기기라도 하듯 사람들은 밤늦게까지 환한 전기 밑에서 온갖 쾌락을 즐겼다. 얼마나 놀라운 해방이며 자유인가!

그러던 유토피아가 두 차례에 걸쳐 일어난 세계 대전으로 산산조각나기 시작했다. 그들의 자유는 방종을 가져왔고, 그리고 그 방종과 더불어 많은 문제들이 여기저기에서 일어났다. 예를 들면, 젊은이들 사이에서 무섭게 퍼진 성병性病은 그들의 마음을 좀먹게 하고도 남았다. 성병의 극치는 역시 에이즈AIDS였다. 치료되지 않는 병에 시달리면서 많은 사람들이 삶의 희망을 잃었다. 그 결과 마약의 범람은 인류를 경악시키고도 남았다.

모던니즘의 산물에 대한 반항으로 생긴 것이 바로 포스트모던니즘post-modernism, 곧 후기 모던니즘의 시대로 들어선 것이다. 가정과 교회에서 그리고 직장에서 관계를 중시하던 *모던니즘*의 특징은 서서히 깨어지기 시작했다. 포스트모던 시대에 사는 젊은이들에게 가정과 교회는 더 이상 관계를 누리는 곳이 아니다. 가정에서도 관계는 이루어지지 않는데, 그들은 게임과 인터넷에 깊이 빠진 나머지 진정한 의미에서 관계란 없는 셈이다.

당연히 부모의 권위도 거부한다. 더 이상 젊은이들에게 인생의 훈계를 줄 수 있는 사람들로 받아들여지지 않는다. 부모의 권위가 이처럼 무너진 현상은 가정에서만 국한되지 않는다. 그런 분위기가 확대되어서 교회에서는 목사의 권위가 인정되지 않으며, 학교에서는 스승의 권위는 찾아볼 수 없게 되었다. 젊은이들은 지식을 위하여 스승을 필요로 하지 않는다. 왜냐하면 그들의 손에 쥐어진 핸드폰에서 그들이 원하는 지식을 언제든지 얻을 수 있기 때문이다.

관계가 초라해진 포스트모던 사회에서 무엇이든지 혼자 하는 개인주의가 판을 치고 있다. 혼밥, 혼술, 혼영이란 말들이 유행하는 것을 보아도 얼마나 개인주의가 널리 펴져있는 가를 짐작하고도 남음이 있다. 이런 젊은이들은 이렇게 혼자 밥을 먹고, 술을 마시고, 영화를 감상하는데 조금도 불편을 느끼지 않는다. 오히려 제3자가 끼어들면 불편할 정도까지 된 것이다. 그런 이유 때문에 젊은이들은 느낌을 아주 중요하게 여긴다.

인생의 기준이 없어진 마당에 그들이 의지할 수 있는 것은 거의 느낌뿐이다. 그들은 느낌만 좋으면 무엇이든지 할 수 있다. 그들은 주저하지 않고 혼자 여행을 떠난다. 그것도 하루 이틀이 아니라 한 달씩이나 훌쩍 떠난다. 많은 젊은이들이 수단방법을 가리지 않고 미국으로, 유럽으로, 그리고 인도로 여행을 떠나는 이유이다. 이처럼 느낌을 의지해서 중요한 결정을 하는 세대가 처한 위험도 이루 말할 수 없다.

느낌을 위하여 젊은이들은 주저하지 않고 성sex을 주고받는다. 주고받지 못하면 폭력을 사용해서라도 성욕이라는 느낌을 채워야 한다. 그러다가 임신하면 주저하지 않고 낙태를 시키거나 아니면 서슴지않고 어린아이를 유기하거나 죽인다. 포스트모던 시대는 이런 젊은이들로 붐빈다. 그들은 핸드폰에서 얻은 단편 지식을 가지고 느낌에 따라 결정하고 행동한다. 극단적인 예가 촛불집회이다. 그 집회에서 많은 젊은이들은 그들의 느낌을 표출하고 있었다.

두 여학생의 죽음으로 촉발된 촛불집회는 느낌의 극치였다. 미군이 탱크를 몰다가 실수로 그들을 덮쳤다. 이 사건은 의도성이 전혀 없는 실수였다. 구태여 원인을 따지자면 그들에게도 책임이 있었다. 미리 훈련을 주민들에게 알렸고, 탱크들이 움직이고 있는 데도 애들은 겁도 없이 그대로 걸어가다가 죽음을 당했다. 이 사건은 죽은 자들이나 탱크를 몰던 미군이나 의도가 전혀 없는 실수였다. 그러나 느낌을 중시하는 젊은이들이 벌떼처럼 일어났다.

죽은 자들에 대한 측은한 느낌이 폭발했다. 그들의 이성은 마비된 듯, 촛불을 들고 시위에 동참했다. 국방부와 미국의 사과에도 불구하고 촛불집회는 계속되었다. 실수에 대하여 이처럼 많은 젊은이들이 그것도 그렇게 여러 날 촛불집회에 참여한 것은 포스트모던 시대가 아니면 가능하지 않은 해괴한 사건이었다. 그와 같은 느낌의 폭발은 광우병 사건에도 일어났다. 왜곡된 지식을 근거로 일어난 또 하나의 포스트모던 시대의 현상이었다.

이런 젊은이들의 느낌을 교묘히 이용하는 사람들이 있는데, 곧 정치하는 사람들이다. 그들은 그들의 당선을 위하여 단편적인 지식과 이데올로기를 적절히 혼합하여 젊은이들을 성공적으로 끌어들인다. 단편적인 지식과 느낌을 근거로 생각하고 행동하는 젊은이들을 충동하여 그들의 지지자로 만든다. 이런 젊은이들은 십년 전의 사건을 기억하지 못하며, 앞으로 10년 후를 생각하지 못한다. 그들의 느낌에 따라 결정하는 파도물결과 같은 무리들이다.

그러나, 이렇게 개인적인 삶을 살면서 느낌을 의지하는 젊은이들은 시시때때로 외로움을 느끼지 않을 수 없다. 그리고 도대체 인생을 왜 사는지도 모른다. 그들은 바람 부는 대로 날리는 낙엽과 같은 인생을 하루하루 지낸다. 그러나 앞뒤가 막히면 주저하지 않고 자살해버린다. 이처럼 포스트모던 시대에 살고 있는 젊은이들에게 관계를 맺으며, 보다 가치 있는 삶이 있다는 것을 보여주어야 한다. 그 삶은 예수 그리스도 안에서 찾을 수 있다는 것을 알려주어야 한다.

기독교 신앙에 대한 질의응답 50

종말

36. 마지막 때의 현상은 어떤가?

마지막 때의 첫 번째 현상은 엉클어진 세상의 모습이다. 전쟁과 지진 그리고 적그리스도의 출현 등이다. 두 번째는 그리스도인들이 휴거되어 그리스도의 혼인잔치에 참여할 것이다. 세 번째는 적그리스도의 출현이다. 그는 하나님과 유대인들을 대적할 것이다. 네 번째는 아마겟돈 전쟁이 있을 것이다. 다섯 번째는 그 전쟁 끝에 그리스도가 성도들과 더불어 세상으로 오셔서 천년왕국을 건설하실 것이다. 그리스도인들은 왕 노릇할 것이다.

이 세상은 '마지막 때"를 향하여 조금씩 움직여가고 있다. 인간이 만들어놓은 핵탄만 해도 그렇다. 만일 모든 핵탄이 사용된다면 지구가 수백 개라도 다 불로 소멸될 것이다. 어느 학자의 말에 의하면, 지금까지 인간이 개발한 무기가 사용되지 않은 적이 없다는 것이다. 그런데 그런 대량살상 무기가 작은 나라인 북한에서도 만들어지고 있다. 북한의 문제는 국제사회의 통제 밖에 있기 때문에 더욱 심각하다. 언제라도 그 핵탄이 사용될 수 있다는 말이다.

이 세상이 "마지막 때"를 향하여 움직여가는 모습은 이처럼 인간이 개발하고 만드는 핵탄에서만 있는 것이 아니다. 인간의 통제

밖에 있는 기후를 보자. 얼마나 많은 곳에서 예기치 못한 사태가 일어나는가? 눈이 내려할 곳에서 폭우가 쏟아지고, 비가 내려야 할 곳에선 폭설과 강풍이 휘몰아쳐 온다. 또 시도 때도 없이 지진이 발생해서 많은 사람들이 재산과 생명을 잃었다. 거기에다 쓰나미까지 오면 수만 명, 수십만 명이 한 순간에 목숨을 잃는다.

이런 이상 기후가 가져오는 또 하나의 마지막 때의 징조는 식량문제이다. 기후파동 때문에 세상의 많은 곳에서 제대로 농사도 짓지 못하고, 수확도 못한다. 그 결과 그들을 엄습해오는 빈곤과 굶주림은 이루 다 말로 표현할 수 없을 정도이다. 그런데 이런 징조들에 대하여 예수 그리스도는 2,000여 년 전에 이미 예언하셨다. 그분의 예언의 일부를 보자, "…곳곳에 기근과 지진이 있으리니, 이 모든 것은 재난의 시작이니라" (마 24:7-8).

세상이 마지막 때를 향해 거침없이 달려가고 있는 또 하나의 징조는 많은 거짓 그리스도와 선지자들의 출현이다. 그런 자들은 교회를 교란시키기 위해 존재하는 것 같다. 끊임없이 공격하여 교회를 흔들고 믿는 자들의 영혼을 말살시키려고 광분하고 있다. 그것도 예수 그리스도가 예언하신 대로이다. "…너희가 사람의 미혹을 받지 않도록 주의하라. 많은 사람이 내 이름으로 와서 이르되, '나는 그리스도라' 하여 많은 사람을 미혹하리라" (마 24:4-5).

한 마디로 말해서, 세상은 마지막 때를 향하여 줄달음치고 있다. 하나님도 일찍이 선지자들을 통하여 반드시 마지막 때가 올 것이기에 그 때를 준비하라고 말씀하셨다. 오래 전에 하나님은 다니엘에게 마지막 때에 있을 적그리스도의 출현과 양상을 제법 상세히 알려주셨다. 그렇게 알려주신 후 하나님은 다니엘에게 이런 부탁도 하셨다, "다니엘아 *마지막 때까지* 이 말을 간수하고 이 글을 봉함하라…"(단 12:4).

다니엘에게 보여주신 마지막 때의 양상이 얼마나 정확하고 상세한지 다니엘을 읽는 그리스도인은 한편 놀라움을 금치 못하고, 또 한편 크나큰 경각심을 갖게 된다. 그에게 보여주신 마지막 때의 묘사는 특히 마지막으로 전개될 7년의 기간이었다. 그런데 그 7년은 예수 그리스도가 재림하시면서 시작될 것이다. 세상이 더 이상 마지막 때의 양상을 견디지 못할 때, 그분은 공중으로 재림하신다. 그리고 거듭난 그리스도인들은 공중에서 그분을 만나게 된다.

그런 현상을 휴거揚擧라고 하는데, 영어로는 *rapture*이다. 이 표현의 출처는 데살로니가전서 4장인데 인용하면서 설명해보자: "주께서 호령과 천사장의 소리와 하나님의 나팔 소리로 친히 하늘로부터 강림하시리니 그리스도 안에서 죽은 자들이 먼저 일어나고, 그 후에 우리 살아남은 자들도 그들과 함께 구름 속으로 *끌어 올려* 공중에서 주를 영접하게 하시리니, 그리하여 우리가 항상 주와 함께 있으리라"(4:16-17).

이 말씀에서 "끌어 올려"를 한문으로 번역하면 휴거이고, 영어로 번역하면 *rapture*이다. 그리스도가 다시 오실 때, 먼저 이미 죽은 그리스도인들이 다시 살아나서 들림을 받고, 그 후 살아있는 그리스도인은 몸이 변화되어 들림을 받는다. 그렇게 되면 세상에는 많은 혼란이 생길 것인데, 당연히 갑자기 사라진 사람들에 대한 의문 때문일 것이다. 거듭나지 못한 교인들은 이렇게 들림 받지 못하고, 여전히 주일이 되면 교회에서 예배를 드리고 있을 것이다.

그때부터 하나님이 다니엘에게 보여주신 대로 7년의 기간이 오는데 (단 9:27), 그 기간은 한 마디로 큰 환난의 기간이라고 하였다. 예수 그리스도의 말씀을 직접 들어보자, "이는 그 때에 큰 환난이 있겠음이라; 창세로부터 지금까지 이런 환난이 없었고 후에도 없으리라" (마 24:21). 물론 땅에서는 사람의 말과 글로는 다 묘사할 수 없는 엄청난 환난이 있겠지만, 공중에서 그리스도를 만난 그리스도인들은 혼인잔치에 참여하게 된다.

그때 예수 그리스도는 신랑이 되시며, 교인들은 그분의 신부가 되어 혼인잔치를 치루면서 다시는 헤어질 수 없는 관계로 들어간다. 사도 요한은 이 혼인잔치를 이렇게 표현했다, "우리가 즐거워하고 크게 기뻐하며 그에게 영광을 돌리세! 어린 양의 혼인 기약이 이르렀고 그의 아내가 자신을 준비하였으므로…'어린 양의 혼인 잔치에 청함을 받은 자들은 복이 있도다' 하고 또 내게 말하되 이것은 하나님의 참되신 말씀이라" (계 19:7, 9).

하늘에서는 거듭난 그리스도인들이 그처럼 고대하던 주님을 만나서 혼인잔치에 참여하는 말할 수 없는 기쁨을 누릴 것이다. 그러나 대조적으로 땅에서는 하나님의 엄중한 심판이 내려지며, 각종의 전쟁으로 파괴되어 굶주림과 부상과 죽음 때문에 고통스러워할 것이다. 많은 사람이 차라리 죽기를 구해도 죽어지지 않는 큰 괴로움을 당할 것이다. "그 날에는 사람들이 죽기를 구하여도 죽지 못하고 죽고 싶으나 죽음이 그들을 피하리로다"(계 9:6).

이 기간 중에 환난을 주도할 또 하나의 중요한 인물이 등장하는데, 곧 적그리스도이다. 물론 이렇게 마지막 7년 중에 나타나서 세계를 지배하면서 하나님과 그리스도를 대적하는 작자이다. 그러나 그와 유사한 짓거리를 하는 작자들에 대해서도 사도 요한은 이렇게 말했다. "아이들아 지금은 마지막 때라; 적그리스도가 오리라는 말을 너희가 들은 것과 같이 지금도 많은 적그리스도가 일어났으니 그러므로 우리가 마지막 때인 줄 아노라"(요일 2:18).

마지막 때에 나타난 적그리스도는 예배와 제사도 폐기하고, 오히려 우상을 만들어놓고 그 우상에게 제사를 드리라고 강요한다. 그는 많은 기적도 베풀고, 또 세상 사람들의 양식도 배급하면서 세계를 통치한다. 마치 그 자신이 하나님인양 말이다. 바울 사도의 말을 들어보자, "그는 대적하는 자라; 신이라고 불리는 모든 것과 숭배함을 받는 것에 대항하여 그 위에 자기를 높이고 하나님의 성전에 앉아 자기를 하나님이라고 내세우느니라"(살후 2:4).

그러나 적그리스도의 통치는 7년으로 제한되었기에 결국 그는 멸망당할 것이다. 7년 끝에 다시 한 번 세계적인 전쟁이 있을 터인데, 그때 적그리스도가 이끄는 군대가 아마겟돈에 모일 것이다. 그러나 그의 통치는 그것으로 끝이 날 것인데, 왜냐하면 성도들과 함께 지상으로 재림하실 것이기 때문이다. 그분은 적그리스도와 그 군대를 섬멸殲滅시키고, 새로운 나라를 세워서 통치할 것이다. 그 나라가 바로 천년왕국이다. 그렇게 마지막 때가 전개될 것이다.

37. 그리스도인도 *심판을 받는가?*

그리스도인도 주님이 다시 오실 때 엄중한 심판을 받는데, 그 엄중함을 강조하기 위하여 "불 심판"이라고 하였다. 그들의 업적은 불 심판을 견딜 수도 있고, 아니면 불에 타버릴 수도 있다. 그리스도인은 적극적으로 보상을 받기도 하는데, 그들에게 맡겨진 달란트를 잘 활용했을 때, 어려운 이웃의 필요를 채워주었을 때, 그리고 주님의 명령에 순종하는 삶을 살았을 때, 그들에게 주어지는 보상은 크고도 귀하다.

인간의 역사에서 정의와 불의는 항상 공존한다. 그리고 많은 경우 정의는 그에 대한 정당한 보상을 받으나, 불의는 그에 대한 심판을 받는다. 물론 항상 그렇게 결말지어지지 않을 때도 허다하다. 정의가 무참히 짓밟히는가 하면, 불의는 창궐하며 득세한다. 많은 사회에서 이처럼 불공평한 일들이 비일비재非一非再하게 일어난다. 그렇게 불공평하게 대우를 받고 짓밟힌 정의의 사람들은 도대체 어디에서 보상을 받을 수 있는가?

그러나 하나님의 심판은 다르다! 공의는 공의대로 보상을 받고, 불의는 반드시 혹독한 대가를 치러야한다. 만일 하나님에게 그런

공평한 심판이 없다면, 인간에게는 별로 소망이 없을 것이다. 누구든지 힘으로 사람들을 억누르고 지배하면서 닥치는 대로 살아갈 것이다. 그런 사회에는 질서도 없고, 발전도 있을 수 없다. 그러나 사회에 질서가 있으며 또 발전이 있는 것은 하나님의 공평한 심판이 있기 때문이다.

하나님의 말씀인 성경에 의하면 하나님의 심판에는 두 가지가 있다. 하나는 그리스도인들을 위한 심판이고, 또 하나는 불신자들을 위한 심판이다. 특히 그리스도인들을 위한 심판은 소극적인 면도 있지만, 동시에 적극적인 면도 있다. 소극적인 심판은 두말할 필요도 없이 그리스도인이 하나님의 말씀에 위배되는 삶을 살았을 때 치러야하는 대가이다. 반면, 적극적인 심판은 그리스도인이 옳게 살은 삶에 대한 보상이다.

먼저, 소극적인 심판에 대하여 알아보자. 예수 그리스도가 "호령과 천사장의 소리와 하나님의 나팔 소리로 친히 하늘로부터 강림하실" 터인데 (살전 4:16), 거듭난 그리스도인들이 "구름 속으로 끌어 올려 공중에서 주를 영접하게 할" 때이다 (살전 4:17). 그때 모든 거듭난 그리스도인들은 이렇게 완전한 몸으로 변화될 것이다, "나팔 소리가 나매 죽은 자들이 썩지 아니할 것으로 다시 살아나고 우리도 변화되리라" (고전 15:52).

참으로 놀랍고도 획기적인 변화일 것이다. 그렇게 변화되어 주님의 혼인잔치에 들어갈 것이다. 그런데 혼인을 위하여 신부가 많은 준비를 하고 단장하듯, 그리스도인들도 영적으로 단장을 해야 한다. 그 단장이 바로 심판을 통해서 그들에게 남아있던 찌꺼기를 제거하는 것이다. 그 찌꺼기는 그들이 구원을 받은 후 그리스도인 답게 살지 못한 것에 대한 심판이다. 그리스도인들에 대한 심판에 대하여 바울 사도는 제법 상세히 언급하였다.

바울이 그리스도인들이 받아야 할 심판에 대한 첫 번째 언급을 보자, "네가 어찌하여 네 형제를 비판하느냐? 어찌하여 네 형제를 업신여기느냐? 우리가 다 하나님의 심판대 앞에 서리라" (롬 14:10). 이 말씀에서 그리스도인들이 심판을 받는 이유는 다른 그리스도인 들을 비판하고 무시한 처사 때문이었다. 왜냐하면 하나님은 그리 스도인들이 불신자들에 둘러싸여 살지만, 서로 위로하고 도우면서 헤쳐 나가라고 거듭 부탁하신 것을 저버렸기 때문이다.

바울 사도가 언급한 두 번째 심판을 보자, "…우리가 다 반드시 그리스도의 심판대 앞에 나타나게 되어 각각 선악 간에 그 몸으로 행한 것을 따라 받으려 함이라" (고후 5:10). 이 말씀은 예수 그리스 도의 재림으로 그리스도인들이 영원한 처소로 들어갈 때 통과해야 되는 심판이다. 이 말씀에 의하면, 형제자매를 비판한 행위보다 광 범위한 행위에 대한 심판을 받는다는 것이다. 왜냐하면 "각각 선 악 간에 그 몸으로 행한 것을 따라 받는다"고 했기 때문이다.

로마서의 말씀에서는 "하나님의 심판대"라고 묘사했는데, 고린 도후서에서는 "그리스도의 심판대"라고 묘사했다. 그러니까 그리스도인들에 대한 심판대에는 하나님 아버지와 그 아들 예수 그리스도가 함께 계시는 것이 틀림없다. 그러나 좀 더 자세히 살펴보면, 구체적으로 형제자매에 대하여 몹쓸 짓을 한 그리스도인들에 대한 하나님의 엄한 심판을 뜻한다. 반면, 하나님의 뜻대로 살려고 노력하는 그리스도인들에 대한 그리스도의 칭찬도 숨겨져 있는 것 같다.

그 심판이 하나님의 심판대이건 그리스도의 심판대이건 공통점이 하나 있는데, 그 심판은 불 심판이라는 사실이다. 이 불 심판은 바울 사도가 심판을 언급한 세 번째 내용이다. 그의 말을 들어보자, "만일 누구든지 금이나 은이나 보석이나 나무나 풀이나 짚으로 이 터 위에 세우면 각 사람의 공적이 나타날 터인데, 그 날이 공적을 밝히리니 이는 불로 나타내고 그 불이 각 사람의 공적이 어떠한 것을 시험할 것임이라"(고전 3:12-13).

이 묘사에 의하면, 그리스도인들은 이 세상에 살면서 두 가지 업적을 가지고 주님 앞에 나온다. 한 가지 업적은 금/은/보석과 같은 것이나, 다른 한 가지는 나무/풀/짚과 같은 업적이다. 전자(前者)는 부피가 작으나 가치가 있고, 후자(候者)는 부피가 크나 가치는 비교할 것이 못 된다. 사람이 보기에 커 보이는 업적이 인위적이며 세상적인 것일 수 있으며, 그런 업적은 심판의 불에 훅 날아가 버릴 것이다.

반면, 전자는 불을 통과해도 끄떡없다. 그 이유는 간단하다! 금

/은/보석은 이 세상에서 이미 불 시험을 통과했기 때문이다 (벧전 4:12). 그들은 왜 불 시험을 통과했는가? 쉽게 설명할 수 있을 것이다. 그들은 죄/세상/육신과 타협하지 않으면서 하나님의 말씀대로 살려고 한 사람들이다. 그렇게 살기 위해서 주변의 불신자들로부터 많은 오해와 박해도 받았을 것이다. 예수 그리스도를 통한 하나님의 사랑을 전하느라고 많은 고난도 감수했을 것이다.

그 다음, 그리스도인들에게 주어지는 적극적인 심판을 보자. 주님은 그리스도인들이 잘 한 일을 보상하시는데, 세 가지 영역에서 하신다. 첫째 영역은 달란트인데, 다섯 달란트와 두 달란트를 받은 그리스도인들이 있었다. 장사를 잘 하여 각기 다섯 달란트와 두 달란트를 남긴 사람들에게 주님은 이렇게 보상하셨다, "잘하였도다, 착하고 충성된 종아, 네가 적은 일에 충성하였으매 내가 많은 것을 네게 맡기리니 네 주인의 즐거움에 참여할지어다" (마 25:21).

주님에게는 다섯 달란트나 두 달란트나 다 적은 일이었다. 그런데 그들에게 맡겨진 적은 일에 충성할 때 주님은 크게 보상하신다. 주님은 다섯 달란트를 남긴 그리스도인과 두 달란트를 남긴 그리스도인에게 똑같이 상급을 주시는데 그 상급은 이렇다, "내가 많은 것을 네게 맡기리니, 네 주인의 즐거움에 참여할지어다" 주님이 다른 곳에서 말씀하신대로이다, "지극히 작은 것에 충성된 자는 큰 것에도 충성되고…" (눅 16:10).

보상의 둘째 영역은 곤궁한 사람들에 대한 자세이다. 주님의 칭찬을 들어보자. "내가 주릴 때에 너희가 먹을 것을 주었고, 목마를 때에 마시게 하였고, 나그네 되었을 때에 영접하였고, 헐벗었을 때에 옷을 입혔고, 병들었을 때에 돌보았고 옥에 갇혔을 때에 와서 보았느니라"(마 25:35–36). 주님은 곤궁한 형제자매들을 위한 도움이 당신에게 한 것이라고 하셨다. "너희가 여기 내 형제 중에 지극히 작은 자 하나에게 한 것이 곧 내게 한 것이니라"(마 25:40).

보상의 셋째 영역은 그들의 삶에 따라 주어지는 면류관이다. 하나님의 부르심이 무엇이든지 그 길을 충성스럽게 달음질한 그리스도인들에게 주어지는 것은 "썩지 아니하는 면류관"이다 (고전 9:25). 많은 사람들을 구원받게 한 그리스도인들은 "기쁨의 면류관"을 받는다 (살전 2:19–20). 신앙 때문에 시련과 어려움을 충성스럽게 이겨낸 그리스도인들이 받는 것은 "생명의 면류관"이다 (계 2:10).

주님의 재림을 사모하면서 기다린 그리스도인들이 받는 것은 "의의 면류관"이다 (딤후 4:8). 그리고 마지막으로 양떼를 잘 돌보는 장로에게 주어지는 것은 "영광의 면류관"이다 (벧전 5:4). 그리스도인들이 그들에게 주어진 영역에서 충성을 바치며 살았을 때 이처럼 놀라운 면류관이 주어진다. 그렇다! 그리스도인들도 마지막 때에 심판대 앞에 서서 그들의 삶에 대하여 책임추궁을 당하고 심판을 받기도 하고 또 보상도 받는다.

38. 낙원은 어떤 곳인가?

낙원은 예수 그리스도를 믿어 구원받은 사람들이 죽은 후 그 영혼이 가는 곳이다. 그런 이유 때문에 예수님은 십자가에서 그분을 의지하는 강도에게 낙원을 약속하셨다. 반면, 그리스도를 거부한 영혼이 가는 곳은 음부이다. 그리스도가 부활하신 후 구원받은 그리스도인들의 영혼은 하나님에게 곧장 간다. 그리고 주님이 재림하실 때 부활하여 영생으로 들어간다. 반면, 음부에 있는 영혼은 이 세상 끝날에 부활하여 심판을 받고 지옥으로 던져진다.

이 세상에 태어난 사람은 반드시 죽는다. 그 사람이 그리스도인이든 불신자이든 상관없이 반드시 죽는다. 그렇다면 죽음은 언제 시작되었는가? 첫 인간 아담과 하와 때부터 시작되었는데, 그 원인은 그들의 불순종 때문이었다. 하나님은 그들에게 선악과善惡果를 먹으면 죽는다고 엄하게 경고――"선악을 알게 하는 나무의 열매는 먹지 말라 네가 먹는 날에는 반드시 죽으리라"(창 2:17)――하셨건만, 그들은 그 경고를 무시하고 열매를 따먹었다.

그러나 그들은 즉각적으로 죽지 않고 오래 살다가 죽었다. 그 이유는 죽음의 의미를 알면 쉽게 풀어지는데, 곧 성경에서 죽음은 분리를 뜻하기 때문이다. 아담과 하와가 불순종하자, 그들 속에 있던 하나님의 영이 그들을 떠났던 것이다 (창 2:7). 비록 그들이 오래 살았지만, 결국은 죽었다 (창 5:5). 죽음이 분리라면, 그들의 육체를 지배하던 영혼은 육체를 떠나서 어디로 갔단 말인가? 그 영혼이 가는 곳은 둘 중 하나인데, 한 곳은 음부이고 또 한 곳은 낙원이다.

음부陰府는 히브리어로 *쉬올* sheol 이고 헬라어로는 *하데스* hades 이다. 이런 음부의 모습을 생생하게 묘사하신 분은 예수님이시다. 그분 이외에 어떤 사람이 음부의 모습을 묘사할 수 있겠는가? 아무도 음부에 갔다가 온 적이 없는데 말이다. 그런데 그분이 묘사한 음부에 의하면, 그 곳에 있는 사람들은 불꽃 중에 고민하고 있었다. 그뿐 아니라, 그들은 외롭고 목마르며, 과거의 좋은 시절에 대한 기억 때문에 겪는 정신적 괴로움도 심히 컸다 (눅 16:19-31).

그러면 어떤 사람들이 음부에 던져지는가? 예수 그리스도를 받아들이지 않은 사람들이다. 그분의 가르침에 의하면, 나사로와 부자가 있었는데 그들도 다른 사람들처럼 죽음을 맞이했다. 이 세상의 환락에 사로잡혀서 그 부자는 자신의 영혼과 영원의 문제를 생각할 겨를이 없었다. 그는 그를 찾아오신 그의 구세주이신 예수님을 무시하고 거부했던 것이다. 적어도 그 부자는 나사로의 삶과 증언을 통하여 직접적이든 간접적이든 그분을 알 수 있었는데도 말이다.

한편, 나사로--"하나님이 나의 도우심"이라는 뜻--도 죽었고,

그리고 그는 천사들의 안내를 받으면서 아브라함의 품으로 들어갔다 (눅 16:22). 아브라함의 품은 음부와는 대조적이었다. 그곳에 있는 나사로는 더 이상 헌데로 고생하는 몸이 아니라, 건강하고 빛나는 모습을 하고 있었다. 그는 더 이상 먹거리 걱정을 할 필요가 없었다. 그는 행복한 모습으로 평안한 쉼을 누리고 있었다. 이 아브라함의 품이 다른 말로는 낙원이다.

낙원도 역시 예수님이 언급하신 곳이다. 그분은 인류의 죄 짐을 짊어지고 십자가에서 죽음을 기다리고 계셨다. 바로 그때 한 강도가 그분에게 이렇게 기원하였다. "예수여, 당신의 나라에 임하실 때에 나를 기억하소서!" (눅 23:42). 이런 기원은 그 강도가 이 세상에서 입을 열어 말한 마지막 말이지만, 동시에 가장 바람직한 말이다. 왜냐하면 이 기원 때문에 그의 영혼과 영원의 운명이 결정되었기 때문이다.

예수님의 대답도 그 기원 못지않게 간단하면서도 분명했다. "내가 진실로 네게 이르노니, 오늘 네가 나와 함께 낙원에 있으리라!" (눅 24:43). 이 말씀은 그분이 그 강도의 기원을 들어주셨다는 것이며, 동시에 죽는 순간 그도 나사로처럼 아브라함의 품에 들어간다는 것이다. 비록 그의 일생은 강도짓거리와 같은 죄악으로 점철된 것이었지만, 마지막 순간에라도 예수 그리스도를 믿고 의지한 결과 회복과 평안이 있는 낙원으로 데리고 가시겠다는 약속이었다.

그러니까 예수 그리스도를 구세주로 받아들인 사람들의 영혼은 낙원으로 간다. 신약시대의 모든 믿는 사람들은 낙원으로 간다. 그뿐 아니라, 예수님이 이 세상에 오시기 전 구약시대에 살았던 사람들도 앞으로 오실 구세주를 믿었다면, 그들도 천사들의 인도를 받으며 낙원으로 들어간다. 그러면 낙원에 있는 영혼들은 언제까지 그 곳에 있는가? 그것은 그들의 구세주이신 예수 그리스도가 부활하실 때까지이다.

그분이 무덤을 박차고 다시 살아나셨을 때 낙원에 있던 모든 영혼들은 그분과 함께 그곳을 나와서 하나님이 계신 곳으로 옮겨갔다. 이런 사실을 마태는 정확하지는 않지만, 그래도 그리스도인들이 이해할 수 있을 만큼 묘사했다. 그의 묘사를 보자, "무덤들이 열리며 자던 성도의 몸이 많이 일어나되, 예수의 부활 후에 그들이 무덤에서 나와서 거룩한 성에 들어가 많은 사람에게 보이니라"(마 27:52-53).

그때에 육체적으로 부활한 사람들도 있었지만, 나머지 영혼들은 하나님이 계신 곳으로 옮겨갔던 것이다. 그때부터 예수 그리스도를 믿어 구원받은 사람들의 영혼은 죽음을 경험하는 순간 낙원으로 가지 않고, 하나님이 계신 곳으로 간다. 바울 사도의 말을 들어보자, "우리가 담대하여 원하는 바는 차라리 몸을 떠나 주와 함께 있는 그것이라"(고후 5:8). 그러니까 낙원의 역할은 끝난 것이다. 주님이 부활하신 이후 낙원은 텅텅 비어 있는 곳이 되어버렸다.

그렇게 하나님과 함께 있다가 주님이 재림하실 때 그 영혼들은 그들의 육체와 결합하여 부활한 몸을 갖게 된다. 그렇게 완전한 몸과 영혼으로 부활된 그리스도인들은 신랑인 남편과 혼인예식을 통하여 한 몸이 된다. 그리고 천년 왕국의 기간 중에 그리스도와 더불어 왕 노릇하게 될 것이다. 그 후 새 하늘과 새 땅, 곧 천국으로 들어가게 될 것이다. 결국, 낙원은 예수 그리스도를 믿고 구원받은 영혼들이 그분이 부활하실 때까지 기다리던 곳이었다.

반면, 주님을 거부한 불신자들의 영혼은 계속 음부에서 고통을 당할 것이다. 그 고통은 그들의 죄와 행위에 대한 것이라기보다는 그들을 위하여 십자가의 고난과 부활을 통과하신 그들의 구세주를 거부한 것에 대한 대가이다. 그러면 그들은 영원히 음부에서 지내게 되는가? 물론 아니다! 그들도 그들의 죄악과 비도덕적인 행위에 대하여 심판을 받아야 하기 때문이다. 그들은 천년왕국이 끝난 후 역시 영원한 몸으로 부활하게 된다.

그들의 영혼은 그동안 대기하고 있던 음부에서 나와서 육체와 결합하므로 영원한 몸을 갖게 된다. 그리고 하나님의 백보좌 심판대 앞에 서서 그들의 모든 행위에 따라 심판을 받게 된다. 그리고 불과 유황으로 활활 타는 지옥(게헨나)으로 던져질 것이다. 거기에서 그들은 영원히 고통과 괴로움을 받으면서 그들의 죄에 대한 대가를 치룰 것이다. 결국, 음부는 영혼들이 영원한 심판을 기다리는 곳이며, 그 기다림이 마치면 부활하여 지옥으로 던져지는 것이다.

39. 유대인은 구원을 받는가?

타락한 인류를 구원하기 위하여 하나님은 유대인을 택하셨다. 그리고 마침 내 유대인 중에서 인류의 메시야이신 예수 그리스도가 오셨다. 그러나 유 대인들은 그분을 십자가에 죽게 하였다. 그 범행 때문에 유대인이 치른 대 가는 이루 말할 수가 없었다. 그러나 마지막 때에 유대인은 그들의 잘못을 회개하고, 다시 구원의 매개가 되어 세상 방방곡곡을 다니면서 복음을 전 할 것이다. 그리고 유대인이 그 임무를 마치면 새 하늘과 새 땅이 도래할 것 이다.

하나님이 사랑하시는 대상은 인간이다. 하나님이 인간을 사랑 하신다고 거듭 말씀하셨을 뿐 아니라 그 사랑을 보여주셨다. 그런 하나님의 무조건적인 사랑은 창세기 1장으로부터 11장에서 상세히 기록하고 있다. 그러나 인간의 반응은 하나님의 사랑에 역행하 는 것뿐이었다. 아담과 하와가 불순종한 것이나, 노아의 시대에 인 간들이 하나같이 범죄한 것이나, 노아의 가족을 통하여 다시 인간 을 번성하게 하셨을 때, 바벨탑을 쌓은 것이 그런 역행이었다.

그런 반응 때문에 하나님은 인간을 포기하셨는가? 물론 아니다! 하나님은 새로운 방법으로 인류를 구원하기를 원하셨는데, 그 방법이 유대인이었다. 하나님은 아브라함을 부르시고, 그리고 그의 후손인 예수 그리스도를 통하여 세상의 죄인들을 구원하시기로 작정하셨다 (갈 3:14). 하나님이 이렇게 아브라함을 선택하신 후부터 유대인은 하나님에게나 인간에게 너무나 중요해졌다. 그들의 후손인 예수 그리스도를 통하여 인류가 구원을 받게 될 이유 때문이다.

하나님은 그처럼 귀하게 여기신 유대인들을 축복하시고, 그들을 부강한 나라로 만들어주셨다. 그들에게 하나님이 요구하신 것은 하나님의 법을 잘 지키고, 우상을 섬기지 말라는 것이었다. 그러나 그들이 부강해지자 교만이 싹트기 시작하였고, 그리고 하나님의 법도 무시하고 각가지 우상을 섬기기 시작했다. 하나님은 참으로 오래 참으셨지만, 더 이상 참으실 수 없어서 그 나라를 멸망하게 하셨다. 그때부터 그들은 세계 각처에 흩어져 사는 사람들이 되었다.

그런데도 유대인들은 그들의 잘못을 뉘우치지 않았을 뿐 아니라, 하나님이 그렇게 반복적으로 약속하신 그들의 메시야이신 예수 그리스도를 거부하고 십자가에서 죽게 하였다. 그분을 그렇게 처형시키면서 그들은 그 대가를 기꺼이 치루겠다고 공언했다. 그들의 말을 들어보자, "백성이 다 대답하여 이르되, '그 피를 우리와 우리 자손에게 돌릴지어다'" (마 27:25). 그들의 말대로 그들과 후손은 너무나 무서운 형벌을 받았다.

유대인은 나라를 잃었고, 수많은 사람들은 목숨을 잃었고, 또 그 못지않게 많은 사람들은 노예가 되었다. 그들은 세계 각처에 흩어져서 참으로 인간 이하의 삶을 살았다. 하나님이 그들을 영원히 버리신 것 같았다. 그러나 하나님은 그들을 완전히 버리신 게 아니었다. 왜냐하면 그들에게는 세상 사람들에게 하나님을 전파해야 하는 귀중한 사명이 주어졌기 때문이다 (출 19:4-6). 하나님은 그들이 오랜 세월이 지난 후 나라를 다시 세울 수 있도록 허용하셨다.

하나님은 당신의 복음이 세상 사람들에게 전해질 수 있도록 유대인들 대신 교회를 택하셨다. 교회는 세상의 소금이요 빛으로 열심히 하나님의 사랑과 능력을 전하여 참으로 많은 사람들이 구원을 받게 되었다. 그리고 하나님이 예정하신대로 구원받은 이방인의 수가 차면 그 교회를 공중으로 불러올리실 것이다 (살전 4:16-17). 그리고 이 세상에는 7년 대환난이 시작될 것이다. 그 기간 중 세상의 통치자인 적그리스도는 유대인과 평화조약을 맺을 것이다.

유대인은 성전에서 제사와 예배를 드리는 자유를 누리나, 그 자유는 3년 반이 전부일 것이다. 적그리스도가 예배와 제사를 금하기 때문이다 (단 9:27). 유대인들은 그때부터 큰 환난을 겪는다. 그들은 하나님의 약속을 믿고 적그리스도를 대적하기로 하는데, 그들이 의지한 약속은 이런 것인지도 모른다, "내가 유다를 당긴 활로 삼고 에브라임을 끼운 화살로 삼았으니, 시온아 내가 네 자식들을 일으켜 헬라 자식들을 치게 하며 너를 용사의 칼과 같게 하리라"(슥 9:13).

이렇게 해서 저 유명한 아마겟돈 전쟁이 시작된다 (계 16:16). 유대인들은 하나님이 그들 편이기에 반드시 그 전쟁에서 승리하리라는 확신을 가지나, 그들의 기대와 기도와는 정반대로 완전한 패배를 맛볼 것이다. 그들을 둘러싸고 덤벼드는 세 왕과 그 군대를 당할 수 없던 것이다. 유대인들은 거의 완전히 섬멸殲滅되어 낮아질 대로 낮아지며, 천해질 대로 천해진다. 그들은 다시 하나님 앞에 무릎을 꿇고 그들의 처참한 상태를 하소연할 것이다.

그때 하나님은 유대인들에게 깨닫는 영을 부어주실 것이다. 그처럼 오랜 세월이 지난 후에야, 그것도 그처럼 처절한 상태가 되어서야 비로소 하나님의 은총을 받을 준비가 된다. 하나님은 그들에게 이런 마음을 주실 것이다, "내가 다윗의 집과 예루살렘 주민에게 은총과 간구하는 심령을 부어 주리니, 그들이 그 찌른 바 그를 바라보고 그를 위하여 애통하기를 독자를 위하여 애통하듯 하며 그를 위하여 통곡하기를 장자를 위하여 통곡하듯 하리로다"(슥 12:10).

이 말씀에서 "그 찌른 바 그를 바라보고"라는 예언을 주목해보자. 그들은 이 예언대로 그들의 메시야이신 예수 그리스도를 십자가에 "찔러서" 죽였다. 그리고 7년 환난 마지막 때에 유대인들은 그들이 "찔러" 죽인 바로 그분이 그들의 메시야요 구세주이신 사실을 깨닫게 될 것이다. 그때 그들은 그들의 장자를 죽인 것처럼 애통해하며, 민족적으로 울부짖으며 회개할 것이다 (슥 12:11-14). 그 순간 유대인들은 민족적으로 구원을 받게 될 것이다.

한편 유대인들이 구원을 받자 예수 그리스도는 성도들과 더불어 지상으로 재림하신다. 그리고 제일 먼저 적그리스도인 사탄을 심판하시고 결박하여 무저갱에 던져 넣어서 거기서 천년 동안 있게 하신다 (계 20:2–3). 그렇게 해서 이 세상에 천년왕국이 시작되는 것이다. 그 천년동안 예수 그리스도는 "왕 중의 왕이요, 주중의 주"로서 세상을 다스리는데, 성도들과 함께 다스리신다 (계 20:4). 유대인들은 그 기간 동안 세계 각처를 다니면서 복음을 전한다.

마침내 유대인들은 그들에게 주어진 세계복음화에 앞장을 서게 된 것이다. 유대인을 통한 인간 구원이라는 하나님의 뜻이 이루어지는 것이다. 결국, 하나님이 이루시는 구원의 역사에서 유대인은 말할 수 없이 중요하다. 그렇지 않다면, 하나님이 아브라함을 통하여 유대를 일구지도 않으셨을 터이며, 유대인으로부터 예수 그리스도가 태어나시지도 않았을 것이다. 한 발 더 나아가서 7년 대환난도 없을 것이다.

이렇게 유대인들이 세계 각 곳에 하나님의 사랑을 다 전하면 그야말로 하나님의 뜻이 다 이루어지는 것이다. 그때 하나님은 죄에 찌든 이 세상을 불로 태워 없앨 것이다 (벧후 3:12). 그리고 "새 하늘과 새 땅," 곧 하나님의 나라가 도래到來할 것이다. 그곳에는 어둠, 고통, 이별, 슬픔, 눈물, 사망, 저주가 없을 것이다 (계 21:4, 22:5). 그 대신에 찬송과 예배가 있을 것이며, 기쁨의 만남과 사랑의 교제가 넘칠 것이다.

40. 지옥과 천국의 모습은?

인간이 하는 모든 일에 결산이 있듯, 이 세상도 결산할 날이 있을 것이다. 그 결산이 바로 지옥과 천국이다. 지옥은 하나님이 없는 곳인데 반하여, 천국은 하나님이 계신 곳이다. 지옥은 인간이 지은 모든 죄에 대하여 심판을 받고 가는 곳이나, 천국은 죄 없는 그리스도인들이 가는 곳이다. 어떻게 죄가 없을 수 있단 말인가? 예수 그리스도를 받아들이므로, 그들의 모든 죄가 씻어졌기 때문이다. 그곳에서 영원히 하나님과 그리고 성도들과 교제를 누리게 된다.

짧은 인생을 살아가는데도 결산을 해야 할 때가 얼마나 많은지 모른다. 고등학교를 다니는 학생도 마찬가지이다. 그가 열심히 공부했다면 당연히 수능시험도 잘 보았을 터이고, 그리고 좋은 대학에도 들어갈 수 있다. 얼마나 엄중한 결산인가? 대학생활을 적당히 한 사람은 직장을 찾기가 쉽지 않을 것이다. 대학생활을 마감하는 결산이 그를 기다리는 것이다. 가정생활도 마찬가지이다! 건전한 삶을 영위하는 사람에게는 행복한 노후가 기다릴 것이다.

한 인생을 마감할 때도 마찬가지이다. 그가 건전한 삶을 영위하면서 다른 사람들을 배려하면서 살았다면, 그의 장례식에는 그의 죽음을 애도하는 사람들로 붐빌 것이다. 그러나 일생동안 많은 죄를 짓고 경찰을 피해 다니는 사람은 언제 어떻게 죽었는지 알 수 없을 수도 있으며, 또 가족이 안들 친척과 친구들에게 알리지 못할 수 있다. 그렇다! 결산이 없는 과정도 없고, 결산이 없는 인생도 없다. 그런데 그 결산은 냉혹하기 짝이 없다.

국가도 마찬가지이다! 어느 국가든 자국의 이익만을 위하여 수단방법을 가리지 않고, 심지어는 전쟁까지 불사한다면 그 나라도 반드시 결산을 해야 할 날이 있다. 멀리 갈 필요도 없이 가까이에 있는 일본을 보자. 그 나라는 기고만장氣高萬丈하여 세계를 무력으로 제패하겠다고 전쟁을 일으켰다. 당장은 일본이 여러 나라를 점령하면서 승리하는 것 같으나, 결국엔 원자탄으로도 두드려 맞고, 무조건 항복을 하였다. 얼마나 무서운 결산이었는가?

세상도 마찬가지이다. 이 세상은 한 때 너무나 완전한 하나님의 피조물이었다. 그러나 세상은 죄인들의 온갖 죄악으로 더러워지기 시작했다. 가속화된 온난화로 생태계는 본래의 모습을 잃어가면서 요동치기 시작했다. 기후의 변질로 세상의 수많은 곳이 발버둥치고 있다. 세상에 있는 많은 국가들은 욕심과 야망에 불타서 틈만 나면 서로를 물고 뜯기를 주저하지 않는다. 이런 세상도 반드시 결산을 볼 날이 있을 것이다.

만일 인류와 세상에 결산이 없다면, 인생이 너무 불공평하게 느껴지는 사람들이 얼마나 많겠는가? 그러나 모든 것에는 최후의 결산이 있는데, 바로 지옥과 천국이다. 만일 지옥과 천국이라는 최후의 결산이 없다면, 이 세상은 너무나 불공평하다. 형과 숙부조차도 죽여 버리는 김정은이 얼마나 잘 먹고 잘 사는가? 당장은 그가 잘 사는 것 같지만, 결산의 날에 하나님의 공의로운 심판을 받고 지옥으로 던져질 때에도 그렇게 생각할 사람은 없을 것이다.

한 마디로 말해서, 지옥은 옳게 살지 못한 사람들이 결산하는 곳이다. 그곳은 인생을 마음대로 살면서 온갖 죄악을 저지르면서, 지옥이 없다고 큰 소리로 외친 사람들이 가는 곳이다. 하나님의 말씀을 보자, "…각 사람이 자기의 행위대로 심판을 받고" 던져지는 곳이 바로 지옥이다 (계 20:13). 바울 사도도 같은 말을 했다, "하나님께서 각 사람에게 그 행한 대로 보응하시되, 오직 당을 지어… 불의를 따르는 자에게는 진노와 분노로 하시리라" (롬 2:6, 8).

지옥에 가는 사람들은 예수 그리스도를 거부한 사람들이다. 그들은 말할 수 없는 죄인이었으나, 그들의 죄를 용서하기 위하여 십자가에서 죽으셨다 다시 사신 구세주를 거부했다. 그렇게 거부함으로 그들은 모든 죄가 용서받을 수 있는 기회를 던져버렸던 것이다. 그들은 그들의 죄악 된 인생에 대하여 결산을 한 것이다. 그들은 하나님과 영원히 분리되어 사탄과 악령과 거짓 선지자들을 위하여 마련해 놓은 지옥으로 던져진 것이다 (계 19:20, 마 25:41).

지옥은 얼마나 무서운 곳인지 모른다. 그곳은 "구더기도 죽지 않는 곳"이다 (막 9:44). 지옥은 "바깥 어두운 데"라고 묘사되고 (마

8:12), "영원한 불"이라고도 묘사된다 (마 18:8). 사도 요한이 환상 중에 본 지옥은 "그 고난의 연기가 세세토록 올라가는" 곳이다 (계 14:11). 지옥에 가는 사람들은 하나님의 얼굴을 영원히 보지 못할 것이므로, 지옥은 "둘째 사망"이라고 불린다 (계 20:14). "불과 유황으로 타는 못"이기도 하다 (계 21:8).

그러나, 결산은 지옥과 같이 부정적인 면만 있는 것은 아니다. 인생을 올바르게 살면서 영원한 것을 추구한 사람들을 위한 곳도 있는데, 곧 천국이다. 바울 사도의 말을 빌어보자, "참고 선을 행하여 영광과 존귀와 썩지 아니함을 구하는 자에게는 영생으로 하시리라" (롬 2:7). 이 말씀에서 "영생"은 하나님과 더불어 영원히 산다는 뜻이다. 그리고 그렇게 사는 곳은 다름 아닌 천국이다. 한 마디로 말해서, 천국은 하나님이 계신 곳이다.

만일 하나님이 계시지 않는다면 구태여 천국이라고 불릴 이유가 없다. 하나님과 더불어 영원한 삶을 누린다는 것 자체가 얼마나 큰 축복인가! 이 복이야말로 모든 복 가운데서도 가장 큰 복이다. 하나님은 천국의 중앙에 있는 보좌에 앉으셔서 천국에 들어온 모든 성도들의 눈물을 손수 닦아 주신다 (계 21:4). 물론 성도들은 그처럼 그리던 하나님을 직접 뵙자, 감격의 눈물을 흘릴 것이다. 하나님은 눈물을 닦아 주시면서 그들을 맞이하신다.

성도들은 그들의 못된 행위와 죄악을 위하여 십자가에서 죽으신 "어린양"을 뵈면서, 찬양을 올리지 않을 수 없다. 그들의 찬양을 들어보자, "그들이 새 노래를 불러 이르되 두루마리를 가지시고 그 인봉을 떼기에 합당하시도다. 일찍이 죽임을 당하사 각 족속과 방언과 백성과 나라 가운데에서 사람들을 피로 사서 하나님께 드리시고, 그들로 우리 하나님 앞에서 나라와 제사장들을 삼으셨으니 그들이 땅에서 왕 노릇 하리로다"(계 5:9-10).

그렇다! 천국으로 인도된 사람들은 하나같이 죄가 없는 그리스도인들이다. 본래는 그들도 지옥으로 던져질 수밖에 없는 흉악한 죄인들이었는데도 불구하고, 천국으로 오게 된 것은 오직 예수 그리스도의 은혜 때문이다. 그분의 피로 모든 죄가 완전히 용서된 것이다. 이사야의 말대로이다, "…너희의 죄가 주홍 같을지라도 눈과 같이 희어질 것이요, 진홍 같이 붉을지라도 양털 같이 희게 되리라"(사 1:18). 천국에는 그분의 피로 희어진 사람들이 들어간다.

그리스도인들은 천국에서 그처럼 사모하고 고대하던 주님과 단절 없는 교제를 누릴 것이다. 얼마나 축복된 교제인가! 그런데 그들의 교제는 그것이 전부가 아니다. 그들은 사랑의 사도인 요한, 많은 가르침을 준 바울, 예수 그리스도의 수제자인 베드로, 이스라엘을 애굽에서 건져낸 모세, 이스라엘을 바알숭배에서 벗어나게 한 엘리야 등 수 많은 믿음의 영웅들과 교제를 나누는 축복을 누릴 것이다. 물론 천국에서의 교제는 끝이 없다.

그리스도인들이 이 세상에 살면서 사랑의 교제를 나누던 부모와 형제자매들, 교회의 형제자매들, 선교사로 갔다가 불의의 죽임을 당한 성도들, 주님의 이름을 위하여 순교를 당한 신앙의 선배들––이런 모든 성도들과 더불어 영원히 끊이지 않는 교제를 마음껏 누릴 것이다. 이처럼 놀라운 기대가 있기에 바울 사도는 "죽는 것도 유익함이라"고 선포했다 (빌 1:21). 그렇다! 이 세상의 짧은 인생을 주님을 위하여 산 사람들이 받을 결산이 바로 천국이다.

성경

41. 성경에는 오류가 없는가?

성경에는 오류처럼 보이는 표현들이 있다. 그러나 그런 것들은 성경의 복사와 번역의 과정에서 나타난 현상이다. 그뿐 아니라, 다르게 보이는 것도 조금만 깊이 살펴보면, 오류가 아닌 것이 증명된다. 특히 성경의 주어진 목적이 지금도 문자 그대로 이루어지고 있는 것을 보면, 성경은 완전한 하나님의 말씀이다. 성경이 주어진 가장 중요한 목적은 죄인들의 구원의 역사인데, 시간이 지날수록 구원의 역사가 많이 일어나는 것을 보면 성경은 하나님의 말씀이다.

성경을 열심히 연구하는 그리스도인은 종종 성경에서 오류 같이 보이는 것을 발견한다. 예를 들면, 바벨론으로 잡혀간 여호야긴 왕이 감옥에서 풀려난 날짜가 예레미야 52장에서는 25일이라고 기록되어 있는데 (52:31), 열왕기하 25장에서는 27일로 기록되어 있다 (25:27). 똑같은 사건인데도 날짜가 다르다는 사실은 성경에 오류가 있다는 것을 입증하는 것은 아닌가? 그것도 이곳에서만 그런 차이점이 있다면 모르겠는데, 실제로는 더 있다.

이런 차이점들이 성경에 포함된 사실은 소극적인 반응과 적극적인 반응을 동시에 일으킬 수 있다. 소극적인 반응은 성경이 참으로 하나님의 말씀인가에 대한 의문이다. 하나님의 말씀이라면 어떻게 이런 차이점이 생길 수 있는가? 반면, 적극적인 반응도 일으킬 수 있는데, 그것은 어떤 사람도 성경의 내용을 수정하지 않았다는 사실이다. 이런 차이점을 없애기 위하여 인위적으로 그 내용을 바꿀 수도 있었는데, 그렇게 하지 않았다는 사실이다.

왜 사람은 인위적으로 성경을 수정하거나 보완하지 않았는가? 그 이유는 성경이 하나님의 말씀이라는 확신 때문이다. 오류처럼 보이는 것도 인간이 건드릴 수 없는 하나님의 말씀이라는 것이다. 실제로 사람들이 하나님의 말씀을 복사하면서 종종 사소한 실수를 한 것도 사실이다. 왜냐하면 구약성경의 언어인 히브리어는 아주 작은 점이나 획도 있는데, 열악한 환경에서 복사하다 보니까, 어떤 때는 점을 **빼기**도 하고 또 덧붙이기도 했다.

그것만이 아니다! 그런 하나님의 말씀이 다른 나라 말로 번역되는 과정에서 철자나 숫자가 조금씩 틀리게 번역되기도 하였다. 이처럼 수천 년 동안 하나님의 말씀이 복사되고 또 번역되는 과정에서 아주 적은 과오가 일어났던 것이다. 한 번 생각해보라! 침침한 호롱불 밑에서 복사하는 모습! 그것도 조잡한 붓으로 식물의 줄기에 복사하는 모습! 후에는 잘 정제되지 않은 동물의 가죽에 기록된 성경! 이런 과정에서 과오가 일어나지 않는 것은 불가능했다.

그렇다면 하나님의 말씀이 최초로 기록된 원본에는 오류가 전혀 없단 말인가? 바로 그것이 정답이다! 그런데 불행하게도 최초의 원본은 존재하지 않는다. 현존하는 가장 오래된 성경은 주전 300년경에 복사된 것이다. 파피루스라는 식물 줄기에 기록된 것인데, 그것이 현재까지 존재한다는 사실도 거의 기적에 가깝다. 그러면 원본에는 아무런 오류도 없다는 것을 어떻게 알 수 있는가? 아무도 본 사람이 없는데 말이다.

그것은 성경의 목적이 지금도 이루어지고 있는 사실 때문이다. 하나님의 말씀이 주어진 가장 근본적인 목적은 죄인들이 예수 그리스도를 통하여 구원받아 변화된 삶을 사는 것이다. 그런데 그 목적은 21세기인 지금도 세계 도처에서 일어나고 있다. 그렇게 많은 죄인들이 지금도 죄를 용서받고, 변화된 경험을 간증하고 있다. 만일 성경이 하나님의 말씀이 아니라면, 그런 변화는 결코 일어나지 않을 것이다.

그런 목적을 바울 사도는 이렇게 분명히 기록하였다, "…성경은 능히 너로 하여금 그리스도 예수 안에 있는 믿음으로 말미암아 구원에 이르는 지혜가 있게 하느니라"(딤후 3:15). 이 세상의 어떤 책이 죄인을 실제로 변화시키는가? 물론 없다! 그러나 하나님의 말씀인 성경을 통하여 아무리 심각한 죄인이라도 그의 죄를 용서받는다. 그리고 한 발 더 나아가서 그는 도덕적이고 의로운 삶을 살아가기 시작한다.

성경의 원본에는 어떤 오류도 없다는 것은 예언의 성취를 보면 알 수 있다. 인간적으로 말해서 10가지 예언이 다 성취될 수 있는

가능성은 1,024분의 1이다. 이것을 다른 말로 하면, 10가지 예언이 다 이루어진다는 것은 불가능하다는 뜻이다. 그런데 성경에는 수백 가지의 예언이 들어있는데, 이미 80%이상은 문자 그대로 성취되었다. 어떻게 예언과 성취가 그렇게 이루어질 수 있었는가? 그 이유는 간단하다!

과거와 현재와 미래를 아시는 전지(全知)의 하나님이 성경의 저자들에게 영감(inspiration)을 불어넣어주셨기 때문이다. 베드로의 말을 인용해보자, "예언은 언제든지 사람의 뜻으로 낸 것이 아니요 오직 성령의 감동하심을 받은 사람들이 하나님께 받아 말한 것임이라"(벧후 1:21). 그렇다! 성경의 저자는 이중적이다. 일차적인 저자는 하나님이시나, 하나님이 직접 기록하지 않으시고 사람들을 선택하셔서 그들에게 영감을 불어넣어 기록하게 하셨던 것이다.

하나님이 저자가 아니라면 인간적으로 불가능한 많은 예언들이 한 자도 틀림없이 성취될 수 없기 때문이다. 역사적으로 많은 독재자들이 성경을 이 지구상에서 완전히 없애버리려 한 것도 사실이며, 또 온갖 학자들이 성경이 하나님의 말씀이 아니고 인간의 말이라고 주장한 것도 사실이다. 그런 노력과 비난에도 불구하고 성경은 결코 없어지지 않았다. 없어지기는커녕 이 세상에서 성경만큼 많은 언어로 번역되어 보급되는 책은 없다.

그런데 성경에는 이처럼 복사와 번역의 오류 때문에 성경의 내용 자체가 서로 다르게 보일 때도 없잖아 있다. 예를 들면, 다윗이 인구조사를 시켰을 때였다. 사무엘하 24장에서는 여호와가 이스라엘에게 진노하셔서 그들을 심판하고자 다윗을 격동시키셨다고 기록했다 (삼하 24:1). 반면, 역대상 21장에서는 사탄이 이스라엘을 대적하고 다윗을 충동했다고 기록했다 (대상 21:1). 이렇게 같은 내용을 가지고 서로 다른 원인을 제시하는 이유는 무엇인가?

이처럼 다른 묘사는 마치 성경에 오류가 있는 것처럼 받아들여질 수도 있다. 그러나 조금만 깊이 생각하면 그 문제는 쉽게 해결된다. 하나님이 알려지지 않은 이유 때문에 이스라엘을 심판하시기로 작정하셨다. 그런데 사탄은 하나님이 진노하신 순간을 이용해서 다윗을 격동시켰던 것이다. 그러니까 시간을 따져보면 하나님이 진노하신 것이 먼저이고, 그 후에 사탄이 개입했던 것이다. 결국, 사무엘의 말씀도 그리고 역대상의 말씀도 전혀 오류가 없다는 것이다.

성경에는 얼핏 보기에 서로 다르게 묘사함으로 오류처럼 보이는 표현이 없잖아 있다. 그러나 조금만 더 깊이 생각하면 쉽게 해결될 수 있다. 좀 더 깊이 연구하라고 바울은 젊은 목회자인 디모데에게 이런 충고를 했던 것이다. "너는 진리의 말씀을 옳게 분별하며 부끄러울 것이 없는 일꾼으로 인정된 자로 자신을 하나님 앞에 드리기를 힘쓰라" (딤후 2:15). 진리의 말씀, 곧 하나님의 말씀을 분별해야 한다는 것이다. 그리할 때 주님이 쓰시는 사람이 되는 것이다.

42. 하나님의 형상은 무슨 뜻인가?

사람이 하나님의 형상을 닮았다는 것은 외적인 모습이 아니라, 내적인 성품이다. 사람은 다음의 다섯 가지 영역에서 하나님의 성품을 닮았다. 첫째, 사람은 하나님처럼 영적 존재이다. 둘째, 사람은 영원한 존재이다. 셋째, 사람은 이성적인 존재임으로, 생각하고 기억한다. 넷째, 사람은 옳고 그름을 분별하는 도덕적 존재이다. 다섯째, 사람은 자유의지가 주어진 존재이다. 그 자유의지를 가지고 하나님을 선택할 수도 거부할 수도 있으며, 그에 대한 책임도 진다.

하나님이 사람을 창조하실 때 당신의 형상을 따라 창조하셨다고 성경은 기록하고 있다. 그 말씀을 인용해보자, "하나님이 이르시되, '우리의 형상을 따라 우리의 모양대로 우리가 사람을 만들고…' 하나님이 자기 형상 곧 하나님의 형상대로 사람을 창조하시되 남자와 여자를 창조하시니라"(창 1:26-27). 그렇다! 하나님은 남자든 여자든 사람을 하나님의 형상에 따라 창조하셨다. 그렇다면 사람은 하나님을 닮았다는 뜻인데, 어떻게 닮았다는 말인가?

아들이 아버지를 닮았다는 표현을 "아버지의 형상"the image of father이라고 한다. 아버지를 판에 박은 듯 닮았다는 묘사이다. 그러나 하나님에게는 어떤 형체도 없다. 그분에게는 얼굴도 없고, 몸도 그리고 손발도 없다. 그런 하나님을 그 아들 예수 그리스도는 "하나님은 영이시다"라고 표현하셨다 (요 4:24). 그러면 아무 형체도 없는 하나님을 사람이 어떻게 닮았다는 말인가? 그러므로 하나님의 형상은 형체를 가리키는 것이 아닌 것이 확실해진다.

그러니까 하나님을 닮았다는 표현은 하나님의 모습을 뜻하는 것이 아니라, 하나님의 성품을 뜻하는 것이 분명하다. 그러면 자연스럽게 하나님의 성품이 무엇이며, 또 그 성품을 어떻게 닮았는지 알아보는 것이 순서일 것이다. 하나님의 성품을 서술하려면 끝이 없는데, 실례를 들어보면, 그분은 모든 것을 아시는 전지^{全知}의 분이시며, 모든 것을 행하실 수 있는 전능^{全能}의 분이시며, 또 어디에나 계시는 전재^{全在}의 분이시다.

두말할 필요도 없이 사람은 그런 성품을 닮을 수 없는데, 그런 것은 하나님의 영역이기 때문이다. 그렇다면 어떤 영역에서 사람은 하나님의 성품을 닮았다는 말인가? 첫 번째의 영역은 영적인 면이다. 위에서 언급한 것처럼, 하나님은 영이시다. 그러므로 사람이 하나님의 형상에 따라 지음을 받았다는 말은 사람이 영적인 존재로 창조되었다는 뜻이다. 사람이 영적인 존재라는 사실은 사람의 종교성에서도 찾을 수 있다.

왜 사람은 위기에 봉착할 때 절대자를 찾는가? 왜 사람은 기도하는가? 왜 사람은 마음 속 깊이에 공허를 느끼는가? 왜 사람은 의식주가 채워져도 만족하지 못하는가? 왜 사람은 부귀와 영화를 누려도 행복하지 못하는가? 그 이유는 분명하다! 사람은 영적으로 창조되었기 때문이다. 영이신 하나님을 인격적으로 만나서 교제를 갖기 전에는 인생의 참의미도 알 수 없다. 영이신 하나님만이 채워주실 수 있는 영적 영역이 있기 때문이다.

두 번째의 영역은 생명이다. 영원하신 하나님은 당신의 생명을 사람에게 부여하셨다. 그리고 그 생명은 하나님이 주신 것이기 때문에 영원하다. 물론 사람은 인생을 마치면 죽는다. 그러나 그 죽음은 육체와 그 육체가 담고 있는 영혼의 분리일 뿐이다. 육체는 썩어서 흙으로 돌아가지만, 그 영혼은 결코 죽지 않는다. 왜냐하면 그 영혼은 하나님의 생명과 같은 영원한 생명이기 때문이다. 그러므로 사람은 하나님처럼 영원한 존재이다.

이 세상 끝날, 모든 영혼은 부활된 육체와 다시 결합하여 영원의 세계로 들어간다. 그때 예수 그리스도를 거부한 사람은 하나님이 계시지 않는 지옥으로 갈 것이나, 예수님을 구세주로 받아들인 사람은 하나님이 계신 천국으로 갈 것이다. 사람은 지옥에서든 천국에서든 거기에서 영원히 살게 될 것이다. 그런 영원 때문에라도 사람은 기회가 주어졌을 때 예수 그리스도를 믿고 영접하여 구원받아야한다. 그래야 천국에서 영생을 누리게 된다.

사람이 하나님의 성품을 닮았다는 세 번째 영역은 이성적인 면이다. 하나님은 전지하시다고 이미 언급했는데, 그 표현은 하나님에게 이성과 지성이 있다는 말이다. 하나님은 그런 이성과 지성을 사람에게 부여하셨다. 어떤 동물도 부모의 이름과 자신의 생년월일을 기억하지 못한다. 오직 사람만이 과거를 기억하고, 그것을 토대로 현재를 살아가며, 그리고 미래를 설계할 수 있다. 그것은 사람에게 주어진 이성과 지성 덕분이다.

그런 이유 때문에 사람은 그의 이성과 지성을 개발하는데 게으르면 안 된다. 만일 하나님이 그 이성과 지성에 빛을 비추시면, 그 사람은 하나님의 말씀을 깨닫고 또 삶에 적용할 수 있게 된다. 그 조명으로 인하여 사람은 그를 향한 하나님의 뜻도 찾을 수 있다. 그리고 그 뜻에 따라 인생의 방향을 결정할 때, 그의 삶이 풍성해질 뿐 아니라 (요 10:10), 주변의 사람들에게 여러 가지 유익을 끼친다. 그 결과 그의 창조주이신 하나님에게 영광을 돌리게 된다.

네 번째 영역은 도덕적인 면이다. 하나님이 창조하신 동물 중에서 도덕의 개념을 가진 동물은 사람밖에 없다. 사람만이 옳고 그름을 판단할 수 있는 도덕의 개념을 갖는데, 그 이유는 분명하다! 하나님의 형상을 따라 지음을 받았기 때문이다. 하나님에게는 어떤 악과 죄도 존재하지 않는다. 그분은 처음부터 거룩한 분이시다. 그런 거룩한 성품을 하나님은 사람을 창조하실 때 부여하신 것이다. 사람이 아무리 타락해도 공개적으로 죄를 짓지 못하는 이유이다.

왜 사람에게 양심의 가책이 있는가? 정도의 차이는 있을지언정 모든 사람은 양심의 소리에 귀를 기울이거나 아니면 갈등한다. 왜 사람에게 수치감과 죄의식이 있는가? 그의 잘못이 다른 사람에게 드러날 때, 그는 수치감에 휩싸인다. 사람이 하나님의 법을 의도적으로 깨뜨릴 때, 그는 죄의식에 사로잡힌다. 왜 사람에게만 이런 수치감과 죄의식이 있는가? 두말할 필요도 없이 거룩하신 하나님이 부여하신 도덕적 성품 때문이다.

사람이 하나님의 성품을 닮았다는 다섯 번째 영역은 자유의지이다. 물론 하나님에게는 절대적인 자유의지가 있다. 그런데 놀랍게도 그와 유사한 자유의지를 하나님이 사람에게 주셨던 것이다. 그 이유도 간단하다! 하나님은 자유와 의지가 없는 로봇을 만들기 원하지 않으셨기 때문이다. 하나님은 사람을 당신과 같은 인격자로 창조하셨고, 그리고 사람을 그렇게 대우하시는 것이다. 하나님이 사람에게 주신 최대의 선물일지 모른다.

동시에 그 자유의지는 거기에 상응하는 책임도 따른다. 얼마나 많은 사람이 한 번의 잘못된 선택 때문에 인생을 망가뜨리는가? 그런데 인생뿐만 아니라, 영원을 망가뜨리는 선택도 있다! 그것은 자유의지를 사용해서 하나님을 거부하는 것이다. 이런 거부의 선택은 현재의 인생도 풍요롭지 못하게 할 뿐 아니라, 내세來世의 삶도 지옥으로 이끌기 때문이다. 반면, 예수 그리스도를 통하여 하나님을 선택한 사람은 현재와 내세가 보장되는 것이다!

43. 왜 하나님의 말씀이 이해되지 않는가?

하나님의 말씀을 이해하지 못하는 이유가 크게 두 가지인데, 하나는 거듭나지 못했기 때문이고, 또 하나는 적용하지 않기 때문이다. 거듭나지 않은 교인들은 성령의 도움이 없기에 성령의 감동으로 기록된 말씀을 깨달을 수 없다. 뿐만 아니라, 하나님의 말씀이 주어진 궁극적인 목적은 그 말씀을 삶에 적용하기 위한 것이다. 그런데 어떤 그리스도인은 읽고 깨달은 말씀을 삶에 적용하지 않기 때문에 하나님은 그에게 더 이상 깨달음을 주지 않으신다.

많은 그리스도인이 성경을 읽을 때 어렵게 느낀다. 도대체 어떻게 성경을 읽어야 보다 쉽게 이해할 수 있는가? 성경이 그렇게도 어렵게 느껴지는 것은 하나님이 "나"를 택하지 않으셨기 때문인가? 아니면 "나"는 하나님의 말씀을 깨달을 수 있는 은혜도 받지 못했고, 그런 이유로 지적으로 깨달을 수 있는 능력이 없는 것은 아닌가? 어떤 그리스도인에게는 하나님의 말씀을 깨닫게 하셨는데, "나"에게 그런 깨달음이 없는 것을 보니 하나님은 불공평하지 않으신가?

우선, 이와 같은 진솔한 갈등을 느끼고 있는 사람은 참으로 훌

률한 그리스도인이다. 아니, 성경을 깨닫지 못해서 갈등하는 "내"가 훌륭한 그리스도인이라니, 이해가 안 간다. 그가 훌륭한 이유는 이렇다. 많은 그리스도인이 성경을 읽기는커녕 관심도 없기 때문이다. 그런 명목상의 그리스도인은 교회도 다니며 그리스도인이라고 자처하지만, 실제로는 이름만 걸어놓은 교인이다. 왜냐하면 그리스도인이라면 영의 양식인 하나님의 말씀을 매일 먹어야 하기 때문이다.

먼저, 성경을 읽지만 어렵게 여겨지는 원인을 알아보자. 가장 중요한 원인은 그가 진정으로 거듭나지 않았기 때문인지 모른다. 왜냐하면 영의 양식인 하나님의 말씀은 "내" 안에 내주하시는 성령의 도움으로 깨달을 수 있기 때문이다. 바울 사도는 이렇게 설명했다, "육에 속한 사람은 하나님의 성령의 일들을 받지 아니하나니 이는 그것들이 그에게는 어리석게 보임이요, 또 그는 그것들을 알 수도 없나니 그러한 일은 영적으로 분별되기 때문이라" (고전 2:14).

이 말씀에서 "육에 속한 사람"은 "물과 성령"으로 거듭나지 못한 자연인을 가리킨다. 자연인은 아무리 오랫동안 교회를 다녔어도 하나님의 말씀을 이해하거나 알 수 없다. 왜냐하면 성경은 성령의 감동을 받은 사람들이 하나님에게서 받아 기록했기 때문이다. 베드로 사도의 말을 들어보자, "예언은 언제든지 사람의 뜻으로 낸 것이 아니요, 오직 성령의 감동하심을 받은 사람들이 하나님께 받아 말한 것임이라" (벧전 1:21). 이 말씀에서 예언은 성경을 가리킨다.

성경이 다른 모든 책과 다른 점이 바로 이것이다. 모든 책은 인간이 저술한 것이지만, 성경은 궁극적으로 하나님에게서 나온 것이다. 하나님이 성경의 저자들에게 성령의 영감을 불어넣어주셔서, 그들이 하나님으로부터 받아서 기록했기 때문이다. 인간의 책은 인간의 지성과 노력으로 이해할 수 있으나, 하나님의 말씀은 인간의 노력만으로는 깨닫는데 엄청난 한계가 있다. 거듭나서 "내" 안에 계시는 성령의 도움을 받아야 깨달을 수 있다.

그 다음, 거듭난 그리스도인이 성경을 읽지만 어렵게 느껴질 뿐아니라 이해가 잘 가지 않는 두 번째 이유는 적용에 문제가 있기 때문이다. 하나님의 말씀은 궁극적으로 "내"가 이해하기 위해서 주어진 책이 아니다. 물론 이해하는 것은 이해하지 못하는 것보다 훨씬 중요하다. 그러나 이해만으로 끝나면 하나님이 그리스도인에게 말씀을 주신 목적을 완전히 오해한 것이다. 하나님의 말씀은 이해한 말씀을 궁극적으로 삶의 현장에서 적용하기 위한 것이다.

예를 들면, 이런 말씀을 읽었다고 하자; "내 사랑하는 자들아, 너희가 친히 원수를 갚지 말고 하나님의 진노하심에 맡기라. 기록되었으되 원수 갚는 것이 내게 있으니 내가 갚으리라…네 원수가 주리거든 먹이고 목마르거든 마시게 하라. 그리함으로 네가 숯불을 그 머리에 쌓아 놓으리라" (롬 12:19-20). 이 말씀에 의하면, 그리스도인은 스스로 원수 갚지 말고, 하나님에게 맡겨야 된다. 그리고 그 원수의 필요까지도 채워주어야 한다.

그러나, 그 말씀을 읽고 이해했지만, "내"가 원수를 미워하고 모함하고자 하면, 그런 그리스도인은 그가 이해한 하나님의 말씀을 삶의 현장에 적용하지 않은 것이다. 적용은커녕 하나님이 분명히 알려주신 명령을 의도적으로 거부한 셈이다. 그렇게 하나님의 말씀을 삶에 적용하지 않는 그리스도인이 어떻게 하나님의 말씀을 이해할 수 있겠는가? 하나님도 기뻐하지 않으실 뿐 아니라, 성령도 그를 도와서 하나님의 말씀을 깨닫게 하지 않으신다.

하나님의 말씀을 삶의 현장에 적용하는 일에 있어서 두 가지를 염두에 두어야 한다. 첫째는 믿음이고 둘째는 순종이다. 이 두 가지는 신앙생활의 두 날개라고도 한다. 새가 두 날개를 저으면서 하늘로 치솟듯, 그리스도인도 믿음과 순종의 날개를 저어야 하나님의 말씀을 깨닫는다. 깨달을 뿐 아니라, 그의 삶에 풍성한 축복과 능력이 주어질 것이다. 왜 믿음과 순종이 신앙생활의 두 날개인가? 그 이유는 하나님의 말씀에는 약속과 명령이 가득하기 때문이다.

하나님의 말씀에는 약속들이 얼마나 많은지 모른다. 어떤 성도는 적어도 근 800가지나 된다고 한다. 그런데 성경을 읽으면서 그런 약속을 만나면, 그 약속을 믿음으로 받아들여야 한다. 그렇게 믿음으로 받아들일 때 하나님의 약속은 "나"의 것이 되며, 하나님은 약속대로 "나"와 동행하시면서 축복을 안겨주신다. 그러나 하나님의 말씀을 이해하기 위하여 읽으면서 약속을 붙잡지 않는 그리스도인이 하나님의 말씀을 어떻게 깊이 이해할 수 있겠는가?

하나님의 말씀에는 약속뿐 아니라 명령도 가득하다. 모세 오경에 들어있는 명령만도 613가지나 된다. 물론 어떤 그리스도인도 그렇게 많은 명령을 받들어 순종할 수 없다. 그러나 하나님은 그리스도인에게 어떤 특정한 명령을 주실 때, 그 명령에 순종해야 한다. 그렇게 명령에 순종할 때 하나님은 그에게 순종할 수 있는 능력도 부어주신다. 그런 약속을 보자, "…하나님이 자기에게 순종하는 사람들에게 주신 성령도 그러하니라 하더라"(행 5:32).

이 말씀에서 약속된 성령은 충만하게 채워주시는 성령이시다. 그 성령의 강한 임재와 능력으로 그리스도인은 명령을 따를 수 있는 것이다. 그렇게 따를 때 성령은 그에게 필요한 능력을 허락하시면서, 그를 자유롭게 사용하신다. 이처럼 분명한 사실에도 불구하고 많은 그리스도인은 성경을 읽을 때, 이해하기 위하여 읽지만 순종하기 위해서 읽지는 않는다. 하나님이 그런 사람으로 하여금 성경을 쉽게 이해할 수 있도록 도우시겠는가?

44. 어떻게 하면 *하나님의 말씀을* 이해할 수 있는가?

하나님의 말씀을 이해하기 위해서 무엇보다도 말씀에 대한 갈증을 가져야 한다. 그 갈증을 채우기 위하여 일정한 시간에 그리고 일정한 장소에서 하나님의 말씀을 읽어야 한다. 그리고 성경을 읽으면서 성경에 줄도 긋고 표시도 과감하게 해야 한다. 그뿐 아니라, 가능하면 하나님의 말씀을 아침에도 읽고 저녁에 자기 전에도 읽어야 한다. 가능하면 성경을 1년에 한 번씩 통독한다면 하나님은 그런 성도를 귀하게 보시고 하나님의 말씀을 깨닫게 해 주신다.

하나님의 말씀을 이해하기 위하여 가장 중요한 것은 마음의 자세이다. 다시 말해서, 어떤 대가를 치루는 한이 있더라도 하나님의 말씀을 이해하고 깨닫기를 원하는 강력한 마음의 결단이 있어야 한다는 말이다. 이런 결단은 하나님의 말씀에 대한 굶주림의 표현이요, 그리고 그 영적 굶주림을 채우고야 말겠다는 고귀한 마음의 표현이다. 그런 그리스도인에게 하나님은 반드시 그 말씀으로 굶주림을 채워주실 뿐 아니라, 넘치게 하신다.

예수 그리스도를 통하여 하신 약속을 들어보자, "의에 주리고 목마른 자는 복이 있나니. 그들이 배부를 것임이요"(마 5:6). 그렇다! 하나님의 말씀을 이해할 수 있는 첫 단초가 바로 "의에 주리고 목마르다"는 갈증이다. 이런 갈증은 하나님을 더 깊이 알고픈 고귀한 영적 갈증이다. 하나님은 이런 그리스도인을 결코 간과하지 않으시고, 그로 하여금 배부르게 하신다. 혼자만 먹기에는 너무 많아서 다른 사람들에게 그렇게 이해한 말씀을 나누게 하신다.

이런 갈증을 해갈하기 위하여 일정한 시간을 내는 것이 좋다. 건강한 사람이 일정한 시간에 식사를 하는 것처럼, 영적 양식을 먹기 위하여 일정한 시간을 낼 수 있다면 그보다 더 좋은 것은 없을 것이다. 어느 시간이 하나님의 말씀을 읽고 이해하기 좋은가는 각자가 정해야 할 문제이다. 그러나 가능하다면 아침 시간을 정하면 좋을 것이다. 왜냐하면 그 시간에는 정신도 말짱하고, 또 하루의 일과로 마음이 복잡해지기 전이기 때문이다.

다음으로 일정한 장소를 사용하면 가장 이상적이다. 일정한 장소에서 하나님의 말씀을 대하고 기도하는 그리스도인은 그 시간에 그 장소에 들어가면, 마음이 푸근해진다. 그뿐 아니라, 그곳에서 하나님의 말씀을 깨달은 경험이 있었다면, 자연스럽게 말씀에 대한 기대감이 치솟게 된다. 그러나 장소도 역시 각자가 결정해야 할 개인적인 사항이다. 두말할 필요도 없이 그리스도인은 어떤 장소에서든지 하나님의 말씀을 대하면서 영의 양식을 기대할 수 있다.

하나님의 말씀을 읽을 때, 눈으로만 읽지 말고 소리를 내서 읽으면 그만큼 효과도 클 것이다. 한 발 더 나아가서, 연필을 가지고 성경에 표시도 하고 또 기록도 한다면 금상첨화錦上添花이다. 그는 눈과 입과 귀를 동시에 사용하기 때문에 효과도 더 좋을 것이다. 많은 그리스도인은 손에 연필을 쥐지 않으면 성경을 읽지 않는다. 그리고 성경에 과감하게 줄도 긋고, 동그라미도 그리고, 깨달은 말씀을 난외欄外에 기록하면 더 좋다.

무디는 이렇게 말했다. "성경이 더러우면 마음이 깨끗하나, 성경이 끼끗하면 마음이 더럽다." 이 말은 값진 가죽 성경이 아까와서 깨끗하게 내버려두면 안 된다는 말이다. 줄을 긋고, 단어와 단어를 줄로 그어 서로 연결시키고, 어떤 표현에는 원으로 표시하고, 이해할 수 없는 말씀에는 의문부호를 써 넣고, 깨닫게 된 것은 성경의 여백에 과감히 기록하라. 그렇게 하면 자연스럽게 성경은 더러워질 것이며, 따라서 그만큼 마음은 깨끗해질 것이다.

하나님의 말씀을 읽다가 약속이라도 만나면, 믿음으로 그 약속을 "나"의 것으로 만들라. 그리고 그 약속의 말씀에 줄을 긋고, 그 옆에 약속을 받은 날짜를 기록하라. 한 발 더 나아가서, 그 약속의 말씀을 암송하고 또 묵상하라. 암송과 묵상은 동전의 양면과 같아서 같이 간다. 암송하면, 그 말씀을 시시때때로 묵상하면서 매일의 삶에 적용시킬 수 있게 된다. 그렇게 암송된 구절이 많게 되면, 그의 삶은 그만큼 풍성해질 것이다.

하나님의 말씀을 읽을 때 어떤 책부터 읽어야 하는가? 많은 그리스도인이 신약성경의 첫 번째 책인 마태복음부터 시작하는데,

많은 경우 실패한다. 왜냐하면 아브라함의 족보이야기로 시작된 마태복음은 너무나 재미없기 때문이다. 그러면 어떤 책부터 읽어야 하는가? 하나님의 말씀에 깊이 들어간 경험이 없는 그리스도인은 마가복음이나 요한복음부터 시작하면 좋을 것이다. 왜냐하면 마가복음은 간단하고도 분명하게 전개되고, 요한복음은 모든 사람을 대상으로 기록되었기 때문이다.

그런데 하나님의 말씀을 한쪽으로 치우쳐서 읽으면 건강한 그리스도인이 되기 어렵다. 성경을 골고루 읽어야 한다. 가장 좋은 방법은 아침에 신약성경을 읽고, 자기 전에 구약성경을 읽는 것이다. 비록 신약성경이 구약성경보다 양이 훨씬 적지만, 내용은 그렇지 않다. 신약성경의 의미와 내용은 그야말로 무궁무진無窮無盡하다. 만일 아침에 신약성경 2장 그리고 저녁에 구약성경 2장씩 읽는다면, 구약을 1번 읽을 때 신약을 5번 읽게 된다.

뿐만 아니라, 그렇게 하루에 4장씩 성경을 읽으면 1년에 한 번씩 성경을 통독하게 된다. 무디는 정상적인 그리스도인이라면 성경을 적어도 1년에 한 번씩은 통독해야 한다고 말했다. 하나님이 위대하게 사용하신 무디의 충고를 받아들인다면, 그 그리스도인도 하나님이 기뻐하시는 존귀한 성도가 될 것이다. 그러나 1년에 한 번씩 통독한다는 것은 하나님의 절대적인 명령이 아니다. 그것도 그리스도인이 결정해야 할 사항이다.

많은 그리스도인은 그런 무디의 충고를 달갑게 여기지 않는다.

왜냐하면 그 그리스도인은 1년에 한 번이 아니라 여러 번 성경을 통독하기 때문이다. 그렇게 하기 위하여 그런 그리스도인은 어떤 때는 성경을 권으로 읽기도 한다. 예를 들면, 시간을 내어서 요한복음 전체를 앉은 자리에서 읽는다. 그런 그리스도인은 성경 전체의 흐름을 보다 쉽게 이해할 것이다. 왜냐하면 성경을 읽을 때 한 장이나 두 장에 매달리지 않고 전체를 보기 때문이다.

그래서 성경을 읽는 방법도 크게 두 가지로 나눌 수 있는데, 하나는 한 장이나 한 부분을 세밀하게 보는 방법이다. 이런 방법을 귀납적^{歸納的} 성경연구라고 하는데, 무디는 현미경적 방법이라고 표현했다. 어떤 표현을 사용하든 단어와 표현을 일일이 살피고 연구해서 결론을 도출하는 것이다. 반면, 그렇게만 성경을 읽으면 도대체 어느 세월에 통독할 수 있겠는가? 그런 이유 때문에 전체를 한눈에 보는 방법도 필요한 것이다.

이런 방법을 연역적^{演繹的} 방법, 또는 망원경적 방법이라고 한다. 멀리서 성경 전체에 흐르는 내용을 파노라마식으로 보는 방법이다. 가장 이상적인 방법은 이 두 가지 방법을 같이 사용하면 성경을 깊이 그리고 폭넓게 이해하는데 큰 도움이 될 것이다. 이렇게 성경을 읽는 사람을 그가 사역자이든 평신도이든 하나님은 귀하게 보신다. 그리고 하나님은 이렇게 그 말씀을 사모하며 또 애쓰는 그리스도인을 귀하게 사용하실 것이다.

이렇게 하나님의 말씀에 깊이 들어가고자 하는 그리스도인은 도움도 필요하다. 예를 들면, 성경에는 규빗이란 치수가 자주 나오는데, 그것이 얼마나 긴지 알 수 없다. 그런 궁금증을 풀어주기 위하여 『성경핸드북』을 구입할 수 있다. 가능하면 그런 책을 옆에 두면, 어려운 단어나 표현이나 문화적인 습관을 이해하는데 도움이 될 것이다. 이렇게 여러모로 애를 쓰면서 성경을 읽는 그리스도인에게 하나님도 그의 눈을 열어서 깊이 이해하게 하실 것이다.

45. 구약성경의 율법을 어디까지 지켜야 하나?

이스라엘 백성이나 그리스도인이나 하나님의 사랑을 전파해야 하는데, 그 방법은 주변의 사람들에게 도덕적인 삶을 보여주는 것이다. 그 도덕의 시작이 십계명이다. 그리고 십계명을 구체적으로 설명해준 율례가 있으며, 그 율례를 깨뜨렸을 때 받을 심판은 규례였다. 그리스도인은 성령의 도움을 받아 모든 도덕의 근간인 십계명을 지켜야 하나, 율례와 규례는 지킬 필요가 없다. 십계명에 내포된 사랑의 정신을 발휘하면 충분하다.

그리스도인은 구약성경의 율법을 지켜서가 아니라, 하나님의 은혜로 값없이 구원받았다. 예수 그리스도가 모든 율법의 요구를 만족시키셨기 때문에 가능했던 것이다. 바울 사도는 그런 예수님의 역사를 이렇게 간단명료하게 언급했다. "그리스도는 모든 믿는 자에게 의를 이루기 위하여 율법의 마침이 되시니라"(롬 10:4). 이 말씀을 쉽게 해석하면, 그리스도가 모든 율법의 요구를 성취하셨기 때문에 어떤 사람이라도 그 사실을 믿기만 하면 의롭게 된다는 것이다.

그렇게 의롭다 하심을 받은 그리스도인은 더 이상 율법을 지키지 않아도 된다는 말인가? 아니다! 바울은 오히려 그 반대를 역설하였다. 그의 말을 들어보자, "그런즉 우리가 믿음으로 말미암아 율법을 파기하느냐? 그럴 수 없느니라! 도리어 율법을 굳게 세우느니라"(롬 3:31). 이 말씀은 믿음으로 의롭다 하심을 받은 그리스도인은 율법을 무시하거나 폐기하지 못하고, 오히려 더욱 굳게 지켜야 한다는 것이다.

그 이유는 분명하다! 율법은 죄인이 과거에 범한 모든 죄를 일깨워주어 그로 하여금 대속의 죽음을 죽으신 그리스도 앞으로 인도하기 때문이다. 바울의 설명을 들어보자, "이같이 율법이 우리를 그리스도께로 인도하는 초등교사가 되어 우리로 하여금 믿음으로 말미암아 의롭다 함을 얻게 하려 함이라"(갈 3:24). 그렇다! 율법이 아니었다면 어떤 사람도 그의 죄를 깨닫지 못하고, 또 그리스도 앞으로도 나오지도 못한다는 말이다.

율법은 이처럼 과거의 죄를 일깨워줄 뿐 아니라, 그리스도인으로 하여금 미래에 어떤 삶을 살아야 할지도 지도해준다. 그는 율법으로 인하여 도덕적인 삶이 무엇인지를 알게 된다. 그리고 율법이 정한 도덕적인 삶을 영위하지 못할 때, 그의 죄성을 깊이 알려주는 역할을 한다. 그리고 인간적으로 해결할 수 없는 죄성의 문제를 해결하기 위하여 율법은 그를 다시 한 번 예수 그리스도의 십자가 앞으로 인도해준다(롬 7:24-25).

그렇다면 그리스도인은 구약성경의 율법을 다 지켜야 하는가?

물론 아니다! 다 지킬 수도 없을 뿐 아니라, 다 지켜서도 안 된다. 그리스도인은 선별적으로 어떤 율법은 지켜야 하고, 또 어떤 율법은 지키면 안 되는 것이다. 당연히 한 가지 문제가 제기되는데, 두 말할 필요도 없이 어떤 율법은 지켜야 되고, 또 어떤 율법은 지키면 안 되는지 구분하는 문제이다. 그런 구분을 위하여 먼저 구약성경의 율법의 내용을 알아보아야 할 것이다.

토라로 불리는 율법은 모세5경을 가리킨다. 그리고 그 율법은 다음과 같이 크게 세 가지로 분류된다: 십계명, 율례 및 규례. 모세의 율법 가운데 가장 근간이 되는 것은 출애굽기 20장에 기록된 십계명이다. 하나님이 이스라엘 백성을 애굽에서 구원해내신 후 십계명을 주신 목적은 분명하다. 그들이 경험한 하나님을 세상의 우상숭배자들에게 전파하기 위함이었다 (출 19:4-6). 그러나 세상 사람들은 출애굽을 허용하신 하나님의 능력을 직접 보지는 못했다.

세상 사람들이 볼 수 있는 것은 그런 엄청난 구원을 경험한 이스라엘 백성의 삶뿐이었다. 이스라엘 백성이 하나님을 전파하기 위해서는 세상 사람들과 다른 삶, 곧 하나님을 닮는 삶을 영위해야 했다. 어떻게 하면 다른 삶을 영위할 수 있는가? 하나님이 주신 십계명을 지키라는 것이었다. 왜냐하면 십계명은 하나님의 성품을 드러내기 때문이다. 이스라엘 백성이 십계명을 지키면, 위로는 하나님의 성품을 닮아가고 아래로는 사람들과 다른 삶을 살게 된다.

그런데 그 십계명을 지키려고 할 때 많은 질문이 생긴다. 예를 들면, 안식일을 거룩히 지키라는 제4계명을 지키기 위하여 구체적으로 어떻게 해야 할지 알 수 없는 경우가 얼마든지 있기 때문이다. 안식일에 불을 때서 밥을 해도 좋은지, 아니면 불을 때면 안 되는지 등이다. 하나님은 율법의 근간인 십계명을 구체적으로 실천할 수 있도록 보충설명을 주셨는데, 그것이 바로 율례이다. 최초의 율례는 출애굽기 21~23장에 기록되어 있다.

그 후로도 필요할 때마다 율례를 더하셨는데, 한 실례가 출애굽기 35장 3절이다: "안식일에는 너희의 모든 처소에서 불도 피우지 말지니라." 그런데 이스라엘 백성에게 또 문제가 생겼다. 만일 어떤 사람이 안식일을 범하면 어떻게 처리해야할지 알 수가 없었다. 그래서 하나님은 그들에게 안식일을 범한 사람에 대한 처리방법을 추가해서 알려주셨는데, 그것이 바로 법도였다. 안식일과 연관된 법도, 곧 하나님의 심판을 보면 다음과 같다:

"…그 날을 더럽히는 자는 모두 죽일지며, 그 날에 일하는 자는 모두 그 백성 중에서 그 생명이 끊어지리라…안식일에 일하는 자는 누구든지 반드시 죽일지니라"(출 31:14). 얼마나 무서운 심판이며 얼마나 무서운 법도인가! 안식일을 범하면 반드시 죽어야 된다는 것이다. 이런 엄중한 심판의 법도를 감히 누가 깰 수 있단 말인가? 이렇게 해서 규례가 생겼던 것이다. 다시 말하면, 율례에 심판의 법도가 더해진 법을 규례라고 한다.

그리스도인은 하나님이 이스라엘 백성에게 십계명과 율례와 규례를 주신 목적을 잊어서는 안 된다. 이스라엘처럼 그들도 하나님처럼 거룩하게 살면서 사람들에게 하나님을 전파해야 한다. 다시 말해서, 그리스도인도 똑같은 사명, 곧 하나님을 세상에 전파해야 되는 사명을 갖고 있다. 그렇게 하기 위하여 거룩하신 하나님을 드러내는 삶, 곧 거룩한 삶을 영위해야 한다. 그런 삶을 위한 영원불변의 진리가 바로 십계명이다. 그러므로 그리스도인은 십계명을 지켜야 한다.

그러나 이스라엘 백성이 그들의 노력으로 십계명을 지키지 못한 것처럼, 그리스도인도 그의 노력으로 지킬 수 없다. 그가 십계명을 지킴으로 거룩한 삶을 살 수 있도록 도우시는 분이 바로 성령이시다. 성령으로 거듭난 그리스도인은 성령의 도우심으로 우상을 섬기지 않으며, 안식일――현재는 주일――도 지키며, 부모도 공경하며, 살인하지도 않고, 간음하지도 않으며, 도적질도 그리고 거짓 증거도 하지 않는다. 그뿐 아니라 탐심도 극복할 수 있다.

그런데 십계명을 지켜야 하는 또 다른 이유가 있는데, 그것은 사랑이다. 십계명을 하나님에 대한 계명과 사람에 대한 계명으로 분류한다면, 결국 하나님도 사랑하고 이웃도 사랑하라는 명령으로 풀이할 수 있다. 예수님의 가르침을 보자; "네 마음을 다하고 목숨을 다하고 뜻을 다하고 힘을 다하여 주 너의 하나님을 사랑하라 하신 것이요, 둘째는 이것이니 네 이웃을 네 자신과 같이 사랑하라 하신 것이라 이보다 더 큰 계명이 없느니라"(막 12:30-31).

이미 언급한 것처럼, 율례는 십계명의 보충설명이자 동시에 시행령施行令이었다. 그러므로 대부분의 율례는 그리스도인에게 해당되지 않는다. 더군다나 그리스도인이 지켜야 될 규례는 있을 수 없다. 안식일을 범하는 자를 죽이라는 규례는 예수 그리스도의 이타적利他的 사랑에도 어긋난다. 율법에 의하여 그렇게 죽을 수밖에 없는 죄인들을 위하여 예수님은 십자가에서 죽으셨고, 그리고 그들에게 용서를 선포하시기 위하여 다시 살아나셨기 때문이다.

십계명처럼 구약성경의 가르침이 신약성경으로 연결되는 것을 어려운 말로 연속의 원리the principle of continuance라고 한다. 반대로 율례나 규례처럼 신약성경으로 연결되지 않는 것을 불연속의 원리the principle of discontinuance라고 한다. 구약성경의 율법 중 대부분은 불연속의 원리에 따라 신약성경에서 폐지되었다. 성전과 제물을 위한 모든 율례와 규례도 불연속의 원리에 따라 그리스도인은 지킬 필요가 없게 되었다.

히브리서의 저자도 같은 맥락에서 이렇게 말했다, "전에 있던 계명은 연약하고 무익하므로 폐하고 (율법은 아무 것도 온전하게 못할지라), 이에 더 좋은 소망이 생기니 이것으로 우리가 하나님께 가까이 가느니라"(히 7:18–19). 전에 있던 계명은 구약시대에 있던 율법을 가리키는데, 이런 것을 통해서가 아니라 예수 그리스도와 성령을 통한 소망만이 참 소망이라는 것이다. 그 소망으로 인하여 그리스도인은 하나님에게 나아가서 교제를 나눌 수 있는 것이다.

어떤 그리스도인은 율례 가운데 다음과 같은 것은 지켜야 된다고 주장한다, "너는 이방 나그네를 압제하지 말며 그들을 학대하지 말라…너는 과부나 고아를 해롭게 하지 말라"(출 22:21-22). 상당히 설득력 있는 지적 같다. 이런 율례는 출애굽 당시에는 참으로 파격적인 가르침이었고 또 명령이었다. 그런 율례는 주변의 사람들, 곧 나그네와 과부나 고아를 학대하며, 그들의 소유물로 생각하던 사람들에게는 엄청난 도전이었다.

그러나 그런 도전은 점진적 계시progressive revelation에 의하여 보다 완전한 명령으로 바뀌었다. 과부의 예를 들어보자, "과부를 존대하라!"(딤전 5:3). 얼마나 다른가! "과부를 해롭게 하지 말라"보다 수십 배, 아니 수백 배 깊어진 사랑이다. 또 다른 권면을 인용해보자, "하나님 아버지 앞에서 정결하고 더러움이 없는 경건은 곧 고아와 과부를 그 환난 중에 돌보고 또 자기를 지켜 세속에 물들지 아니하는 그것이니라"(약 1:27).

이 명령에 의하면, 고아와 과부를 돌보는 것이 곧 경건 자체라는 것이다. 구약성경의 율례와 규례는 거룩하게 되기 위하여 과부와 고아를 해롭게 하지 말라고 했다. 그러나 그리스도인은 성령의 도우심으로 이미 경건한 삶을 영위하고 있는데, 고아와 과부를 돌보는 것도 경건이라는 것이다. 그러니까 그리스도인이 과부와 고아를 돌보는 것은 의무가 아니라 자연스러운 삶의 표출이다. 그리고 그런 삶의 모형은 그의 구세주이신 예수 그리스도이시다.

구약성경의 율례에 의하면, 나그네를 압제나 학대하지 말라고
했다. 그러나 그리스도인에게 "나그네"를 영접하고 대접하는 것은
곧 그의 구세주이신 그리스도를 영접하고 대접하는 것이라고 주님
은 말씀하셨다 (마 25:35-40). 구약성경의 율례가 나그네에 대한 관
심의 시작인 것도 사실이나, 신약성경의 그리스도인에게는 점진적
계시에 의하여 완성된 가르침이 주어졌다. 그런데 왜 다시 초등학
문과 같은 구약성경의 율례를 지키겠는가? (골 2:20).

46. 팔레스타인들을 진멸하라?

하나님은 이스라엘 백성에게 가나안 땅을 선물로 주면서 그곳에 사는 팔레스타인들을 진멸하라고 하셨다. 이처럼 잔인한 명령을 내리신 이유는 크게 두 가지이다. 하나는 그들이 하나님의 형상대로 지음을 받은 사람들을 우상의 제물로 죽여서 바쳤기 때문이다. 또 하나는 그들이 성적으로 너무나 타락했기 때문이다. 그런 인간 이하의 인간은 없어져야 그들의 악한 영향을 막을 수 있었다. 후에 이스라엘 백성이 이 두 가지 죄를 범하자 혹독한 심판을 받았다.

이스라엘 백성을 약속의 땅 가나안으로 인도하시기 위하여 하나님은 그 백성을 애굽에서 불러내셨다 (신 6:23). 그런데 하나님은 가나안으로 들어가기 직전에 그 백성에게 인간적으로 볼 때 너무나 잔인한 명령을 주셨는데, 곧 가나안에 살고 있는 팔레스타인들을 하나도 남김없이 다 죽이라는 것이었다. 팔레스타인의 입장에서 보면, 지금까지 살던 땅을 빼앗기는 것도 억울한데 목숨까지도 잃게 된 것이었다.

정말 하나님이 그렇게 잔인한 명령을 이스라엘 백성에게 주셨는지 하나님의 말씀을 직접 들어보자: "네 하나님 여호와께서 너를 인도하사 네가 가서 차지할 땅으로 들이시고 네 앞에서 여러 민족…곧 너보다 많고 힘이 센 일곱 족속을 쫓아내실 때에 네 하나님 여호와께서 그들을 네게 넘겨 네게 치게 하시리니, 그 때에 너는 그들을 진멸珍滅할 것이라. 그들과 어떤 언약도 하지 말 것이요 그들을 불쌍히 여기지도 말 것이라"(신 7:1-2).

물론 이스라엘 백성은 하나님과 특별한 언약을 맺은 백성이며, 따라서 하나님은 그들에게 젖과 꿀이 흐르는 가나안 땅을 주시겠다고 반복적으로 약속하신 바 있었다. 이스라엘 백성의 입장에서는 너무나 귀한 약속이었다. 그들은 지금까지 땅과 나라 없이 이곳저곳을 배회하는 방랑하는 처량한 민족이었다. 그런데 그들에게 땅을 주셔서 거기서 부강한 나라를 세워주시겠다니, 얼마나 감사하며 또 기대가 되는 약속인가? (창 15:14-21).

그러나 팔레스타인들의 입장에선 너무나 불공평한 결정임에 틀림없다. 그렇다면 하나님은 이렇게 불공평한 처사를 하시는 불의의 하나님이시란 말인가? 물론 하나님은 공의의 하나님이시며, 누구에게도 불공평하게 대하지 않는 분이시다. 그런데 왜 유독 팔레스타인들에게는 그처럼 불공평하고 공의롭지 않게 그들의 땅도 빼앗고, 한 사람도 남김없이 죽이라고 명령하셨단 말인가? 하나님의 공의를 알아보기 위해서라도 그 배경을 살펴볼 필요가 있다.

학사이자 제사장인 에스라는 가나안 땅에 대하여 하신 하나님의 말씀을 다음과 같이 기억하고 있었다, "…너희가 가서 얻으려

하는 땅은 더러운 땅이니, 이는 이방 백성들이 더럽고 가증한 일을 행하여 이 끝에서 저 끝까지 그 더러움으로 채웠음이라"(스 9:11). 이 말씀에 의하면, 가나안 땅이 속속들이 더러웠는데, 그렇게 더러워진 이유는 그곳에 거주하는 이방 백성들이 "더럽고 가증한 일을 행했기" 때문이었다.

그들이 행한 "더럽고 가증한 일"이 도대체 무엇이었기에 하나님은 그들을 이 세상에 남겨둘 가치가 없는 인간 이하의 인간으로 취급하셨는가? 그들의 행위는 크게 두 가지로 묘사할 수 있는데, 하나는 우상숭배이고 다른 하나는 성적 타락이었다. 그들의 우상숭배는 자신들의 자녀들을 우상에게 제물로 바쳐서 죽이는 것도 주저하지 않을 정도였다. 특히 몰렉이라는 우상에게 자녀들을 바친 행위는 하나님의 진노를 일으키고도 남았다 (레 20:2-3).

그뿐 아니다! 가나안에 거주하는 사람들은 성적으로도 타락했는데, 그 타락의 정도가 너무나 지나쳤던 것이다. 그들은 형제/자매는 물론 부모/자식 간에도 성을 주고받았다. 가족 간에도 그런 짓거리를 자행했는데, 친척들과 친구들 간에는 두말할 필요도 없을 정도였다. 한 발 더 나아가서 그들은 남자끼리 동침하는가 하면 (레 18:22), 그것도 흡족하지 않은지 동물과도 교합하였다. 그들은 마치 성을 위하여 존재하는 것처럼 동물 이하의 인간이 되었다.

팔레스타인의 두 가지 죄악, 곧 자녀를 우상에게 제물로 바친 행위와 성적 난무로 인하여 그 땅은 말할 수 없이 더러워졌고 또 가증해졌다. 하나님은 그들을 더 이상 내버려두실 수 없었다. 그분의 심판을 들어보자, "…내가 너희 앞에서 쫓아내는 족속들이 이 모든 일로 말미암아 더러워졌고 그 땅도 더러워졌으므로, 내가 그 악으로 말미암아 벌하고 그 땅도 스스로 그 주민을 토하여 내느니라"(레 18:24-25).

가나안 땅은 팔레스타인들을 더 이상 용납할 수 없었다. 그런 사실을 그들의 땅이 그들을 토해냈다고 묘사했던 것이다. 그런 인간 아닌 인간들이 그렇게 토해냄을 당한 것은 너무나도 당연했는데, 그렇지 않으면 그들은 그들과 똑같은 자녀들을 양산할 것이기 때문이다. 더군다나 그런 악행들은 영향력도 대단해서 주변의 사람들이 쉽게 물들여질 수 있었다. 하나님의 형상을 따라 지음을 받은 인간이 그렇게 타락하다니, 용납할 수 없었다.

더군다나 하나님의 사랑과 능력을 이방인들에게 전파해야 할 사명을 가진 이스라엘 백성이 그들로부터 영향을 받는다면, 하나님의 인류구원이라는 계획도 차질이 생길 수밖에 없었다. 그러므로 하나님은 이렇게 경고하셨다, "또 그들과 혼인하지도 말지니 네 딸을 그들의 아들에게 주지 말 것이요 그들의 딸도 네 며느리로 삼지 말 것은, 그가 네 아들을 유혹하여 그가 여호와를 떠나고 다른 신들을 섬기게 할 것이다"(신 7:3-4a).

만일 이스라엘 백성이 팔레스타인들에게 영향을 주는 대신 연혼(連婚)을 통하여 영향을 받으면, 그들도 가나안 사람들처럼 타락할 것이다. 그렇게 되면 이스라엘 백성도 똑같이 심판을 받아서 그 땅이 그들을 토하여 낼 것이다. 하나님의 경고를 들어보자, "너희는 나의 모든 규례와 법도를 지켜 행하라; 그리하여야 내가 너희를 인도하여 거주하게 하는 땅이 너희를 토하지 아니하리라"(레 20:2). 이 말씀에서 규례와 법도는 구체적으로 성적 타락을 뜻했다.

세월이 흘러서 이스라엘 백성도 팔레스타인들처럼 우상을 섬겼고 그리고 성적으로 타락했다. 그 결과 하나님은 팔레스타인들을 심판하신 것처럼, 이스라엘도 심판하셨고 그리고 멸망시키셨다. 왜냐하면 하나님은 공의의 하나님이시기 때문이다. 하나님이 팔레스타인들을 심판하셨는데, 똑같은 죄악들을 범한 이스라엘 백성을 심판하지 않으신다면, 그분은 공의로우신 분이 아니시다. 실제로 이스라엘이 당한 심판은 팔레스타인들이 당한 심판보다 훨씬 더 혹독했다.

그렇다! 하나님은 이스라엘 백성에게 우상숭배와 성적 타락으로 속속들이 더러워진 팔레스타인들을 진멸하라고 명령하셨다. 그리할 때 하나님의 공의가 우뚝 설 것이며, 또한 하나님의 형상대로 지음을 받은 사람들이 죄악을 피하게 될 것이다. 그러면 이스라엘 백성 뿐 아니라, 이방인들 중에서도 하나님을 경외하는 거룩한 사람들이 여기저기에서 일어날 것이다. 그리고 마침내 하나님이 공의로 통치하시는 하나님의 나라가 이루어질 것이다.

47. 솔로몬의 잘못은 무엇인가?

이스라엘의 왕은 적극적으로는 하나님의 말씀에 귀를 기울여야 하며, 소극적으로는 마병을 많이 두지 말아야 한다. 또한 은과 금도 많이 갖지 말아야 하며, 아내도 여럿을 두면 안 된다. 솔로몬이 이런 하나님의 가르침에 순종했을 때, 하나님의 많은 축복을 누렸다. 반면, 그 축복 때문에 솔로몬은 교만해져서, 하나님의 말씀을 무시했다. 그 결과 마병과 은금은 물론 아내도 많이 소유하면서 하나님의 진노를 유발한 불행한 종말을 맞았다.

이스라엘의 역사에서 솔로몬만큼 뛰어난 왕은 없었다. 실제로 이스라엘은 그의 통치기간은 가장 번성했다. 얼마나 번성했던지 많은 나라들로부터 조공까지 받았다. 그렇게 작은 나라가 그렇게 많은 주변 국가들을 좌지우지 했다니 놀라울 뿐이다. 그렇게 나라를 통치한 기반은 하나님이 주신 지혜 때문이었다. 그는 하나님에게 다른 축복들, 곧 건강이나 장수나 부요를 구하지 않고, 오직 하나님의 백성을 잘 다스릴 수 있는 지혜를 구했던 것이다.

그뿐 아니다! 그는 지금까지 아무도 상상치 못한 웅장하고도 화려한 성전과 왕궁도 세웠다. 얼마나 그 성전과 왕궁이 정교하게 지어졌던지, 그것들을 건축하는데 자그마치 20년이나 걸렸다 (왕상 9:10). 그리고 그처럼 휘황찬란한 건축물을 보기 위하여 각처에서 관광객들이 몰려왔다. 그중에는 에티오피아의 여왕도 있었는데, 그녀는 2,500여km나 되는 머나먼 거리를 마다하지 않고 많은 신하들을 데리고 그리고 많은 선물을 가지고 찾아왔다.

그렇게 훌륭했던 왕이 어떻게 그렇게 타락할 수 있단 말인가? 그의 말년은 우상숭배와 그와 연루된 온갖 죄악으로 점철되었다 (왕상 11:5-8). 솔로몬을 그렇게 기쁘게 받으시고 사용하셨던 하나님은 그를 향해 진노하셨다. 사방에서 그를 대적하는 사람들이 일어났고, 그의 나라는 그의 아들이 왕이 되자 둘로 찢어졌는데, 그것도 하나님의 예언대로였다. 그래도 솔로몬이 제명에 죽을 수 있었던 것은 그의 아버지 다윗의 후덕(厚德) 때문이었다 (왕상 11:12-13).

그러면 솔로몬이 잘 한 것은 무엇이었으며, 잘못한 것은 무엇인지를 알아보자. 일찍이 하나님은 모세를 통하여 이스라엘의 왕이 될 수 있는 자격을 제시해주신 적이 있었다. 그리고 그 자격의 조건은 솔로몬에게만 해당되는 것이 아니라, 이스라엘의 모든 왕에게 해당되었다. 이스라엘의 역사에서 그 조건을 따르는 왕들은 나라를 잘 다스렸고, 그 조건을 따르지 않는 왕들은 나라를 엉망진창으로 만들었다. 그 조건에는 소극적인 것과 적극적인 것이 있었다.

먼저, 소극적인 조건을 보자, "…네 형제 아닌 타국인을 네 위에 세우지 말 것이며, 그는 병마를 많이 두지 말 것이요, 병마를 많이 얻으려고 그 백성을 애굽으로 돌아가게 하지 말 것이니, 이는 여호와께서 너희에게 이르시기를 너희가 이 후에는 그 길로 다시 돌아가지 말 것이라 하셨음이며, 그에게 아내를 많이 두어 그의 마음이 미혹되게 하지 말 것이며, 자기를 위하여 은금을 많이 쌓지 말 것이니라"(신 17:15-17).

이 말씀에 의하면, 이스라엘의 왕은 네 가지 조건을 만족시켜야 했다. 첫째는 타국인이 아닌 이스라엘 사람만 왕이 되어야 했다. 둘째 조건은 왕은 병마를 많이 두어도 되지 않을 것이며, 더군다나 병마를 구하러 사람들을 애굽으로 보내면 안 되었다. 셋째 조건은 아내를 많이 두면 안 되었는데, 그 이유는 아내들이 왕의 마음을 미혹하여 우상을 섬기도록 유도할지 모르기 때문이었다. 넷째 조건은 은과 금을 많이 쌓아두지 말라는 것이었다.

그런데 솔로몬은 왕이 된 후 얼마 동안은 이런 조건에 충실했고, 따라서 하나님은 그의 통치를 마음껏 축복하셨다. 그러나 그 축복을 인하여 그가 유명해지자 그는 서서히 하나님을 등지기 시작하면서 하나님의 말씀을 무시했다. 한 마디로 말해서, 그는 기고만장해져서 하나님의 말씀이 더 이상 그의 사고와 통치를 지배하는 원리가 아니었다. 솔로몬은 그의 생각대로 통치했고, 따라서 점점 더 하나님의 말씀에 위배되는 결정을 했다.

솔로몬이 하나님의 말씀을 어떻게 위배했는지 다시 말씀을 통하여 알아보자. "솔로몬의 세입금의 무게가 금 육백육십육 달란트요"(왕상 10:14). 금 한 달란트는 34kg이며, 금 1kg에 대략 5천만 원이니, 금 한 달란트는 대략 17억 원이다. 금 660 달란트는 1,000억 원이 넘는다. 그렇게 수입금이 많은 솔로몬은 너무 흔한 은은 귀하게 여기지도 않았다. "왕이 예루살렘에서 은을 돌 같이 흔하게 하고…"(왕상 10:27).

그뿐 아니라, 솔로몬은 하나님의 말씀을 어기고 마병을 많이 두었을 뿐 아니라, 말을 구하려 사람들을 애굽으로 보냈다. "솔로몬의 말들은 애굽에서 들여왔으니 왕의 상인들이 값 주고 산 것이라"(왕상 10:28). 만일에 솔로몬이 겨자씨만한 믿음이 있었다면, 그리고 하나님의 말씀에 대한 아주 작은 경외감이라도 있었다면, 그렇게까지 하진 못했을 것이다. 그렇게 분명히 금지한 조건을 그렇게 분명히 무시하고 말들을 애굽에서 구입하다니, 말도 되지 않았다.

솔로몬은 한 발 더 나아가서 아내를 많이 두었다. 그가 한 짓거리를 하나님의 말씀을 통하여 보자, "솔로몬 왕이 바로의 딸 외에 이방의 많은 여인을 사랑하였으니 곧 모압과 암몬과 에돔과 시돈과 헷 여인이라"(왕상 11:1). 그의 아내와 첩이 얼마나 많은지 성경은 이렇게 묘사했다, "왕은 후궁이 칠백 명이요 첩이 삼백 명이라"(왕상 11:3a). 어떻게 솔로몬은 1,000명이나 되는 많은 여자들을 데리고 살 수 있었는지 이해하기 어렵다.

하나님의 말씀을 이렇게 무시한 솔로몬의 마음을 하나님으로부터 더욱 멀어지게 한 것은 이 여자들이었다. 그는 자연스럽게 다른 신들을 받아들이기 시작했다. "그의 여인들이 왕의 마음을 돌아서게 하였더라"(왕상 11:3b). 하나님도 더 이상 솔로몬을 귀하게 여기지 않으시고 그를 향하여 진노와 심판의 칼날을 뽑으셨다. "솔로몬이 마음을 돌려 이스라엘의 하나님 여호와를 떠나므로 여호와께서 그에게 진노하시니라"(왕상 11:9).

이스라엘의 왕에게는 소극적인 조건도 있었지만, 적극적인 조건도 있었다. 그 조건을 직접 들어보자, "그가 왕위에 오르거든 이 율법서의 등사본을 레위 사람 제사장 앞에서 책에 기록하여, 평생에 자기 옆에 두고 읽어 그의 하나님 여호와 경외하기를 배우며 이 율법의 모든 말과 이 규례를 지켜 행할 것이라"(신 17:18–19). 얼마나 분명한 조건인가! 솔로몬은 이런 적극적인 조건에 따라 통치했기에 하나님으로부터 이루 말할 수 없는 축복을 받았다.

그러나 그렇게 많은 축복은 솔로몬으로 하여금 높아질 대로 높아지게 했고, 교만해질 대로 교만해지게 했다. 그처럼 교만해지자 하나님은 그를 그대로 내버려두지 않으시고 낮아질 대로 낮아지게 하셨다. 하나님의 말씀대로이다, "교만은 패망의 선봉이요 거만한 마음은 넘어짐의 앞잡이니라"(잠 16:18). 결국 솔로몬 때문에 이스라엘이라는 나라는 남북으로 분열되었고, 그리고 마침내 외침에 의하여 두 나라는 멸망을 당했던 것이다.

48. 뱀을 집어도 물리지 않는가?

그리스도인들이 주님의 지상명령에 순종하여 복음을 전할 때, 믿는 자도 있고 거부하는 자도 있게 마련이다. 믿고 세례를 받는 것 자체가 큰 은혜이요 기적이다. 그 밖의 기적들, 곧 독뱀과 독물의 해를 초월하며, 방언을 하고 신유의 역사가 일어나는 것은 따를 수도 있고 따르지 않을 수도 있다. 그런 기적들은 전적으로 하나님의 영역이기에 그리스도인들은 그런 기적들이 반드시 일어나야 한다고 믿으면 안 된다. 구원의 역사가 일어나는 것으로 감사해야 한다!

그리스도인들은 오랫동안 뱀을 집어도 해를 받지 않는다는 사람들과 해를 받는다고 하는 사람들로 나뉘어져있었다. 역사적으로도 예배 중에 독뱀을 손으로 만져도 아무런 해를 받지 않는다고 주장하는 그리스도인들이 있었다. 그들은 그들의 신앙이 성경적이기에 정상적이라는 긍지를 가지기도 했다. 그런 행태를 통하여 그들은 교회의 지도자들이 되기도 했다. 그들이 이런 주장을 하는 근거는 마가복음인데, 그런 사실을 포함한 말씀을 인용하면서 설명을 해보자:

"또 이르시되, '너희는 온 천하에 다니며 만민에게 복음을 전파하라. 믿고 세례를 받는 사람은 구원을 얻을 것이요, 믿지 않는 사람은 정죄를 받으리라. 믿는 자들에게는 이런 표적이 따르리니, 곧 그들이 내 이름으로 귀신을 쫓아내며 새 방언을 말하며, 뱀을 집어올리며 무슨 독을 마실지라도 해를 받지 아니하며, 병든 사람에게 손을 얹은즉 나으리라' 하시더라" (막 16:15-18).

뱀을 집어도 물리지 않는다고 주장하는 그리스도인들은 위에서 인용한 말씀이 어떤 사람이 한말이 아니라, 바로 십자가에서 죽으셨다가 부활하신 예수 그리스도가 직접 말씀하신 것이기에 사실일 수밖에 없다는 것이다. 그분은 인간의 모든 죄와 그 값을 위하여 십자가에서 대속의 죽음을 죽으셨으나, 그 죄의 문제가 완전히 해결되었다는 사실을 실증하기 위하여 부활하셨고, 또 표적들을 보여주신다는 것이다.

그렇게 부활하신 주님의 능력이 그리스도인들과 함께 하기 때문에 그들이 복음을 전할 때 여러 가지 표적이 따르는 것은 너무나 당연하다는 주장이다. 그 표적에는 귀신을 쫓아내며, 방언도 말하고, 뱀과 독에 의하여 해를 받지 않고, 병든 사람을 위하여 기도하면 그 병에서 치료를 받는 것도 포함된다고 주장한다. 이런 주님의 말씀 때문에 어떤 교단에서는 믿고 구원받은 그리스도인들은 반드시 방언을 해야 하며, 신유의 역사도 일어나야 한다고 주장한다.

그러나 이런 주장과 행태는 예수 그리스도의 말씀을 잘못 해석하고 적용한데서 생긴 오류이다. 어떻게 잘못 해석했는지 알아보자. 그분은 부활하신 후 승천하시기까지 제자들을 열 번이나 만나주셨다. 그 중에서 5번의 만남에서는 특별한 명령을 주셨는데, 곧 지상명령the great commission이다. 그 명령은 4복음서의 마지막 부분과 사도행전 첫 장에 기록되어 있다. 두말할 필요도 없이 위에서 인용한 말씀에는 지상명령도 포함되어 있었다.

이 말씀에 포함된 주님의 지상명령을 분명히 구분하면, 그처럼 오랫동안 곡해와 혼동이 반복된 실수를 범할 필요가 없어진다. 그분이 제자들에게 내리신 지상명령은 다음과 같다. "너희는 온 천하에 다니며 만민에게 복음을 전파하라." 이 말씀만이 지상명령이다! 그 뒤에 따르는 말씀은 절대로 명령이 아니라, 부수적인 약속이다. 그러니까 제자들이 복음을 세상 모든 곳에 있는 모든 사람에게 전하지 않으면 안 된다는 것이 절대적인 명령이다.

제자들이 이런 주님의 지상명령에 순종하여 복음을 전할 때 사람들은 적극적으로든지 아니면 소극적으로 반응할 수 있는데, 적극적으로는 믿고 세례를 받는 것이다. 그런 사람들은 구원을 받을 것이나, 소극적으로 그처럼 위대한 복음을 거부하고 믿지 않는 사람들은 정죄를 받을 것이다. 다시 말해서, 그런 사람들은 계속해서 죄악 가운데서 살다가 죄악 가운데서 죽을 것이다. 그리고 그들의 죄악에 대하여 심판을 받을 수밖에 없다는 엄중한 경고이다.

위의 말씀에서, "만민에게 복음을 전파하라"는 확실히 명령이나, 그 복음을 듣고 반응하는 것은 제자들이 결정할 사항이 아니다. 다시 말해서, 사람들의 반응은 명령이 될 수 없다는 말이다. 제자들은 "…온 천하에 다니며 만민에게 복음을 전파하라"는 지상명령에 순종하기만 하면 된다. 그 후에 따르는 표적들은 명령이 아니기에 절대적인 것이 아니다. 그런 표적들은 따를 수도 있고 따르지 않을 수도 있다는 것이다.

"믿는 자들에게 따르는 표적들"은 명령이 아니다. 복음을 전하라는 명령에 순종하면 따를 수도 있고 따르지 않을 수도 있는 부수적인 것들이다. 어떤 학자는 지상명령은 "명령" 내지 "규범"의 뜻인 *prescriptive*를 사용한 반면, 부수적인 것은 "설명" 내지 "묘사"의 뜻을 가진 *descriptive*를 사용한다. 그런데 이런 주님의 말씀을 분변하지 못하기 때문에 방언이나 신유의 역사가 일어나야 하며, 뱀과 독을 초월해야 한다고 주장하는 그리스도인들도 있다.

그런 표적들이 따르면 그것은 전적으로 하나님의 은혜이다. 그러나 그런 표적들이 따르지 않아도 복음이 전해졌기에 그것도 역시 하나님의 은혜이다. 실제로 그런 표적들이 전혀 나타나지 않아도, 예수 그리스도가 죄인들을 위하여 십자가에서 죽으셨다가 그들의 구원을 위하여 다시 살아나셨다는 놀라운 복음이 전해진다면 그것은 하나님의 은혜이다. 그리고 그 복음을 들은 사람들 중에서 믿고 세례를 받아 구원을 받았다면, 그보다 큰 표적은 없을 것이다.

바울 사도가 그의 영적 아들이자 목회자인 디모데에게 보낸 충고를 그리스도인들이 귀담아듣기만 했어도 뱀을 집어도 되느니 마느니 따위의 오류는 일어나지 않았을 것이다. 그의 충고를 들어보자, "너는 진리의 말씀을 옳게 분별하며 부끄러울 것이 없는 일꾼으로 인정된 자로 자신을 하나님 앞에 드리기를 힘쓰라"(딤후 2:15). 그렇다! "진리의 말씀을 옳게 분별"할 때만이 지도자들은 잘못에 빠져 들어가지 않을 뿐 아니라, 성도들을 잘 가르칠 수 있을 것이다.

49. 방언은 필요한가?

성령이 주시는 은사가 9가지나 되는데, 그 중에서 큰 은사는 많은 사람들에게 영향을 끼치는 은사이다. 영향력으로 따지면 방언의 은사는 가장 작은 은사 그룹에 속하는데, 그 이유는 다른 사람들에게 거의 영향을 끼치지 못하기 때문이다. 방언도 성령이 주시는 은사이나, 이왕 은사를 위하여 기도할 바에는 보다 많은 사람들에게 보다 큰 영향을 끼칠 수 있는 은사를 구해야 할 것이다. 방언에 매달리는 그리스도인은 신앙적으로 성숙하지 못한 사람들이다.

　방언에는 두 가지가 있는데, 하나는 사람들이 알아들을 수 있는 외국어이고, 다른 하나는 사람들이 알아들을 수 없는 말이다. 사도행전 2장에 나오는 방언은 외국어인데, 그때 예루살렘에 모였던 여러 나라 사람들이 그들의 언어로 복음을 들었다. 그들의 증언이다, "…이 말하는 사람들이 다 갈릴리 사람이 아니냐? 우리가 우리 각 사람이 난 곳 방언으로 듣게 되는 것이 어찌 됨이냐?" (행 2:7-8). 이 은사는 믿지 않는 사람들에게 복음을 전하기 위한 것이다.

　실제로 갈릴리 사람들은 외국어를 공부한 적이 없는데도 능통한 외국어로 복음을 많은 사람들에게 전했다. 그런가하면 사도행전 19

장에 나오는 방언은 사람들이 알아들을 수 없는 말이다 (행 19:6-7). 이런 방언을 하는 그리스도인들도 역시 공부나 노력을 통해서 그런 말을 하게 된 것이 아니다. 방언은 성령이 임의로 주시는 선물이며, 따라서 방언도 성령의 은사이다. 방언을 받는 사람들의 자격이나 업적과 상관없이 주어지는 은혜의 선물이라는 뜻이다.

그런 이유 때문에 방언은 스스로 원하거나 아니면 다른 그리스도인들의 추천으로 주어지는 것이 아니다. 바울 사도는 방언을 포함한 성령의 은사 9가지를 열거하면서 그 은사들을 성령이 주신다고 이렇게 분명히 말했다. "이 모든 일은 같은 한 성령이 행하사, 그의 뜻대로 각 사람에게 나누어 주시는 것이니라"(고전 12:11). 이 말씀에서 "그의 뜻대로"를 눈여겨보아야 한다. 그런데 어떤 그리스도인들은 이런 성령의 뜻을 모르고 방언의 은사를 달라고 기도한다.

중요한 것이 또 하나 있는데, 그것은 모든 그리스도인들이 방언을 말할 수 없다는 것이다. 다시 바울의 가르침을 들어보자, "다 사도이겠느냐? 다 선지자이겠느냐? 다 교사이겠느냐? 다 능력을 행하는 자이겠느냐? 다 병 고치는 은사를 가진 자이겠느냐? *다 방언을 말하는 자이겠느냐? 다 통역하는 자이겠느냐?*"(고전 12:29-30). 성령은 모든 그리스도인들에게 한 가지 은사만을 집중적으로 주지 않으신다는 분명한 말씀이다.

그러면 성령은 왜 모든 그리스도인들에게 방언의 은사를 주지 않으시는가? 그 이유는 그들이 각기 다른 은사를 사용할 때 교회가 균형 잡힌 성장을 할 수 있기 때문이다. 교회에는 가르침도 있어야 되고, 신유의 역사도 있어야 되며, 또 예언도 있어야 한다. 만일 어떤 교회에 가르침만 있다면, 그 교회는 결코 균형 잡힌 교회가 아니다. 교회에는 봉사도 있어야 되고, 기도도 있어야 되며, 구제 및 선교도 있어야 한다.

도대체 성령은 언제 그리스도인들에게 당신의 뜻대로 은사를 주시는가? 그들이 거듭날 때인가? 아니면 성령으로 충만함을 받을 때인가? 아니면 기도를 많이 할 때인가? 이 질문에 대한 대답은 간단하다! 왜냐하면 은사를 주시는 분이 성령이시기 때문이다. 이런 질문을 하면 그 해답은 분명해진다: 그리스도인들에게 언제 성령이 들어오시는가? 물론 거듭나는 순간이다. 그들이 거듭날 때 성령이 그들 안에 들어오시며, 바로 그때 은사가 주어지는 것이다.

그런데 왜 많은 그리스도인들은 그들이 은사를 받았는지, 또 받았다면 어떤 은사를 받았는지 모르는가? 그 이유는 그들에게 주어진 은사가 무엇인지 찾지 않았기 때문이다. 필요하다면 다른 그리스도인들의 도움을 받아서라도 그들의 은사가 무엇인지 찾아야 한다. 그리할 때 그들은 보다 효과적으로 교회에서 섬길 수 있다. 예를 들면, 가르침의 은사를 받은 사람이 성가대에서 섬긴다면, 본인도 보람을 크게 느끼지 못할 것이며 교회의 유익도 그만큼 적을 것이다.

그렇다면 모든 은사는 성령이 "각 사람에게" 나누어주셨기에 똑같이 중요한가? 물론이다! 모든 은사는 그 중요성에 있어서는 똑같다. 그러나 똑같지 않은 것도 있는데, 그것은 은사들이 다른 사람들에게 미치는 영향력이다. 더 많은 사람들에게 영향을 끼치는 은사는 그만큼 더 큰 은사이다. 가장 큰 은사는 사도이며, 그 다음은 선지자이다. 왜냐하면 그들의 전도와 가르침을 통하여 교회가 세워졌기 때문이다 (엡 2:20을 보라).

반면, 다른 사람들에게 영향을 거의 끼치지 못하는 은사는 바로 방언이다. 왜냐하면 방언의 은사는 은사를 받은 사람들에게만 유익하기 때문이다. 방언을 말하는 자는 다른 사람들은 물론 본인도 그 뜻을 알지 못한다. 바울 사도의 설명을 들어보자, "방언을 말하는 자는 사람에게 하지 아니하고 하나님께 하나니, 이는 알아듣는 자가 없고 영으로 비밀을 말함이라…방언을 말하는 자는 자기의 덕을 세우나…"(고전 14:2, 4).

방언으로 기도하는 그리스도인들은 종종 기쁨에 넘쳐서 그리고 힘차게 기도한다. 그러나 그들은 무엇을 위하여 기도했는지 알지 못한다. 그들은 영적으로 "충만하게" 느끼면서 오랫동안 기도할 수 있다. 그러나 지적으로는 어떤 기도를 했는지 모른다. 바울 사도의 말대로이다, "내가 만일 방언으로 기도하면, 나의 영이 기도하거니와 나의 마음은 열매를 맺지 못하리라"(고전 14:14). 영적으로는 기쁨이 가득한데, 지적으로는 아무 열매도 맺지 못한다.

여기에서 바울 사도의 중대한 명령에 귀를 기울일 필요가 있다. 그의 명령을 보자, "너희는 더욱 큰 은사를 사모하라; 내가 또한 가장 좋은 길을 너희에게 보이리라"(고전 12:31). 이왕 은사를 위하여 기도하려면, 많은 사람들에게 영향을 끼치는 큰 은사를 사모하라는 명령이다. 이런 분명한 명령이 있는데도 왜 많은 그리스도인들이 방언의 은사를 받지 못해서 안달하는지 이해가 안 된다. 어쩌면 하나님의 말씀에 깊이 들어가지 못한 지도자 때문일 수도 있다.

여기에서 짚고 넘어가야 할 것이 있는데, 큰 은사가 바로 사랑이라는 오해이다. 은사는 사역을 위하여 성령이 주시는 선물이다. 그러나 사랑은 사역을 위한 것이 아니라, 모든 그리스도인들이 갖추어야 될 덕목이다. 모든 그리스도인들은 위로 하나님을 사랑하고, 아래로 이웃을 사랑해야 한다. 이것은 사역이 아니라 의무이자 권리이다. 그리고 사랑은 성령의 열매이기에 신앙의 인격이라고도 한다.

그리스도인들은 한편 성령의 은사를 활용해서 다른 사람들을 섬겨야 하는데, 이것은 사역이다. 또 한편 그들은 성령의 열매인 사랑을 소유해야 하는데, 이것은 신앙인격이다. 그리스도인들이 이처럼 그들에게 맡겨진 사역에도 충성하며, 또 인간관계에서도 신앙인격을 드러낸다면, 그들은 진실로 성숙한 그리스도인들이라고 할 수 있다. 불행하게도 어떤 사람들은 사역에는 효과적인데, 사랑의 인격에는 차원이 낮다. 균형 잡히지 않았기 때문이다.

50. 죽은 자들을 위한 *세례가* 무슨 뜻인가?

죽은 자들을 위한 세례는 예수님을 거부하고 죽은 자들을 위하여 살은 자들이 그들을 대신해서 회개하고 세례를 받는다는 뜻이 아니다. 어떤 사람도 다른 사람의 회개와 세례 때문에 구원받지 못한다. 이 말씀은 예수님을 믿으라는 간절한 유언을 남기고 돌아가신 분의 유지를 받들어 예수 그리스도를 믿고 영접한 사람에게 해당된다. 실제로는 그가 세례를 받은 것은 예수 그리스도의 대속적 죽음이었지만, 돌아가신 분 때문에 세례를 받게 되었다는 뜻이다.

　죽은 자들을 위하여 세례를 받는다는 고린도전서 15장 29절――"만일 죽은 자들이 도무지 다시 살아나지 못하면 죽은 자들을 *위하여* 세례를 받는 자들이 무엇을 하겠느냐? 어찌하여 그들을 *위하여* 세례를 받느냐?"――의 의미는 무엇인가? 이 질문을 풀기 위한 열쇠는 이 구절에서 두 번씩 사용된 "위하여"에 있다. "위하여"는 원어로 *휘페르*ὑπέρ로써 "…을 대신하여"on behalf of 또는 "…을 보아서"for the sake of로 번역될 수 있다.

　그러나 "위하여"를 "대신하여"로 번역하면 다음과 같이 문제가 된다: "죽은 자들을 *대신하여* 세례를 받는 자들이 무엇을 하겠느냐? 어찌하여 그들을 *대신하여* 세례를 받느냐?" 이런 의미는 기독교의 중요한 가르침을 변경시키는 오류를 범하게 된다. 왜냐하면 어떤 사람도 다른 사람들을 위하여 *대신* 회개하고, 믿고, 세례를 받을 수 없기 때문이다. 회개와 믿음과 세례는 각자의 책임이지, 다른 어떤 사람, 예컨대, 부모나 형제자매나 배우자도 대신할 수 없다.

그렇다면 "위하여"를 두 번째의 의미인 "…을 보아서"로 해석하면 이 질문에 대한 해답이 되는가를 살펴보자. 이를 위하여 다음과 같은 실례를 들어보면 쉽게 이해될 수 있을 것이다. 꾸준히 신앙생활을 하던 어느 어머니가 죽음이 가까워지자, 자녀들이 임종을 보기 위하여 모였다. 그런데 그 자녀들 중 한 아들은 신앙을 거부하며 살았다. 어머니는 그 아들에게 눈물을 흘리면서 다음과 같은 마지막 말을 남겼다:

> "내 사랑하는 아들아, 나는 이제 너와 헤어질 수밖에 없단다. 그러나 언제가 나는 너를 다시 천국에서 만나게 되기를 바란다. 천국으로 들어가기 위해서는 예수 그리스도를 믿고 구원받아야 한다. 사랑하는 아들아, 예수님을 받아들여라! 이것이 내가 네가 남겨줄 마지막 말이요 또한 바램이란다."

그 아들의 마음은 흔들리기 시작했다. 세상을 떠난 어머니의 유언이 귓전에 맴돌아서 마침내 아들은 교회에 나가기 시작했고, 또 복음에 귀를 기울였다. 그는 어느 날 하나님 앞에 죄인이라는 사실을 인정하고, 예수 그리스도를 그의 구세주로 영접하였다. 그리고 드디어 교회에서 세례를 받았다. 물론 그가 믿고 세례를 받은 것은 근본적으로 그의 구세주가 되신 예수 그리스도 때문이었다. 그러나 동시에 돌아가신 어머니를 "보아서" 세례를 받은 셈이 되었다.

결국 이 구절의 해석은 믿지 않고 죽은 불신자를 대신하여 세례를 받으면 죽은 자들도 구원을 받는다는 뜻이 아니다. 그럼에도 그렇게 주장하는 사람들은 성경 두 곳을 인용한다: "그가 또한 영으로 가서 옥에 있는 영들에게 선포하시니라"(벧전 3:19). 이 말씀은 하나님의 말씀을 거부한 결과 홍수로 멸망당하여 옥에 갇힌 영들에게 노아의 경고가 하나님에게서부터 전해진 말씀이었다는 사실을 확인한 것이지, 결코 복음이 전해졌다는 뜻이 아니다 (벧전 3:20).

또 다른 한 곳은 베드로전서 4장 6절이다: "이를 위하여 죽은 자들에게도 복음이 전파되었으니, 이는 육체로는 사람으로 심판을 받으나 영으로는 하나님을 따라 살게 하려 함이라." 이 구절은 지금은 비록 죽었지만 생존했을 때 복음을 의지하면서 살았던 사람들에 대한 말씀이다. 인간적으로 볼 때 그들은 다른 사람들처럼 육체적으로는 죽었지만, 그들의 영은 하나님 안에서 살아있다는 놀라운 확신을 가리킨다.

결론적으로 "죽은 자들을 위하여 세례를 받는다"는 의미는 죽은 자들을 대신해서 세례를 받는다는 의미가 아니라, 죽은 자를 보아서 (때문에) 세례를 받는다는 의미를 가리킨다. 어떤 사람도 예수 그리스도를 거부하고 죽으면, 절대로 복음을 들을 수 없다. 그들의 영혼은 음부에 던져져서 고뇌의 시간을 갖다가, 마침내 그들의 행위대로 심판을 받고 영원한 지옥으로 떨어진다 (계 20:12-15). 그러므로 현재 살아있을 때 예수 그리스도를 구세주로 받아들여야 한다.

기독교 신앙에 대한 다른 질문이 있는 독자는
저자의 아래 이메일 주소로 그 질문을 보내시면
성심껏 답해 보내겠습니다.
john.hong41@gmail.com

Q&A